教育部人文社会科学青年项目

"普惠性学前教育认定标准及差异化成本分担机制研究"（批准号：19YJC880109）

河南省哲学社会科学规划项目

"河南省普惠性学前教育资源配置问题与优化路径研究"（批准号2018BJY002）

中国学前教育财政制度研究

Research on the Fiscal System of the Preschool Education in China

徐 晓/著

中国财经出版传媒集团

经济科学出版社

Economic Science Press

图书在版编目（CIP）数据

中国学前教育财政制度研究/徐晓著.—北京：经济科学出版社，2020.6
ISBN 978 - 7 - 5218 - 1658 - 7

Ⅰ.①中…　Ⅱ.①徐…　Ⅲ.①学前教育 - 教育财政 - 财政制度 - 研究 - 中国　Ⅳ.①G617

中国版本图书馆 CIP 数据核字（2020）第 109699 号

责任编辑：于海汛　李　林
责任校对：王苗苗
责任印制：李　鹏　范　艳

中国学前教育财政制度研究
徐　晓　著
经济科学出版社出版、发行　新华书店经销
社址：北京市海淀区阜成路甲 28 号　邮编：100142
总编部电话：010 - 88191217　发行部电话：010 - 88191522
网址：www. esp. com. cn
电子邮件：esp@ esp. com. cn
天猫网店：经济科学出版社旗舰店
网址：http://jjkxcbs. tmall. com
北京季蜂印刷有限公司印装
710×1000　16 开　14.5 印张　240000 字
2020 年 8 月第 1 版　2020 年 8 月第 1 次印刷
ISBN 978 - 7 - 5218 - 1658 - 7　定价：60.00 元
（图书出现印装问题，本社负责调换。电话：010 - 88191510）
（版权所有　侵权必究　打击盗版　举报热线：010 - 88191661
QQ：2242791300　营销中心电话：010 - 88191537
电子邮箱：dbts@ esp. com. cn）

前　　言

　　学前教育作为基础教育的起始阶段，其重要性已经为世界各国普遍认同，大多数国家均将其纳入公共服务体系，构建以政府为主导的学前教育财政保障机制。然而，由于认识不到位，我国学前教育长期以来并未得到应有的重视，公益性被弱化，政府投入严重不足，学前教育供求失衡，导致"入园难""入园贵"问题凸显。这些问题引起了政府的高度重视，2010 年以来中央财政投入了大量资金支持学前教育的发展，使"入园难""入园贵"问题得到一定程度的缓解，但要从根本上解决学前教育领域的诸多问题，急需对现行学前教育财政制度进行重构，建立政府间事权划分清晰，政府与市场以及各级政府支出责任明确的学前教育财政保障制度，从而真正把学前教育纳入公共服务体系。理论上，学前教育到底有什么样的作用？其在整个教育体系中究竟处于什么地位？学前教育的投资责任是否应该由政府承担？如果需要政府介入，在多级政府组织中，政府应如何介入？从实践层面上看，各级政府究竟在学前教育发展中应承担何种责任？采取什么样的形式承担？普惠性学前教育机构运营成本如何测算？政府和家庭以及各级政府如何分担比较合理？这些问题急需通过更为深入的研究予以澄清和解决。

　　针对上述问题，本书首先从理论上明确了学前教育的作用与地位，澄清政府应不应该干预学前教育以及如何干预的问题。结合 2013～2015 年对湖北、广东、安徽、云南、贵州五省的实地调研情况，对学前教育财政制度在基层的运行现状进行分析。依据本森（Benson）提出的教育财政充足性、效率性和公平性三原则，利用实证分析方法评价现行学前教育财政制度运行绩效，总结其存在的问题，并深入探讨了问题的成因。在对发达国家学前教育财政制度安排进行归纳和借鉴的基础上，构建与我国财政体制改革相适应的事权划分清晰，政府与市场以及各级政府成本分担合理的学前教育财政制度。主要研究内容与成果概述如下：

一是政府干预学前教育的理论分析。从理论上不失一般性的澄清学前教育对人的成长和后续学习阶段起着十分重要的作用，是一种具有较高收益的人力资本投资，理应作为一个独立的教育阶段纳入国民教育体系。由于学前教育具有正外部性，学前教育领域存在规模不经济与信息不对称，完全依靠市场供给存在效率与公平缺失，因此政府应进行干预。具体到政府介入学前教育的程度及其有效介入的方式，按照财政分权理论，学前教育作为地方性公共物品，由地方政府提供更能够发挥信息与管理优势。但学前教育收益又具有空间外溢性，完全由地方政府提供会造成福利损失，故应由中央政府介入矫正其空间外部性。地方政府作为学前教育事权的主要承担者，相应的也是学前教育支出的责任主体，但并非地方政府投入的学前教育经费均来自本级自有财力，否则可能导致学前教育投入不足以及地方政府行为扭曲等问题。因此，应将地方政府作为学前教育的主要管理责任主体，结合受益原则与能力原则划分各级政府的支出责任，上级政府通过转移支付矫正学前教育收益的空间外部性。

二是学前教育财政制度演变历程与现状。依托经济与财政体制变迁的背景回顾我国学前教育财政制度的演变历程，在此基础上，结合五省所辖十县（区）实地调查，对现行学前教育财政制度安排及特点进行了全面客观的分析。计划经济体制下学前教育呈现福利化办园的特征，经费来源较为复杂，经济体制转型中政府未能对福利化的学前教育供给与投入体制作出实质性的改变，政府责任的缺位导致学前教育被盲目推向市场，供求严重失衡。2010 年以来，我国政府颁布了一系列政策文件支持学前教育的发展，明确了政府的主导责任，初步划分了中央、省、县区三级政府的事权责任。但在具体实行过程中，省以下政府间事权划分仍较为模糊，缺乏相应的实施细则和硬性约束，各级政府的具体支出责任和分担比例也未予以明确。因此实践中不同地区地方政府对学前教育的重视程度不同，县区政府的实际管理职能履行状况区别较大，学前教育成本中政府分担比例较小，不同地区政府学前教育支出水平以及政府间学前教育成本分担比例差异明显。

三是现行学前教育财政制度的运行绩效及问题。依据本森提出的教育财政充足性、效率性和公平性三原则，利用我国教育经费统计宏观数据结合实地调研案例，运用计量方法通过对学前教育财政制度运行绩效进行评价，从中总结出现行制度存在的问题。选取相应的评价指标，参照国际经验标准，从投入与产出两个角度对我国学前教育财政经费的充足性进行分析发现，无论是从我国学前教育的规划目标，还是与国外先进国家对比来看，我国学前教育的发展水平都有待提高，学前教育财政投入目前并不能满足达到相应的规模与质量标准所需要的充足水平。运用基尼系数与泰尔指数等分析工具，结合典型调研县区，对学前教育财政资源配置的公平性实证分析可见，学前教育财政资源分配不均不仅体现在地区、城乡之间，即使在同一管辖区内公办与民办幼儿园、示范园与普通幼儿园间、不同隶属主体的幼儿园之间资源分布也极不均衡。进一步利用 DEA – Tobit 模型对学前教育财政投入产出效率进行评价，结果显示我国学前教育财政资金在扩大学前教育规模和提升学前教育质量方面未能达到应有的效果，财政资金使用效率很低。现行制度安排难以保障学前教育财政投入的充足、公平与效率，未能实现学前教育普及普惠的发展目标。

四是现行学前教育财政制度存在问题的成因分析。按照新制度经济学的核心观点，制度运行绩效与制度的具体安排息息相关，基于现行学前教育财政制度安排对学前教育财政投入水平、资源配置公平性与资金使用效率的影响，从理论和实证两个层面分析当前我国学前教育财政制度存在问题的深层次原因。地区学前教育财政投入充足与否取决于地方政府的投入能力与投入动力，分税制改革以来，事权下移带来的地方财政困难以及学前教育投入重心偏低使地方政府学前教育投入能力不足，经济增长的政绩考核导向与现行教育财政制度安排未能对地方政府学前教育投入形成有效激励与投入约束。在财力有限的情况下，地方政府倾向于通过挤压非刚性的学前教育投入来释放地方教育财政压力。地区自有财力差异与转移支付制度的不规范、多头管理办学体制以及重点支持的投入导向导致我国学前教育财政资源配置不公。而现行制度安排下公共资源的分配方式的不合理、财政资金评价监管体系的不健全与学前教育布局规划不科学使本就有限的财政资金使用效率偏低，未能起到有效扩大普惠性学前教育资源作用。

五是公共财政框架下我国学前教育财政制度的重构。在对典型市场经济国家学前教育财政制度安排归纳与总结的基础上，提出公共财政框架下我国学前教育财政制度的改革目标、思路与改革方案。构建与我国财政体制改革相适应的学前教育财政制度，一是要在明晰政府与市场作用边界的基础上合理划分中央与地方政府学前教育事权。学前教育发展中政府应着眼于提供符合国家各项基本标准的有质量的学前教育公共服务，并明确和细化中央政府的宏观决策权，强化省级政府的统筹责任，落实县区政府作为事权执行主体的管理责任。二是要构建政府与市场以及各级政府合理分担的学前教育成本分担机制。以典型调研县幼儿园为样本，利用问卷调查法和专家判断法，科学测算学前教育成本，在此基础上，立足我国国情，提出公共财政框架下各级政府学前教育成本的合理分担方案，并通过明确划分政府间学前教育支出责任、改革中央转移支付方式，以及完善民办学前教育财政支持政策保障其实现。

目　　录

第一章

导　　论

一、选题背景和意义

（一）选题的背景

知识经济时代，各国都越来越把教育作为提高本国人力资本水平、促进经济和社会发展的重要途径。学前教育是基础教育的起始阶段，其重要性已为世界各国普遍认同，大多数国家均将发展学前教育作为全球化时代实现人力资源发展战略、增强自身竞争优势的重要措施之一，将其纳入公共服务体系。学前教育的地位受到国家法律法规的保障，政府投入大量公共资源扩大本国学前教育规模，提高其发展质量，促进学前教育公平。但是长期以来，由于对学前教育的作用与地位认识不到位，我国政府对学前教育的重视程度并不高，一直将其视为一种社会福利，由各单位分散提供。

新中国成立初期，我国建立了中央统一领导，三级管理的基础教育财政体制，即在中央的统一领导下，实行中央、大行政区、省（市）三级预算制度，幼儿教育财政投入体制也相应的地方化、部门化、分散化，实行横向联合管理，多方投资。财政对学前教育的直接投入仅限于地方政府办园，同时为鼓励各机关、企事业单位创办托幼机构，要求各部门单位将幼儿教育纳入其发展规划中，并允许企业单位留取必要经费，大量附属于企业和部门的托幼机构得到迅速发展，这个时期的学前教育突出了福利性。

改革开放以来，随着市场经济体制改革的深入，企事业单位去社会化和政府部门机构改革随之展开，基础教育财政制度也随之开始了分权化的调整，计划经济条件下形成的依附型幼儿教育财政投入机制迅速崩溃，学前教育事业被逐步推向了市场，政府在学前教育领域中的责任缩水。一方面，公办幼儿园的数量急剧减少；另一方面，伴随着我国国有企业和政府部门改革的推进，原来大量依附于国有集体企业的集体、单位办幼儿园也纷纷撤销或倒闭。经济体制改革中，带有福利性质的公办园数量锐减，取而代之的是大量以营利为目的的民办幼儿园，由于政府在学前教育领域责任的缺位，对民办幼儿园缺乏基本的监督、管理、扶持和引导，民办幼儿园质量参差不齐，少量优质高收费的民办幼儿园与大量质量无法保证的民办园并存，两极分化现象严重。与之同时，经济社会的发展和人民生活水平日益提高，学前教育需求迅速增加，供求矛盾凸显，"入园难""入园贵"现象随之产生。

在学前教育财政投入严重不足，供求矛盾愈演愈烈的同时，公平问题也日益突出。由于有限的学前教育公共资源大量投向了主要集中在城市或县镇的公办幼儿园、机关幼儿园，特别是示范幼儿园，而对这些享受了大部分财政补贴的公办优质园应承担的社会责任却无应有的规制，越是来自弱势家庭的幼儿越是被排除在机关园、教办园和试点园之外，财政对学前教育的投入不仅未达到缓解日益剧增的供需矛盾，并对低收入家庭实施福利转移的初衷，而且由于最终归宿出现偏移，反而加剧了学前教育领域的不公平和财政投入的低效率，新的"入公办园难、入有质量的幼儿园难，入民办园贵"现象更加严重。此外，由于当前发展学前教育的责任主要归于地方，各地区经济发展水平本身差异较大，再加上地方政府对学前教育的投入责任没有基本的制度约束，在无稳定且可持续的学前教育转移支付制度辅助的情况下，学前教育发展的区域差异也日益突显。学前教育不仅成为社会反应强烈、关注度较高的民生问题，还是实现和谐发展的重要社会问题，学前教育领域的改革关系着我国国民素质的提高和教育公平的实现。我国政府已逐步认识到学前教育的重要性以及当前学前教育领域问题的严重性和紧迫性，提出建立"政府主导、社会参与、公办民办并举"的办园体制[①]，并要求着力解决"入园难"问题，构建"覆盖城乡、布局合理的学前教育公共服务体系"。[②] 党的十八大报告中再次强调要"办好学前教育"。中央财政在第一个学前教育三年行动计划（2011～2013）中对学前教育投入了大量资金，在第二期学前教育三年行动计划（2014～2016）中提

---

① 教育部：《国家中长期教育改革和发展规划纲要（2010～2020 年）》，http：//www. moe. edu. cn/publicfiles/business/htmlfiles/moe/moe_838/201008/93704. html。

② 国务院：《国务院关于当前发展学前教育的若干意见》，http：//www. gov. cn/zwgk/2010－11/24/content_1752377. htm。

出各级政府教育财政经费增量部分向学前教育倾斜，但是由于未能从根本上改革原有供给与财政投入模式，学前领域的深层次问题依然存在，入园难、入园贵问题仍未能得到根本解决。

　　针对上述问题，理论上急需明确学前教育在整个教育体系中的地位，澄清学前教育究竟是否需要政府介入，政府应在多大程度上介入以及政府的有效介入方式，为政府介入学前教育提供理论依据。在此基础上理清政府发展学前教育基本思路，立足我国的现实，借鉴国际经验，通过完善学前教育财政制度，真正将学前教育纳入公共服务体系。

（二）选题的理论及现实意义

　　学前教育具有很强的公益性，发达国家和很多发展中国家均把学前教育视为一个独立教育阶段，纳入本国公共服务体系，构建了以政府投入为主的相对完善的学前教育经费保障机制。然而，改革开放以来的很长一段时期内，由于认识不到位，我国政府对学前教育发展缺乏关注，学前教育财政投入严重不足，"入园难""入园贵"问题凸显。近年来，这一问题也引起了政府的高度重视，投入了大量资金支持学前教育的发展，使"入园难""入园贵"问题得到一定程度的缓解，但要从根本上解决这一问题，急需构建政府、社会和家庭共同分担、事权划分清晰、投入责任明确、资源分配公平，资金使用高效的学前教育财政制度，这无疑既需要理论支撑，更需要立足我国的现实。目前国内有关学前教育的研究大多集中在学前教育的教学内容与方式上，从财政角度对政府如何有效干预学前教育的中观和宏观研究文献较少，且为数不多的有关这方面研究也基本上是描述性的、零碎的，未能从制度层面对学前教育财政投入问题进行系统全面的探讨，不足以为政府支持学前教育发展提供理论和现实依据。我国学前教育发展中出现的诸多问题并非孤立存在的，也绝非可通过单纯的增加投入能够解决，需立足国情，从制度层面建立公共财政框架下事权划分清晰、成本分担合理的长效财政保障机制。本书以人民群众对高质公平的学前教育强烈要求与当前我国学前教育领域的突出问题为背景，对学前教育财政制度演变历程进行回顾，结合 2013～2015 年对湖北、云南、广州、河南省份的实地调研情况，对 2011 年学前教育三年行动计划实施以来学前教育财政制度安排与特点进行总结，依照本森的教育财政评价的充足性、公平性、有效性三原则利用实证分析方法评价现行制度运行绩效，进一步分析其存在问题的深层次原因，并在此基础上，立足于当前我国政府对于学前教育的公共服务定位，借鉴国际经验，结合我国财政体制改革的进程，对如何构建公共财政框架下规范的学前教育财政制度进行探讨，对从根本上解决我国学前教育领域的深层次问题有着重要的理论与现实意义。

首先，本研究对学前教育的作用与地位进行分析，从理论上界定学前教育是一种投资而并非消费，具有较高的投资收益率，对幼儿的成长和后续教育阶段的学习具有重要影响，理应作为国民教育体系中的一个独立教育阶段纳入公共服务体系，并论证了政府干预学前教育的理由以及有效干预方式，为学前教育财政制度构建提供理论依据。

其次，我国政府近年来虽出台了一系列促进学前教育发展的支持政策，并加大了学前教育财政投入力度，但制度层面并未做出实质性的改革，依然是社会福利定位下的供给与财政投入模式，未能形成保障学前教育长期发展的长效投入机制，政府支持学前的相关政策的落实问题也值得思考。本研究通过计量方法与实地调查相结合，依据本森的教育财政的充足性、公平性与有效性原则分析现行制度运行绩效与问题，从制度层面分析其成因，借鉴国际经验，结合我国财政体制改革方向，提出我国学前教育财政制度改革的目标与基本思路，并设计一个可供政府选择的方案。

最后，相对于其他各级次的教育，学前教育作为教育经济学的重要领域，国内运用教育经济学的研究方法来研究学前教育还比较滞后，以财政学视角，从制度层面深入剖析学前教育财政制度演变与制度运行绩效的研究尚不多见，本书有助于丰富国内教育经济学，完善学前教育领域的研究角度与研究方法。

二、文献综述

（一）国外研究现状

国外学者对学前教育财政问题的研究较为全面深入，不仅包括相关学术论文，还包括一些针对学前教育项目的研究报告，这为我们研究中国学前教育财政投入问题提供了很好的借鉴。其研究内容大致可以概括为以下几个方面：

1. 学前教育财政投入的经济与社会收益的研究

多数研究都认为政府对学前教育的投入蕴含着极大的经济和社会效

益，政府介入学前教育领域十分必要，从理论和实践角度为政府介入学前教育提供依据。

国外有关学前教育财政投入的个案和项目的数据资料十分丰富，很多学者从实证角度对政府学前教育项目的成本和收益进行了科学而详细的测算，针对这些个案和项目的研究通常都比较细微，对项目实施的背景与条件，政策实施效果的评价都十分翔实，为学前教育政府投入提供了强有力的经验证据。约翰·贝内特（John Bennett，2008）在其工作论文中列出了 10 个不同国家政府实施学前教育项目的投入收益，指出提供高质量的学前教育服务应作为一项重要的社会政策。从对学前教育投入项目的成本来看，学前教育项目的成本主要体现在对教师的支出、管理费用支出等方面。卡根和格列侬（Kagan and Glennon，1982）认为由于学前教育需要比较高的师生比，更加花费人力，因而师生比和教师资格是决定学前教育成本的关键因素。据维勒（Willer，1987）测算，人员经费大约占到学前教育成本的 50% ~ 80%。当然，学前教育项目的成本依据国家经济发展水平不同有所区别。

就学前教育的收益率来看，不同学者采用不同方法测算出的学前教育投入或项目收益率虽有不同，但都肯定了政府对学前教育投入产生了巨大的经济效益。与其他公共投资支出相比，无论是中央政府还是地方政府针对学前教育的投入都显现了更为明显的经济效益。与其他阶段的教育投入相比，学前教育是所有教育阶段中投资收益率最高的阶段，诺贝尔经济学奖得主、芝加哥大学教授赫克曼（Jams Heckman，2000）从人力资本的视角比较分析了学前教育的收益，认为其他条件相同的情况下，教育投入的回报率与受教育者年龄成反比，学前教育在各教育阶段中回报率最为可观。凯西和布兰克瑙（Casey and Blankenau，2013）的研究成果则进一步证实政府对早期儿童教育的投入是获得长期而稳定收益的最佳投入时期，错过这一时期，人力资本的积累和提高的成本要大很多，与其巨大的收益相比，当前政府对早期儿童教育的投入并不高，政府在资金分配上存在误区，将过多的资金投向了较大儿童和未成年人。此外，学前教育公共投入还具有明显的社会效益。学前教育财政投入的社会效益首先体现在减少性别歧视，增进社会公平方面，古斯塔夫松和斯塔福德（Gustafsson and Stafford，1992）指出学前教育收益既包括对儿童自身发展的益处，还包括对妇女群体的和整个社会的促进作用。政府对早期教育投入水平越高，覆盖范围越广的国家，妇女劳动力市场参与率越高。迈尔斯（Meyers，2001）

研究发现，政府对早期教育（ECEC）的投入对社会公平的促进作用在很大程度上取决于早期教育多大程度上从私人转向公共责任。其次，学前教育对幼儿的全面发展有着重要意义，参加早期教育项目对儿童学前班和小学一年级的阅读和数学技能有明显的提高。

2. 对学前教育市场的探讨

主要从学前教育供求影响因素以及市场缺陷等角度强调政府介入学前教育市场的必要性。

学前教育的供给模式与一国的福利水平和政治体制密切相关，不同政治体制和福利水平的国家学前教育供给模式各有不同。在影响学前教育供给的因素中，海耶斯（Hayes，1990）认为学前教育的教师质量是最为关键的因素，但由于待遇水平相对较低，一般来说，儿童保育中心工作的人员的流动性较强，政府试图通过规定更高的学历以及要求工作执照来提高供给质量的做法可能会导致儿童保育员数量的减少，对学前教育供给的稳定起到相反的作用。学前教育的价格、质量和家庭收入均会影响学前教育需求。学前教育服务价格对父母选择保育方式通常会产生负面的影响，霍夫和韦索克（Hofferth and Wissoker，1992）发现，一般来说，保育成本越大，父母（尤其是弱势群体）越容易退出学前教育市场。克莱尔（Cryer，2003）认为质量因素对学前教育需求也有一定影响，但布罗（Blau，1991）和海耶斯等（Hayes et al.，1990）也指出由于学前教育的需求方通常对学前教育服务质量缺乏判断力，而且缺乏搜取有效质量信息的可靠途径，因而质量因素对学前教育需求影响不大。霍夫和韦索克（Hofferth and Wissoker，1992）还发现家庭收入也是学前教育需求影响因素之一，通常意义上，收入整体水平越高，对学前教育服务的需求就越大；家庭收入的来源结构中妻子工资的增长不会明显地增加孩子的保育费用，而丈夫的收入的增加则会增加学前教育的投入。

就学前教育市场缺陷而言，米歇尔·诺伊曼（Michelle J. Neuman，2005）通过对 12 个国家比较研究，认为学前教育市场存在供求失衡、市场不完善等缺陷，并从政府对儿童早期教育服务管理的角度强调了政府系统管理对家庭、早期教育市场服务质量、价格合理性等方面的重要性。经济合作与发展组织（OECD）公布的两份关于学前教育的重要研究报告"Starting Strong：Early Childhood Education and Care I（2001）and II（2006）"中强调了政府投入学前教育对于保障儿童教育机会公平的必要性，政府投入的缺位会导致学前教育市场的无序。孔达卡尔（Khandaker，2012）等学者以孟加拉国为例分析了该国学前教育市场的供求状况及学前教育供给中出现的问题，研究显示孟加拉国学前教育需求旺盛，但由于缺乏明确的指导方针和有效的政府管理，学前教育的供给质量普遍不高，尽管幼儿园数量很多，但多是由私人以盈利为目的举办，有质量的幼儿园数量很少，很难提供高质量的学前教育。苏珊·纽伯瑞（Susan Newberry，2013）等对澳大利亚的早期儿童保育市场进行分析发现，澳大利亚早期教育服务项目的市场化改革并不成功，由于缺乏政府有效监管和组织，依靠市场的运营并未出现并未形成一个竞争激烈的市场，从而提高服务质量和供给效率。反而出现了由于企业逐利动机以及竞争不充分造成的家庭对早期教育服务选择机会减少和早期教育服务价格及运营成本上涨，从而使儿童保健费用增加，核心服务成本降低，最终导致早期教育服务价格的上涨和政府补贴的增加。卡尔曼（Kamerman，2000）从 OECD 国家学前教育发展实践中总结出在所有的国家中，最为重要的趋势就是对学前教育的支持从 19 世纪早中期的私人慈善活动，发展成为当前的公共责任，尽管政府对学前教育承担责任的程度在各个国家有较大不同，不同国家关注的领域亦有所区别，但都强调了政府介入的必要性。

3. 学前教育政府投入运行机制的探讨，包括对投资主体、投入重点与投入方式的研究

就投入主体而言，世界多数国家中央政府和地方政府均承担了学前教育的投入责任，地方政府一般为主要投入主体。地方政府对学前教育的投入基于以下原因：首先，根据 Tiebout 模型，地方政府在获取信息、展开有效竞争等方面具有优势，更能满足地方居民的偏好，因此教育应该由层次较低的政府主要负责（Tiebout，1956）。其次，巴蒂克（Bartik，2006）、戴维斯和杰弗里斯（Davis and Jefferys，2007）、沃纳（Warner，2007）等众多研究都表明，学前教育的投入对地方经济的发展有多方面的重要作用。沃纳（Warner，2006）的研究还显示早期教育机构作为一种商业组织不仅能够直接参与地方经济发展，促进地方就业，增加地方收入，而且还可以通过经济联动效应带动其他经济部门增长，从产出角度来看，儿童保育项目的经济联动效应要比其他部门如农业、制造业更强。从各国实践来看，当前很多国家对学前教育也采取地方政府为主导、中央政府扶持的公共财政投入体制。

就学前教育财政投入的重点而言，绝大部分国家对学前教育财政投入都涵盖了公立和非公立幼儿园，投入重点主要依据受益儿童的家庭收入有所区别。卡尔曼（Kamerman, 2000）指出有的国家财政重点投入那些贫穷和处于不利地位的儿童，有些国家投入则针对所有儿童，目的在于教育和普及学前教育。一些学者基于教育公平和更高的收益率两个理由认为应对处境不利儿童重点投入，如海耶斯等（Hayes et al., 1990）认为，由于经济贫困或者单亲家庭的孩子通常无法接受学前教育或只能接受低质量的学前教育，也不太可能在家庭内部得到合适的看护，无法获得学前教育或只能获得低质量的学前教育，迈尔斯（Meyers, 2001）指出美国低收入和高收入群体间学前教育入学率的差距在2000年已经高达25%，政府应该重点对这些孩子进行补贴从而纠正这一不公平现象。而且重点投入处境不利儿童可能获得更大的收益，如迈尔斯（Meyers, 2002）的研究结论显示早期幼儿保育项目所带来的学前班和一年级的阅读和算术能力提高的好处对于弱势群体儿童更加明显。蒂莫西·巴蒂克（Timothy Bartik, 2006）等人通过对俄克拉荷马州塔尔萨的学前教育项目的分析发现，项目的收益对于不同收入的家庭有所区别，政府对学前教育项目投入的实际收益对于弱势儿童来说要更大些，因此政府应重点保障处境不利儿童享受高质量的学前教育服务。杜肯（Duncan, 2007）等认为对处于弱势家庭的3~4岁儿童提供有质量的学前教育服务可获得比一般性项目更高的收益，尤其是在减少贫困方面，政府对处境不利儿童的早期教育投入项目预计在未来可减少参与者贫困率5%~15%。

对于学前教育财政投入方式的研究。在OECD的研究报告中，详尽地介绍了各国对学前教育投入的方式。在其成员国中，大部分国家采用对学前教育机构提供财政支持的方式促进本国学前教育的发展，如法国、瑞典、爱尔兰等中央和地方政府都通过津贴、经费资助等方式对学前教育机构进行支持，经费来源于税收收入，由中央和地方政府按照一定比例分担，具体可通过中央和地方政府共同拨款或通过地方政府对学前教育机构直接拨款的途径。一些国家还通过对学前教育机构税收免征或减征的方式支持本国学前教育的发展。当然还有部分国家将公共教育经费直接或间接投向家庭。如荷兰2005年以后主要通过家庭津贴的方式将公共教育经费直接投向家庭，津贴的具体额度依据家庭收入高低有所区别，英国、法国和澳大利亚则采用了所得税抵免的方式对家庭购买学前教育服务提供支持。美国等国家还采用教育券的方式对低收入家庭进行资助。

对于不同的财政投入方式，其适用性和有效性在不同国家亦有区别，大部分文献认为投入学前教育机构更为有效。比约克伦等（Bjorklund et al.，2004）以瑞典为例分析了不同财政投入方式在瑞典的实施情况，认为由中央政府直接地或者专项拨款给学前教育机构的方式有利于发挥中央政府的管理和引导作用，而通过中央政府拨款给地方政府的形式削弱了政府对学前教育发展的引导职能，也不利于地方政府对学前教育机构的投入的增加。联合国教科文组织（UNESCO，2006）发布的研究报告"Strong Foundations：Early Childhood Care and Education：Pairs"中分析了需求方导向的投入方式的效果差异，认为如果以需求方的投入方式为主导，对于一些农村和低收入地区而言，学前教育服务的提供者会因为这些地区的服务利润较低以及提供高质量的学前教育服务困难较大，从而降低农村和低收入地区的学前教育服务质量，不利于学前教育的公平发展。而 OECD 发布的另一份研究报告"Early childhood education and care policy：Canada"中进一步指出需求方导向的投入方式效率较为低下，对政府和学前教育机构来说成本都较高。斯巴克斯和安妮·韦斯特（Sparkes and Anne West，1998）对 1996～1997 年英国的学前教育券政策的实施情况状况进行了分析，认为教育券的实施不但没有促进学前教育的公平，反而使得学前教育机构竞争加剧，可能的原因是英国经济发展水平较高，居民整体收入水平较高，这就可能导致学前教育券没有达到预期的效果，因此不能简单认为教育券方式不可行。

（二）国内研究现状

近年来国内学前教育财政投入的相关研究也颇为丰富，主要集中在以下几个方面：

1. 财政投入学前教育的理论依据

主要集中于以下两个角度：

（1）学前教育完全由市场供给存在资源配置效率缺失。由于学前教育具有准公共品属性，完全由市场提供会造成效率损失（彭海艳，2011；董淑超，刘磊，2013；郑子莹、王德清，2012）。也有研究认为，由于学前教育机构的排他成本很低，技术操作简单，且学前教育对"师幼比"要求较高，因此学前教育竞争性的临界值非常低，如果按照公共品界定的两个重要标准，即是否具有非排他性和非竞争性来衡量，学前教育的公共物品属性并不明显（郭磊，2012），政府对其投入主要由于学前教育领域存在市场失灵。学前教育具有正外部性，对学前教育投入能够产生巨大的经济与社会效益，（蔡迎旗、冯晓霞，2007；唐一鹏等，2016），国内学者近年来也对学前教育收益进行了定量研究，陈纯槿（2017）基于国际学生评估项目调查数据，实证研究发现学前教育对学生 15 岁时学业成就有显著影响。部分学者利用中国教育追踪调查（CEPS）数据，发现学前教育不仅对学生认知能力有明显的提高作用，而且对于学生的非认知能力以及后期学业成绩均有积极影响（王慧敏、吴愈晓，2015；涂荣珍、张雯闻，2017）。此外学前教育领域的信息不对称（崔世泉、袁连生、田志磊，2011）、学前教育的信任品属性（崔世泉，2011）以及学前教育投资收益的隐蔽性和滞后性（冯晓霞、蔡迎旗等，2007）需要政府介入以减少学前教育市场的扭曲。

（2）单纯由市场提供学前教育服务不能满足学前教育公平发展的要求。来自贫困家庭的孩子通常无法接受学前教育或只能接受低质量的学前教育，政府应优先对弱势儿童进行补贴（庞丽娟等，2016），以实现教育公平（冯晓霞，2004；赵海利，2012）。国内相关研究主要从起点公平、过程公平和结果的公平三个角度认为政府应对学前教育进行投入，并予以正确引导（蔡迎旗、冯晓霞，2004；杨晓岚，2008；彭云，2011；文竹，2011；赵海利，2012）。

2. 学前教育投入责任的划分

由于学前教育目前不属于义务教育，因此应明确政府与市场、各级政府的投入责任，合理分担学前教育成本。

首先，应明确学前教育成本的含义与构成。学前教育成本即在学前教育过程中，为开展教学及其他活动所耗费的人、财、物。从成本构成上看，在幼儿在校学习的机会成本基本可以忽略的情况下，学前教育成本主要由人员经费、公用经费支和基本建设支出的分摊构成（张咏，2003；董淑超，2013）。其次，应对政府与市场投入责任进行界定。综合现有研究，学者们大都认为政府、个人和社会都应成为学前教育的投入者（董淑超，2013）。但实践中家庭仍分担较大份额，政府成本分担则呈东西高、中部凹的格局，违背了利益获得和能力支付原则（吴静等，2015）。各投入主体的具体分担比例受教育体制、办学机制、区域经济和通货膨胀等宏观因素和管理水平、办学规模和教育质量等微观因素的影响，应根据地区的实际情况进行合理评估，实行具有地域差异性与补偿性的投入模式，中央政府在此基础上给予最低水准保障并进行调节（赵景辉，2012）。最后是各级政府投入责任的划分。单纯就政府承担的学前教育投入责任而言，分权的体制下，地方政府受财力约束以及政绩考核方式的影响，对基础教育的投入能力不足，且缺乏投入动力（丁维莉、陆铭，2005；陆铭，2007）。具体到学前教育领域，很多学者根据当前学前教育发展不均衡的现状，从推动学前教育普及、实现教育公平等角度出发，认为应强调县（区）一级政府对学前教育公共服务的投入责任（周永明、张建萍，2011），实行"以县为主"的学前教育管理体制（张建萍，2012），应由县级政府负责构建城乡一体的学前教育公共服务体系（吕武，2016）。田志磊（2011）认为我国当前学前教育发展中中央和省级政府投入偏低，基层政府财力相对薄弱，必然带来财政投入的不足，中央政府应承担部分公用经费，并通过专项转移支付起到均衡与公平责任，省级政府主要承担部分人员和基本建设费，区县和乡镇、街道承担部分人员、公用和基建经费，三级政府总体分担比例应为预算内学前教育经费的 20% 、30% 和 50% 左右。张新芳等（2013）指出我国县及县以下政府作为发展学前教育的责任主体，而中央和省一级政府仅承担了"奖补"责任，很多县及县以下政府财力不足，难以保障对学前教育经费的投入。

3. 对我国学前教育财政政策演变历程、财政资金分配模式以及政策实施效果的研究

（1）对我国学前教育财政制度演变历程的研究。我国学前教育财政投入政策随着我国财政体制的变迁在不同的历史阶段呈现出不同的特征，国内很多学者对建国以来我国学前教育财政投入体制改革进行了探讨。蔡迎旗、冯晓霞（2006）对计划经济条件下多元化幼儿教育财政体制和经济转型期的幼儿教育财政投入机制的特征进行了总结。曾晓东、范昕（2006）分析了中华人民共和国成立以来，我国学前教育财政制度的历史变迁，认为我国学前教育原有的单位和社队福利体系下的供给方式和分散的投入模式存在很大问题，与目前学前教育的公共服务定位相悖。张新芳、王海英（2013）针对 2010 年以来我国学前投入政策主要内容进行了分析，认为2010 年以来我国学前教育财政投入整体上呈现出"分配项目细化""局部设计""重基建、轻师资"的特点，这些研究为我们深入探讨现行学前教育财政制度存在的问题及其历史原因提供了有益的参考。

（2）对我国学前教育财政资金分配方式的探讨。目前我国倾斜性的学前教育资金分配模式在公办园与民办园之间、城镇园与农村园之间以及公办园内部都存在错位，财政资金不但没有起到"济贫"的作用，一定程度上还造成了"逆转移支付"效应（任艳花、杨宁，2011），在公办幼儿园内部有限的财政资金中 70% 被用于极少数示范幼儿园，普通公办幼儿园所获得的财政教育经费不足 30%，弱化了学前教育的公益性（宋映泉，2011；刘鸿昌、徐建平，2011；赖昀、薛肖飞，2015；韩军辉、闫艺，2017；胡斌高等，2018），而流动儿童的学前教育机会受户籍制度的制约，与城市户籍儿童相比有一定差距（杨菊花，2015）。鉴于此，目前学前教育投入重点应为普通公办园、民办幼儿园、农村幼儿园（刘天蛾，2013；文然然、王建，2011；侯石安、张紫君，2012）和民族地区幼儿园（谢应宽等，2014）。具体到各级政府，不同层级的政府的资金投入方式略有不同，除传统的财政拨款投入方式外，还可借鉴国外经验，采取政府购买公共服务、向家庭发放学前教育券或发行教育彩票的方式（庞丽娟、夏婧、韩小雨，2010；罗枭、蔡迎旗，2014），但应审慎考虑国外的经验、教训，因地制宜地选择（刘颖、冯晓霞，2014）。

（3）对我国学前教育财政政策实施效果的评价。刘占兰、高丙成（2013）对地区学前教育发展指数进行统计计算和评价，认为总体来看，2003～2010 年我国学前教育综合发展水平呈现逐年递增的趋势。尤其是学前教育三年行动计划实施以来，学前教育资源迅速扩大（刘占兰、高丙成，2013；叶平枝、张彩云，2015），农村学前教育公共服务体系初步建立（裴指挥等，2016），"入园难"问题得到初步缓解（刘红，2012；郑名，2014）。但学前教育的公益普惠程度低于基础教育其他阶段，普惠性学前教育政策的执行存在偏差（刘颖，2016；袁秋红，2018），城乡间学前教育的普及面、受惠量、教育质量差距较大（杨卫安，2017）。财政资金使用效率不高（张雪，2010；王水娟、柏檀，2012；郭燕芬、柏维春，2017），且资金分配不公，城乡差异、地区差异、公办与民办幼儿园之间的差异持续扩大（宋映泉，2010；田志磊、张雪，2011；洪秀敏、罗丽，2012；储朝晖，2012；赵微，2012；李祥云、徐晓，2014；王慧敏、吴愈晓，2017）。政府投入不足、政府间责任分工缺乏有力的制度约束，以及公共支出投向偏差等原因造成了发达地区学前教育公共支出增长较快，经济欠发达地区地方政府投入十分有限，在经费筹措主要由"地方政府负责"的体制下，各地经济发展的不平衡直接演变为学前教育发展上的不平衡，进一步恶化学前教育公共支出的不公平程度（赵海利，2013）。

（三）已有研究的总结与述评

国内外学前教育财政问题的相关研究主要集中于学前教育政府该不该投入、投入水平、投入的重点领域以及投入方式等几个问题，具体内容总结如下：

1. 为政府对学前教育投入提供理论与实践依据

学前教育是各级次教育中回报率最高的教育阶段，蕴含了巨大的经济效益和社会效益，学前教育阶段财政投入对儿童的全面发展、妇女就业率的提高、未来犯罪率下降以及提高国民素质、促进社会的全面发展都具有重要作用，其经济和社会收益高于其他公共投资。然而，学前教育市场又存在信息不对称、规模不经济等缺陷，单纯由市场提供会造成效率低下；且学前教育作为教育的初始阶段，其公平发展是整个社会公平的起点，需要政府介入以保障学前教育公平发展。

鉴于学前教育领域市场供给存在效率与公平缺失，因此需要政府介入提高资源配置效率，保障教育公平。

2. 对政府投入责任的界定

大部分国家都采取了政府、市场与社会共同投入的筹资模式，政府投入比例的高低在不同经济发展水平和福利体制的国家有所不同。具体到我国，现有研究普遍认为我国目前家庭承担比例过高，政府对学前教育投入比例过低。就各级政府支出责任而言，西方国家基于传统的财政分权理论，认为地方政府在提供学前教育服务中拥有信息和竞争优势，更能满足地方居民的偏好，学前教育的投入对地方经济的发展也有多方面的重要作用，因此教育应该由层次较低的政府主要负责。国内大量研究则认为我国目前学前教育服务事权安排重心偏低，中央及省级财政责任严重缺位，基层政府囿于财力，必然投入不足。至于哪一级政府作为投入主体以及各级政府承担筹资责任的具体比例，不同学者有不同看法，总体来看有以中央为主、地方为辅，中央、省和地市三级政府共同承担部分学前教育财政责任，以及以县（区）一级政府为财政投入主体等观点。

3. 对政府财政投入的重点、资金分配模式以及政策效果的研究

国外学者一致认为针对弱势群体的进行重点投入有更好的效果，也更

有利于公平，因此应针对弱势群体重点投入。而投入方式则十分多样化，既有针对供给方的，也有针对幼儿家庭的投入方式，不同投入方式的特点和效果不同学者有不同看法。具体到我国，现有研究一致认为应针对农村和贫困地区的学前教育进行重点投入，然而目前我国倾斜性财政资金分配模式则使得学前教育财政资金大量投向了公办城镇园尤其是示范园、优质园，以至于我国当前学前教育发展存在巨大的城乡差异与地区差异，学前教育财政投入的公平性和资金使用的有效性令人担忧。

通过以上总结可见，国内外学者对学前教育财政投入的相关问题进行了较为深入的研究，均认为政府应介入学前教育领域，承担学前教育投入责任，但现有研究在研究视角、研究方法和分析框架等方面，仍存在一些不足，许多方面有待进一步深入探讨：

首先，学前教育财政制度作为一种具体的制度安排，其演变与改革不能脱离我国财政体制改革的大背景，在不同的财政体制下，学前教育财政制度必然呈现出不同的特征。依托于经济和财政体制变迁的背景下分析学前教育财政问题，方能深层次的探求问题的根源所在。而现有研究对当前学前教育财政投入存在问题的分析多为描述性的，未能从制度的角度将学前教育财政制度的研究置于财政体制变迁的大背景下，将学前教育领域的诸多问题的分析纳入财政框架之中。随着财政体制改革向纵深推进，将教育财政问题蕴含于经济、财税制度改革的背景下，进行跨学科、多领域协同研究能够更深入地分析学前教育领域的诸多问题及其原因，更好地进行教育财政制度的改革和创新。

其次，就学前教育领域政府责任以及各级政府学前教育支出责任划分而言，现有研究多笼统地指出了当前政府责任缺位及投入不足，但对于政府到底应承担什么样的责任未作进一步的深入探讨，对学前教育财政制度改革的研究仍旧停留在就事论事的层面，就投入而谈投入，对学前教育事权的划分没有过多涉及，学前教育事权包含哪些方面，应如何在多级政府间分工，缺乏明确的界定，因而未能从制度层面立足我国国情构建一个真正适合我国的涵盖事权划分、成本分担机制构建和资金使用与效率评价的相对完善的制度安排。

再次，对于学前教育成本的具体分担比例，以及各级政府的具体分担方案的研究也十分匮乏，提出的策略可操作性不强。

最后，在具体的研究方法上，重定性分析，而缺乏定量分析，国内研究多笼统地指出了政府投入不足及责任划分不清的现状，都认为学前教育应该由家庭、政府和社会共同分担其成本，但是对于在当前经济条件下，我国学前教育成本政府到底应该分担多少，提出的策略较为笼统，现实中很难操作，对学前教育财政投入效果及收益率进行评价，进而结合我国经济发展水平确定政府合理分担比例、制定财政生均拨款标准和各级政府成本分担方案等方面的研究涉及很少。

三、研究思路与内容

（一）研究思路

本书以学前教育财政制度为研究对象，首先对政府介入学前教育的理论依据进行分析，并系统地考察学前教育财政制度演变历程与现状，尽可能深入地探讨政策演变到目前所面临的问题及形成机理，从中寻求学前教育制度变革的特点与方式，为下文学前教育财政投入问题的分析提供理论依据；在分析现行制度运行绩效的基础上，针对其存在的问题，分析其背后的深层次原因，立足我国现实，借鉴国外经验，提出改革我国学前财政制度的政策建议。按照福利经济学的分析框架，首先，从理论上阐明学前教育的地位与作用，从政府与市场关系的角度，论证学前教育市场提供存在的效率缺失与政府保障学前教育公平的责任，澄清政府应不应该介入学前教育的问题，进一步从财政分权的角度探讨了学前教育事权和支出责任在多级政府间的合理划分，为下文分析构建理论框架。其次，依托财政体制变迁的大背景，全面系统地考察中华人民共和国成立以来学前教育财政投入制度演变的历史轨迹，结合对广东、湖北、安徽、云南、贵州五省所辖十县（区）的实地调研对现行学前教育财政制度安排及其运行特征进行分析，尽可能深入地探讨政策演变到目前所面临的问题及形成机理。在此基础上依据本森提出评价教育财政充足、公平和有效三原则，利用我国教育经费统计宏观数据结合实地调研案例通过对学前教育财政投入的充足性、公平性以及资金使用的内部效率进行评价，总结现行制度存在的问题，并从理论和实证两个层面分析当前我国学前教育财政制度存在问题的深层次原因。最后，在借鉴国际经验的基础上，结合我国财政体制改革的进程，对如何构建公共财政框架下规范的学前教育财政制度进行探讨。

根据研究思路、研究内容与研究方法，具体的组织结构图如图 1-1 所示。

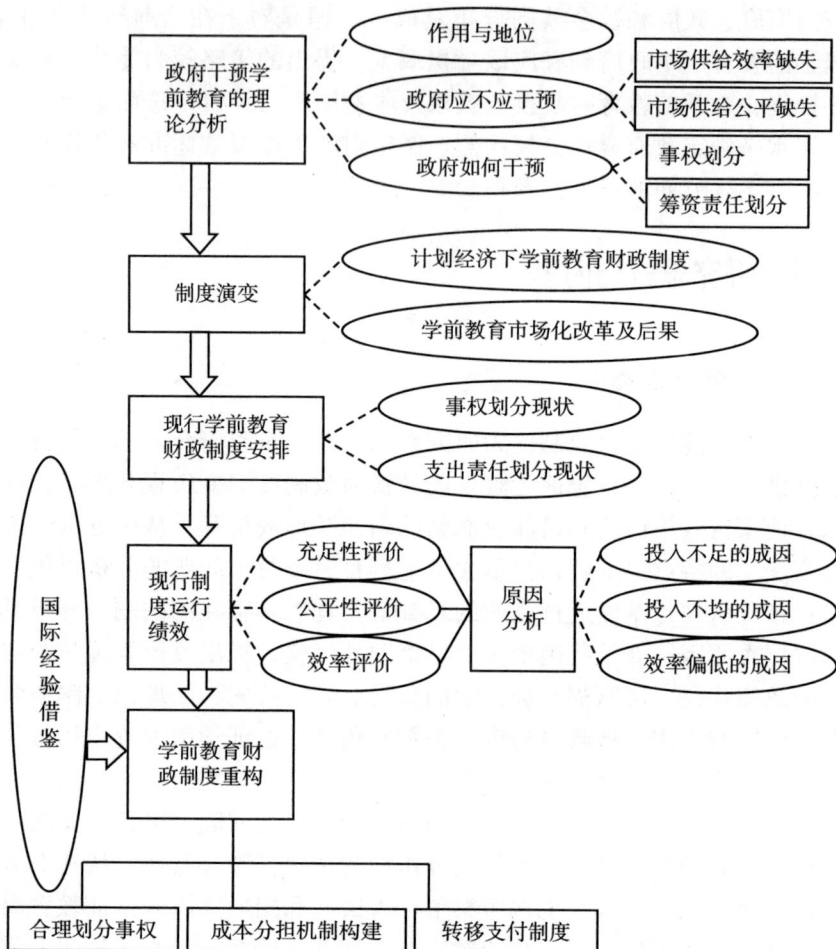

图 1-1　组织结构

（二）研究内容

本书依托财政体制变迁的大背景，系统地考察学前教育财政制度演变历程与现状，尽可能深入地探讨政策演变到目前所面临的问题及形成机理，从中寻求学前教育制度变革的特点与方式，依据本森提出的教育财政评价原则对现行我国学前教育财政制度运行绩效进行了评价，从制度层面分析了当前学前教育财政投入不足、财政资源分配不均衡以及财政资金使用效率低下的原因，在此基础上借鉴国际经验，结合我国财政体制改革的方向提出重构学前教育财政制度的对策建议。具体内容安排如下：

第一章导论部分阐述本研究的选题背景、理论和现实意义，系统梳理国内外相关文献，进一步提出本书的研究内容、研究思路以及研究方法，探讨可能的创新与不足，从总体上概括本书的框架及内容。

第二章为政府干预学前教育的理论分析。主要从理论上阐明学前教育的作用与地位，从政府与市场关系的角度，论证学前教育政府介入的合理性，进一步从财政分权的角度探讨了学前教育事权和支出责任在多级政府间的合理划分，为下文分析提供一个理论框架。

第三章为我国学前教育供给与财政制度的演变。主要依托经济体制变迁的背景对我国学前教育供给模式与财政保障制度的演变历程进行探讨。

第四章为我国现行学前教育财政制度安排及特点。本章在对 2010 年以来我国学前财政政策的调整进行总结与梳理的基础上，结合对广东、湖北、安徽、云南、贵州五省所辖十县（区）的实地调研，对政策调整后学前教育事权的划分以及支出责任在各级政府间分担现状进行分析，总结出现行学前财政制度的特点，以期更有针对性地发现我国学前教育财政制度运行中存在的种种问题与原因。

第五章为我国现行学前教育财政制度运行绩效及问题。本章依据本森提出评价教育财政充足性、效率性和公平性三原则，利用我国教育经费宏观统计数据，结合实地调研案例，运用计量方法，选取相应的评价指标，参照国际经验标准，通过对学前教育财政投入的规模与结构，财政资源配置的地区、城乡、园际差异以及财政资金的投入产出效率的实证分析，对学前教育财政经费的充足性、公平性以有效性进行评价，从中归纳出我国现行学前教育财政制度存在的主要问题。

第六章为我国现行学前教育财政制度存在问题的原因分析。本章基于现行学前教育财政制度安排对学前教育财政经费的充足性、财政资源配置的公平性与财政资金使用效率的影响，从理论和实证两个层面分析我国学前教育财政制度存在问题的深层次原因。

第七章为发达国家学前教育财政制度安排与启示。本章主要介绍美日两国现行的学前教育财政制度安排，重点考察两国学前教育事权在各级政府间的划分以及学前教育支出责任的界定，并对其进行比较与分析，总结一些带有共性的做法，以期对完善我国学前教育支持政策提供有益的参考。

第八章为公共财政框架下我国学前教育财政制度的重构。本章立足于学前教育的公共服务定位，针对现行学前教育财政制度中存在的问题，借鉴国际经验，结合我国财政体制改革的进程，提出公共财政框架下我国学前教育财政制度的改革目标、思路与改革方案。

四、研究方法

本研究拟以文献资料为先导，以财政学、经济学、教育学等多学科理论为指导，灵活运用定性和定量分析法、国际比较法、实证和规范分析法、实地调研与调查问卷等方法开展分析。具体而言，运用的主要研究方法如下：

1. 定性分析和定量分析相结合

本研究首先利用文献资料，采用定性分析的方法梳理各个时期学前教育财政政策，概括和归纳学前教育财政制度的特征与缺陷，以更好地把握学前教育财政制度演变的内在规律，并借鉴国际经验，同时结合我国国情，找出恰当的评价指标。其次，利用宏观数据结合实地调研，运用定量分析方法对学前教育财政经费的充足性、财政资源配置的公平性和财政资金投入产出效率进行探讨，以更精确地分析制度运行效率。

2. 国际比较法

利用国外文献与统计资料系统整理和计算了 OECD 主要国家学前教育经费投入各项指标，在学前教育投入水平缺乏基本通用标准的情况下，通过国际比较判断我国学前教育财政经费的充足性不失为一种客观有效的方法。

3. 实证与规范的分析方法

本书主要研究内容是构建公共财政框架下的学前教育财政制度研究，一方面，结合大量实地调研案例和宏观统计数据，运用基尼系数、泰尔指数、数据包络分析方法分析现行学前教育财政制度运行绩效，进而探讨学前教育财政制度存在问题的成因，并构建计量模型予以实证检验；另一方面，运用规范分析法，以公共物品理论、财政分权理论、教育成本分担理论为基础，结合理论分析框架与实证检验结论，探讨公共财政框架下学前教育财政制度的改革思路与改革方案。

4. 实地调研法与问卷调查法

通过实地调查利用一手调研资料，把握现行学前教育财政制度在基层的运行现状与特点，结合典型案例就现行制度安排下学前教育事权与支出责任在各级政府间分担现状进行分析，并获取经验研究数据，结合典型调研案例分析我国学前教育财政投入尤其是第一、第二期学前教育三年行动计划的实施效果与不足之处，通过问卷调查获取典型县样本幼儿园成本信息，为合理学前教育成本分担机制构建提供数据支撑。

五、创新与不足

（一）创新点

本书采用了多种分析方法，针对学前教育财政制度从多角度进行了客观评价和系统分析，做出了一些创新，主要包括研究内容、研究方法和研究视角三个方面，具体内容包括：

1. 内容创新

近年来政府出台了一系列政策支持学前教育事业的发展，也对学前教育加大了财政投入，但未能从制度层面进行实质性的改革，从而构建与我国公共财政体制改革进程相适应地涵盖事权划分、成本分担机制构建和资金使用与评价的相对完善的制度安排。本研究通过大量实地调研，对现行学前教育财政制度在基层的实际运行现状进行分析，准确把握现行学前教育财政制度在实践中遇到的新问题。将学前教育财政制度改革蕴含于经济和财政体制变迁的大背景下进行探讨，力图在公共经济学、制度经济学等相关理论的基础上，将学前教育领域诸多问题的分析纳入财政框架之中，进行跨学科、多领域协同研究，尽可能深入地探讨学前教育财政制度演变到目前所面临问题的形成机理。从事权划分的角度对学前教育事权的具体内涵以及各级政府到底应承担什么样的学前教育责任做出更为深入细化的探讨；以典型调研县幼儿园为样本，利用问卷调查法和专家判断法，借鉴国际经验，为科学测算学前教育成本提供可行办法，在此基础上，结合我国经济发展和财力水平提出普惠性学前教育成本政府的合理分担比例，进而制定公共财政框架下各级政府的具体分担方案，并以典型调研县为例论证了方案实施的可行性，提高了观点结论的可靠性和说服力。

2. 方法创新

本书重视实证分析方法的运用。本书对于现行我国学前教育财政制度安排现状及运行绩效的分析中，一方面，利用大量实地调研县（区）的典型案例对现行学前教育财政制度在基层的运行现状及特点进行了深层次分析；另一方面，构建相应的指标体系，结合宏观教育经费统计数据和实地调研数据，运用实证方法对学前教育财政投入的充足性、财政资源配置公平性与财政资金使用的有效性进行较为客观和全面的评价，并利用计量方法对问题产生的原因进行了实证检验。

3. 视角创新

相对于其他各级次的教育，学前教育作为教育经济学的重要领域，国内运用教育经济学的研究方法，以财政学的视角系统分析学前教育财政制度演变与制度运行绩效的研究尚不多见，本研究有助于丰富国内教育经济学，完善学前教育领域的研究角度与研究方法。

（二）不足之处

本书研究的不足之处在于，为了使研究结果更具有实践意义和可操作性，本书的对策部分研究选取了典型县作为研究对象，主要通过实地调研和问卷调查获取所需数据资料，为构建学前教育财政保障机制提供案例参考，但由于全国范围内各县的经济发展水平和学前教育发展状况存在较大差异，因此在实证分析方面，受实地调研所需要的人力、物力和财力等条件限制，本书可获得的数据尤其是县级层面的数据有限，随着教育经费统计数据的进一步完善，可考虑利用不同经济发展水平的县级样本数据进行更为全面的分析。此外，由于能力有限，对于很多问题的分析还不够深入全面，在以后的工作和学习中还需继续进行更为深入细化的研究。

第二章

政府干预学前教育的理论分析

将学前教育纳入公共服务体系，构建财政保障制度促进其健康发展，从理论上首先应不失一般性地弄清楚以下问题：第一，学前教育对人的成长和后续学习阶段到底起到什么样的作用？其在整个教育体系中究竟处于什么地位？即学前教育是否需要作为一个独立的教育阶段纳入国民教育体系。第二，如果学前教育对人的发展具有重要的奠基作用，是一种具有较高收益的人力资本投资，那么这种投资责任是否应该由政府承担？如果没有政府介入，完全依靠市场发展学前教育是否可行？第三，如果需要政府介入，那么还需要进一步弄清的就是，在一个多级政府组织中，政府介入学前教育的程度及其有效介入的方式。从理论上澄清这些问题无疑具有十分重要的意义。

第一节　学前教育的作用与地位

对学前教育作用与地位的认识伴随着学前教育领域相关研究的不断深入而逐步提高，尤其是 20 世纪 60 年代以来，大量关于学前教育收益率的实证研究从不同角度证明了学前教育具有较高的投资回报率，其对后续教育阶段的学习以及人的长远发展都具有举足轻重的作用，这为将学前教育作为一项重要人力资本投资提供了坚实的理论基础。

一、学前教育的作用

从世界各国尤其是发达国家的学前教育发展历程来看，对学前教育作用的认识并非一蹴而就。早期，学前教育并没有引起公众和政府足够的重视，更多的是将其作为一种消费，而并非人力资本投资，在这种认识下，学前教育的供给模式上很大程度上也是以一种社会福利的思路提供。学前教育的基本目的首先是为孩子提供一个安全、健康、愉快的环境，能使孩子幸福的生活；其次是使父母尤其是母亲能有更多时间参与社会劳动，以提高妇女的劳动参与率。基于这样一种认识，学前教育基本上靠私人发展，学前教育投入责任也基本由家庭承担，政府对学前教育活动有限的参与中仅限于一些针对贫困或者处于恶劣生活环境中的儿童设立的，以保障儿童享有安全、健康的生活环境为目的的学前教育项目支出。另外，妇女参与就业意愿的增强也使一些以满足那些需要在家庭之外就业的母亲的需要为目的的学前教育项目发展起来。这些项目名称虽然有所不同，但政府介入这些项目主要目的在于提高儿童福利和满足妇女就业，故一般统称这些项目为"儿童保育"。

20 世纪后半叶，社会对学前教育的认识开始发生了根本性的改变，人们逐步认识到学前教育对人的能力提高和全面发展的重要性，马格努松和迈尔斯（Magnuson and Meyers，2004）等提出学前教育不仅可以促进儿童大脑和社会交往能力的发展，有效提高他们未来生产能力，从而提高其未来收入水平，而且对后续教育阶段学习成绩的提高具有十分重要的作用，能够使后期教育投入收到更好的效果，强化和放大后续教育阶段可能获得的受益。学前教育之所以会起到如此重要的作用，一是由于幼儿的健康、语言、认知等各种能力的形成有其特殊性和时效性，6 岁以前是儿童各种能力形成的黄金时期，这一时期进行的早期教育可以为儿童终生学习和发展打下良好的基础，同时可以有效地预防不良行为的发生，这些优势都是学龄后其他教育阶段所无法比拟的。二是越是年幼的儿童教育的效果持续的周期越长，体现得更为明显，相应地有更长的时间去产生收益，这一点赫克曼（Heckman，2000）在其著作 "Policies to Foster Human Capital" 一文中做出了较为全面的分析。皮奈拉（Pinera，1981）的实证研究显示小学和中学对收入的贡献程度是学前教育能力水平的增函数。美国著名的佩里学前教育计划的追踪研究也证实了这一点，该研究将追踪研究对象分为实验组和控制组，实验组大部分被试者从 3 岁开始接受两年高质量的学前教育，控制组孩子不参加任何学前教育项目。研究人员对两个组成员的长期追踪调查发现，在小学阶段实验组的成绩测验和教师评价得分较高，且在整个少年时期这种高成绩持续保持不变，在特殊教育安置、高中毕业、高等教育、就业和收入、不良行为、犯罪以及少女怀孕等方面，实验组也同样具有明显的优势。此外，良好的学前教育对一国国民素质的提高和社会进步也起着不可替代的作用。

20 世纪以来，学前教育的作用和重要性也越来越被人们认可，也正是基于对学前教育作用认识的不断深入，越来越多的国家不再单纯从儿童福利和女性就业的角度出发，而是将学前教育看作一种具有较高的经济收益和社会收益的人力资本投资。近二十年来数量众多的关于学前教育成本收益的实证研究更是为之提供了强有力的证据。诺贝尔经济学奖的获得者芝加哥大学教授赫克曼（Heckman，2000）从人力资本的视角分析了学前教育的长期收益，认为学前教育是一种重要的人力资本投资，是投资回报率最高的教育时段。在其他条件相同的情况下，教育投入的回报率与受教育者年龄成反比。[①] 之后的众多针对学前教育项目的个案分析更是为之提供了更为翔实的证据。亚瑟·雷诺兹和茱迪·唐普勒（Arthur Reynolds and Judy Temple，2001）在考虑通胀因素的情况下，对芝加哥亲子中心项目投入带来的长期收益进行了测算，研究成果表明，早期教育的好处更多地体现在长期收益上，CPC 项目经济效益远超过成本[②]。在此基础上，于 2007 年再次使用三个著名的学前教育干预项目（芝加哥亲子中心、佩里学前教育项目、卡罗莱纳早期项目）的数据和资料，进一步讨论了学前教育项目的投资收益，并重点对芝加哥亲子中心项目进行了分析，发现该学前教育项目（芝加哥亲子中心）带来的长期收益与成本的比率在 5.98 ~ 10.15 之间[③]。

学前教育投资不仅与其他教育阶段相比具有较高的回报率，而且与其他传统的投资项目相比，其对经济也有更为明显的拉动作用。巴蒂克（2006）将政府对学前教育项目的投入与投资传统经济方案的比较研究，结果显示，与一般商业补贴和投资项目相比，高质量的学前教育投入项目对经济发展产生的影响更大，如果持续普及学前教育，所带来的收入将达到每年投入的 4 倍。[④] 巴蒂克（2011）还提出与其他经济激励措施例如税

[①] James J. Heckman, Policies to foster human capital, *Research in Economics*, Vol. 54, No. 1 (1956), pp. 3 – 56.

[②] Arthur J. Reynolds, Judy A. Temple, Dylan L. Robertson, *Age 21 cost-benefit analysis of the Title I Chicago Child – Parent Center Program: Executive summary*, http://www.waisman.wisc.edu/cls/cbaexecsum4.html.

[③] Judy A. Temple, Arthur J. Reynolds, Benefits and costs of investments in preschool education: Evidence from the Child – Parent Centers and related programs. *Economics of Education Review*, Vol. 26, (2007), pp. 126 – 144.

[④] Timothy J. Bartik, The Economic Development Benefits of Universal Preschool Education Compared to Traditional *Economic Development Programs*, *Upjohn Institute for Employment Research*, Vol. 5, (2006), pp. 1 – 5.

收激励相比，地方政府对学前教育的投入不仅本身可以起到增加就业机会的作用，而且还可以通过提高劳动数量和质量的途径增加劳动供给，提高当地居民收入水平。[①]

可见，相较于其他教育阶段和投资项目，学前教育作为一种重要的人力资本投资，具有更高的投资收益和投资价值，众多学前教育的相关研究和学前教育项目的个案分析也已为之提供了充分的理论支撑和经验证据，学前教育的作用也得到了世界各国的广泛认同。

二、学前教育的地位

上述对于学前教育收益和作用的理论与实证研究可见，学前教育是基础教育的起点，对人的全面发展起着奠基性的作用，是一种具有较高收益率的人力资本投资。学前教育不仅可以促进儿童的全面健康发展，而且可以很大程度的提高后续教育阶段投入的收益水平，从而最终影响受教育者未来的收入水平和一国未来的收入分配格局。可以说，学前教育对儿童身心全面发展、后续教育阶段的学业表现乃至国民素质整体提高都具有极其重要的奠基性作用。更为重要的是，由于幼儿时期各项能力的形成和发展有其特殊性和时效性，学前教育的这种作用是任何其他教育阶段所无法替代的，也不可能通过后续教育阶段投入的增加予以补偿。

从实践层面上看，学前教育的重要性已被世界各国所认可，正是基于对学前教育作用认识的不断深入，越来越多的国家不再单纯地从儿童福利和女性就业的角度出发，而是将学前教育作为一个独立的不可或缺的教育阶段，通过立法将其纳入国民教育体系，赋予其应有的地位。很多发达国家纷纷将学前教育作为义务教育的组成部分与奠基阶段，或基本等同于义务教育予以推行和普及，投入大量公共资金支持本国学前教育的发展，将学前教育财政投入在国家年度财政预算中予以单列。一些经济较为发达的国家如法国、英国、荷兰、比利时、新西兰等还将学前教育纳入免费教育的范畴。美国学前教育的地位通过立法予以明确和规范，制定了系统的学前教育各项质量标准，并以法律法规的形式保障其实施，同时出台了较为完善的财政支持政策以扩大本国学前教育规模，提高学前教育质量，保障学前教育的公平。英国、法国、德国、巴西、墨西哥、瑞典、匈牙利等国

---

① Timothy J. Bartik. , Kalamazoo, Investing in Kids: Early Childhood Programs and Local Economic Development. *Upjohn Institute for Employment Research*, 2011.

家也都制定了专门的学前教育法，或在相关法律中规定学前教育与基础教育阶段的其他教育级次一样是基础教育的重要环节，对学前教育的地位予以明确界定。

可见，无论是从理论研究还是实践层面，当今世界各国对学前教育作用的认识已达成一致，即学前教育不仅是一种社会福利，更是对人一生的发展具有重要奠基性作用的教育阶段，是一种具有较高的投资收益率的人力资本投资，其对儿童能力的全面发展和后续教育阶段投入的收益增加乃至一国国民素质的提高都有十分重要的作用，也都赋予了学前教育应有的地位，学前教育是其他教育阶段所无法替代的。鉴于此，学前教育不是其他教育级次的附属，而是国民教育的奠基阶段，是基础教育体系的重要组成部分，理应作为独立的一个教育阶段，从法律上赋予学前教育与其他级次教育同等的地位，其所需财政经费应作为一项独立预算予以单列，并出台相应的法律法规保障其落实，制定完善的政策体系支持学前教育的发展。

第二节　政府干预学前教育的依据

学前教育作为一种具有较高收益率的人力资本投资，对后续教育阶段的学习和人一生的发展都有十分重要的意义，那么按福利经济学的分析框架，接下来首先需要明确的就是学前教育究竟应由谁提供，是否需要政府介入，如果需要政府干预，政府应在多大程度上介入。一般来说，在市场经济条件下，市场发挥资源配置的基础性作用，政府介入的理由主要有两个：一是由市场配置资源可能存在低效率或无效率状态；二是市场配置资源的结果不符合公平正义的要求，政府为了保障公平必须介入。就学前教育而言，如果单纯由市场供给存在公平与效率缺失，那么理应需要政府介入，承担应有的责任。

一、学前教育服务市场供给的效率缺失

（一）学前教育的准公共品属性

公共物品是具有非排他性和非竞争性的商品和服务，其受益具有可分割性的特征。现实中，具有完全非排他性和非竞争性的物品并不多见，大

部分是具有一定程度的非排他性和非竞争性的准公共品，学前教育也并非完全意义上的公共物品。从直接消费的角度来看，学前教育是具有排他性的，在教育机会有限的情况下，幼儿接受学前教育意味着受教育机会的减少，其他幼儿将无法享受这一服务；超过班级或学校可容纳的最大接受数量后，每多一名幼儿接受学前教育，成本会出现一定程度的增加，边际成本不等于零；儿童接受学前教育可以使父母尤其是母亲有更多的时间和精力工作，提高家庭的整体收入水平，学前教育所带来的短期和直接受益主要由其所有者获得，其受益具有可分割性。然而从间接消费的角度来看，学前教育所带来的诸如提高公民素质、增强公民的权利意识等收益也不局限于支付学前教育成本的个人，很难从技术层面将这些受益主体排除在外，也就是说这些收益不具有排他性，其效用具有一定程度的不可分割性，单纯由市场提供无疑是无法带来令人满意的结果，因此需要政府介入。

从实践层面上看，是否将教育作为一种公共物品由政府承担成本并非简单意义上由产品属性推演而来，还取决于不同国家的经济发展水平与经济社会目标以及该层级教育对个人和社会产生经济价值的大小。以义务教育为例，在某些较为贫穷的国家，国民受教育水平较低，享受义务教育可以很大程度地提高个人的收入水平，为个人带来十分明显的经济价值，接受义务教育所带来私人收益十分可观，再加上这些国家经济发展水平不高，政府财力有限，因而即使义务教育也依然视为一种准公共物品，由政府和个人分担教育成本。而在大多数发达国家和发展中国家，公民受教育水平整体较高，享受已基本普及的义务教育并不会给个人带来很大的即期经济价值，其短期私人受益远小于社会受益，这些国家政府财力也相对充足，因此往往将义务教育作为纯公共物品，由政府提供，义务教育的期限也随着国家财力的增加而逐步延长，如欧洲很多国家目前都把学前教育也纳入义务教育阶段，作为一种纯公共物品由政府提供。就我国而言，一方面，学前教育虽然能够为家庭带来一定的经济价值，但其收益更多的通过后续教育阶段体现，由于其所带来的远期社会收益远大于即期个人收益，且收益具有不可分割性，私人往往投入不足，故理应将其视为作为一种公共物品，由公共部门进行投入；另一方面，从我国当前的经济发展水平来看，尚不具备将学前教育作为纯公共物品由政府完全提供的能力，因此将其视为一种准公共物品，由政府和市场分担成本无疑是更为合理的。

（二）学前教育具有正外部性

学前教育是基础教育的起点，是基础教育的基础，幼儿接受良好的学前教育的不仅可以为自身和家庭带来好处，也会为整个社会带来很大的好处。首先，儿童接受高质量的学前教育可以培养良好的行为习惯和个人品质，从而有助于整个社会公民素质的提高；其次，良好的学前教育还可以促进妇女就业，提高妇女为自己的教育和就业进行规划的能力，从而为社会提供更多的人力资本，也有助于减少性别歧视，促进社会进步。瑞巴尔（Ribar，1995）通过研究发现，幼儿教育的供给和政策对妇女劳动力市场的就业率、工作时间、市场经验和特殊资质的获得、人力资本形成、收入与就业地位等六个方面都有影响。约翰·贝纳特（John Bennett，2008）测算的高质量的 OECD 国家政府对学前教育的投入对妇女就业率的提高从 61.5% 的水平（OECD 国家平均值）提升至 76.2%（以丹麦为例）；最后，有质量早期教育能够有效减少未来社会服务成本、降低未来犯罪率、节约行政司法支出，有利于社会的稳定。儿童接受学前教育的这些好处不仅对儿童个人和家庭有利，而且可以为其他社会成员所共享，因此，学前教育具有明显的正外部性。美国学者戴维（David）领导的佩里幼儿教育研究计划的长期收益研究也显示了学前教育的投资回报中仅有 24.43% 由个人获得，而 75.57% 的收益是以未来税收增加、社会福利开支的降低以及减少犯罪等方式回报给了社会。既然学前教育除了私人收益之外还蕴含了巨大的社会效益，那么从经济学的角度上看，由公共部门对其进行投入，分担学前教育的成本是合情合理的。而且理论上，具有负外部效益的物品由于边际社会总成本（边际私人成本＋边际外部成本）大于边际私人成本，所以市场实际供给数量往往大于效率要求的产出数量；而对于具有正外部效益的物品，由于其边际社会总收益（即边际私人收益＋边际外部收益）大于边际私人收益，因此单纯由市场供给达不到效率要求的最优供给水平，也就是说，市场对学前教育服务的供给是不足的，这种情况下，政府对学前教育进行投入或者通过对学前教育提供者进行补贴可以通过增加边际私人收益，从而提高学前教育的整体供给水平。

（三）学前教育市场的信息不对称

学前教育市场的信息不对称与不完全也是政府干预学前教育的一个重要理由。由于学前教育服务的特殊性以及学前教育质量评价信息和标准的缺乏，家长难以事先充分获得幼儿园教育质量和服务价格等真实信息，也就无法对学前教育质量做出客观评价。相较于家长，园方明显具有信息优势，很容易通过信息优势诱导家庭盲目消费，从而导致学前教育市场的混乱。由信息不对称所带来的学前教育市场的低效率主要表现在以下几个方面：其一，学前教育的质量由多种因素决定，包括教具、玩具、活动场地等显性因素，也包括幼儿与教师之间的互动、教师素质、教学理念与内容等隐性因素，后者对教育质量的影响更为明显，但家庭一般只能够了解到幼儿园基础设施、硬件设备等显性因素的相关信息，而真正决定学前教育质量的隐性因素的信息往往难以获得，家长往往会用这些显性因素作为替代对学前教育服务质量进行评价，因此学前教育机构往往倾向于关注教具玩具、场地装修等硬件设备，而忽视教师培训、教学方法更新等方面的投入，重设施，轻师资。实践中很多幼教机构通过配备豪华的教育教学设施，以硬件条件和虚假宣传来影响家长的判断，使家长对托幼机构的教育质量做出错误的评价，导致盲目消费，也人为地增加了学前教育的成本。其二，学前教育服务质量信息的不对称还会造成学前教育市场的"逆向选择"，出现类似于"柠檬市场"的现象。由于学前教育服务的供给方了解其所提供的幼儿保教服务的质量，而家长却对其知之甚少，甚至即使是在幼儿进入该托幼机构之后仍然无法予以科学判断，也就是说在学前教育市场中买方很难识别出教育质量的好坏，所以往往对价格更为敏感，倾向于选择费用便宜、方便接送的幼儿园，而学前教育机构要提高幼儿教育质量又需要花费较高的成本，当真正高质量的幼教机构不能获得应有的补偿，其提高教育质量的意愿就会大打折扣，高质量的幼教机构反而会逐步被排挤出这个市场，不利于学前教育服务的整体质量的提高，如果政府能够介入，建立相应的质量标准，提供有效的学前教育质量信息，将有利于形成竞争性的学前教育服务市场，提高学前教育服务质量。其三，由于高质量的学前教育对幼儿的影响是长期的，这种影响更大程度地体现在后续教育阶段和幼儿后期发展中，也就是说学前教育阶段的收益具有隐蔽性和更长的滞后期，家长关于学前教育作用和收益的信息是不全面的，这就导致家长不能清楚地认识到学前教育的重要性和投资价值，因此相较于其他教育阶段，私人往往对学前教育投资不足。基于以上分析可见，学前教育市场存在信息不对称与不完全，政府的介入有利于减少信息不对称和不完全造成的学前教育市场的扭曲，提高学前教育服务的质量，改善学前教育市场资源配置效率。

（四）学前教育领域存在规模不经济

除外部性与信息不对称，学前教育领域还存在规模不经济。学前教育服务具有特殊性，幼儿教学更大程度上是一种体验式、互动型、参与性的教学活动，与其他教育级次相比，要求更多的教具、玩具等硬件设施，更小的班级规模，更低的生师比，也就是说学前教育的办学成本相对较高。在一些人口密度小的农村和偏远地区，幼儿数量少且居住分散，生源往往不足，很难实现经济意义上的规模效益。单纯由市场提供学前教育，由于私人以营利为目的，在这些地区往往对于学前教育投入缺乏积极性，或以牺牲教育质量来降低成本，以至于农村和偏远地区的学前教育供给不足，或者质量难以保证，从而损害了幼儿和家庭的利益，在这些地区政府更应重点投入，承担起应有的责任，保障家庭和幼儿受教育的基本权益。

二、学前教育服务市场供给的公平缺失

政府干预学前教育的理由不仅仅因为学前教育市场供给的低效率，更是因为学前教育市场供给的公平缺失。如果单纯由市场配置学前教育资源，那么即使实现了效率目标，也可能并非是社会满意的结果，政府基于公平正义的目标有责任介入学前教育以更好地促进社会公平。

公平正义作为社会制度构建的核心价值目标已得到世界各国的广泛认同，早在20世纪70年代，美国著名伦理学家约翰·罗尔斯（John Rawls, 1972）在其代表著作《正义论》里就提出："公平正义是一般社会的价值目标"，"正义的基本主题就是主要的社会体制分配基本权利和义务以及确定社会合作所产生的利益分配的方式。"影响人们生活前景的政治、经济、社会条件以及自然禀赋和社会地位等因素是个人无法自我选择的，这些最初的不平等必须通过正义原则加以消除或弥补，达到社会"公平的正义"（justice as fairness）[1]。正义原则要求通过社会制度调节这些初始阶段的不平等，最大可能地减少如生活背景、个人自然条件等因素对人们生活前景的影响，从而达到社会公平。教育作为每个公民应享受的基本权利，教育公平既是社会正义公平的重要组成部分，又是实现社会公平的重要手段，鉴于此，世界各国都十分重视教育公平，将其作为教育发展的基本价值导向。学前教育作为基础教育的初始阶段，学前教育公平是教育公平和社会公平的起点，政府介入学前教育不仅可以更好地保障幼儿基本受教育的权利，而且对于社会发展更是具有十分重要的意义。由于幼儿家庭背景以及

---

① ［美］罗尔斯：《正义论》，中国社会科学出版社1998年版。

个人先天条件的差异，单纯由市场机制配置学前教育资源会导致幼儿能否享受学前教育服务，享受什么样质量的学前教育服务完全由家庭背景决定，且如果说在其他教育级次，弱势家庭子女还有可能凭借自我学业表现争取到更为优质的教育资源，那么儿童在学前教育阶段基本没有任何途径通过自身努力改变命运，这无疑会导致幼儿受教育机会的不平等，且这种不平等是自身无法选择和改变的，这种最初的不平等必须通过政府的干预加以消除或弥补，从而更好地实现整体教育公平和社会的公平正义。

政府介入学前教育不仅可以保障幼儿公平的享有受教育的基本权利，而且可以通过影响未来收入分配从而更好地实现社会的整体公平。政府对学前教育进行投入尤其是对不利处境幼儿进行投入，从即期效果来看，减少了低收入家庭用于育儿方面的支出，减轻了贫困家庭的负担，提高了这些家庭可支配收入水平，一定程度上起到了调节收入分配的作用。更为重要的是，由于学前教育领域不公平的危害具有代际传递性，政府干预学前教育能够有效减少代际贫困，从而影响未来收入分配。如前文所述，学前教育对幼儿能力和素质的提高有十分重要的作用，高质量的学前教育对幼儿后续教育阶段的学业表现和能力形成影响很大，也就是说儿童接受学前教育质量的差异不仅影响其现阶段的发展，更会影响其未来个人能力的提升，且这种的影响很难通过后期教育投入的增加予以弥补。如果政府对学前教育不加干预，那么富裕家庭儿童享受高质量的学前教育，获得更好的能力提升，而贫困家庭的儿童由于无法接受高质量的学前教育，影响其未来创造财富能力，很容易陷入代际贫困的恶性循环，由此导致的社会阶层固化现象无论是对于收入差距的缩小还是对整个社会的发展都是不利的。政府对早期教育的干预，尤其是对处境不利儿童的倾斜性投入，可以提高贫困家庭儿童成人后创造财富的能力，从而改善一国未来的收入分配格局。

不仅如此，早期干预方式还可以避免直接补偿低收入者可能引发的道德风险问题，因而在调节收入分配，促进社会公平方面更加高效。国外学者关于政府早期教育投入的相关研究很好地证明了这一点，迈尔斯和格瑞克（Meyers and Gornick，2001）以 14 个工业化国家为例，分析了不同国家差异化的早期教育制度对减少不平等的影响，认为早期教育（ECEC）的政府投入可以有效地缩小未来收入差距，降低不平等，其对社会公平的促进作用程度取决于儿童早期教育的社会化程度，即早期教育多大程度上从私人转向公共责任。实践中 20 世纪后半叶，很多国家开始实施的早期干预项目在促进社会公平方面产生的积极影响更是为之提供了令人信服的经验证据，如美国的联邦政府实施的"提前开端计划"（Head Start）、英国政府实施的"确保开端计划"（Sure Start）以及印度的"儿童综合发展服务计划"（Integrated Child Development Services），这些学前教育项目都极大地推动了本国学前教育的普及率，对缩小贫富差距、促进社会的公平和稳定起到了很好的作用。

由于学前教育的准公共品性质、学前教育的强外部性以及学前教育市场存在的信息不对称和规模不经济，单纯由市场提供学前教育无疑是低效的，需要政府介入以提高资源的配置效率；而学前教育作为教育的起始阶段，政府干预学前教育，对实现教育公平，保障儿童基本受教育权和未来收入分配的改善具有重要作用。基于效率与公平的目的，政府干预学前教育，承担相应的管理和部分投入责任无疑都是合理的。

第三节　学前教育发展责任在各级
政府间的合理划分

基于公平与效率的双重考虑，政府介入学前教育领域都十分必要，那么在厘清了"政府需不需要干预"之后，接下来需要进一步讨论的问题是政府"如何进行干预"，也就是学前教育事权与支出责任如何在各级政府间进行合理划分的问题。

一、政府间学前教育事权的划分

对于多层级政府中各级政府间事权如何划分的问题，西方财政分权理论已有研究认为，中央和地方政府在公共物品供给中所具有优势不同，应发挥其各自优势，形成优势互补的政府体系。早期做出开创性研究的蒂伯特（Tibout，1946）认为在人口可自由流动、地区间无利益外溢以及人们具有充分信息等一系列假设条件下，居民可以迁出不能满足其公共品需求的地区，迁入能够满足其公共品偏好的地区，即通过"用脚投票"机制选择合意的地方政府以满足自身需求①，因此地方政府提供公共物品是有利于提高资源配置效率的。后期大量经济学家就这一问题做出了更为深入的

---

① Tiebout, Charles, A pure theory of local expenditures [J], *Journal of Political Economy*, Vol. 64, (1956), pp. 416 – 424.

拓展，大部分学者认为地方政府与中央政府相比，更能够接近本地居民，从而更好了解辖区内居民的效用和需求①。美国学者理查德·特里西（Richard Tresch，1981）的偏好误识理论则认为，由于信息不完备和不确定性，与地方政府相比中央政府对社会福利函数缺乏了解，在提供公共产品的过程中更易失误，基于规避风险的目的，居民更倾向于由地方政府提供公共产品②。奥茨（Oates，1999）从居民偏好的表达途径，认为由中央和地方政府共同提供公共物品，居民的偏好可以通过用脚投票和用手投票机制得以更好表达，因而对于需求偏好差异大的公共产品，地方政府更具效率优势③④。也有学者根据受益原则，认为公共品的供给主体应按照受益范围划分，这样的制度安排才更有效率⑤。

可见，按照财政分权理论，对于典型的地方公共物品与服务，地方政府提供更具信息优势，可以更好地满足多样化的需求、更清楚地掌握支出项目的真实成本，居民能够更充分地表达偏好，地方政府间竞争亦能提高资源配置效率。但实践中纯粹的中央或地方公共产品十分少见，多数公共品都是交叉的，具有空间外溢性，地方政府提供的这些公共产品的受益范围超出了其辖区边界，使辖区外的其他地区也获得了公共物品的部分好处却未对之有任何成本补偿⑥。学前教育即为一种具有空间外溢性的地方公共物品。一方面，学前教育主要服务于本地居民，其受益范围主要局限于当地，原则上应当以地方政府为主负责提供，且地方政府对于本地居民的偏好、学前教育的供给成本等具有更大的信息优势，可更有针对性地满足当地居民需求，更便捷地进行管理；另一方面，学前教育服务又具有空间外溢性，在本辖区接受过良好学前教育的孩子，将来可能流动到其他辖区，也就是说其受益范围并不完全局限于本地。因此，完全由地方政府提供，显然会造成福利损失。

如图 2 - 1 所示，MLB 为地方政府提供学前教育服务的边际收益曲线，

---

① 平新乔：《财政原理与比较财政制度》，上海三联书店1992年版，第338~391页。

② Tresch, Richard W., *Public Finance: a Normative Theory*, Business Publication, Inc, 1981, pp. 574 – 576.

③ Oates, Wallace E., *Fiscal Federalism*, New York: Harcourt Brace Jovanovich, 1972, pp. 35 – 45.

④ Oates, Wallace E., An essay on fiscal federalism, Journal of Economic Literature, Vol. 37, (1999), pp. 1120 – 1149.

⑤ 张恒龙、陈宪：《当代西方财政分权理论述要》，载于《国外社会科学》2007年第3期，第19~24页。

⑥ 李祥云：《我国财政体制变迁中的义务教育财政制度改革》，北京大学出版社2008年版，第44~46页。

MEB 为学前教育收益外溢到其他辖区的边际外部收益曲线，*MB*(*MLB* + *MEB*) 为边际社会收益曲线，*MC* 为地方政府提供学前教育服务的边际成本曲线。地方政府提供学前教育服务时以自身利益最大化为决策目标。在进行成本收益分析时，对具有空间外溢性的学前教育服务，地方政府会从自身利益出发，仅考虑本辖区获得的收益，选择按照本辖区的边际收益（*MLB*）与边际成本（*MC*）相等的原则提供，学前教育的供给数量为 *MLB* = *MC* 的交点 *F* 点决定的供给数量 Q_F。而学前教育的最优供给量为边际成本 *MC* 与边际社会收益 *MB*(*MLB* + *MEB*) 的交点 *E* 点决定的供给数量 Q_E。可见，单纯由地方政府提供学前教育公共服务，无法达到最优供给数量，造成学前教育的供给不足。

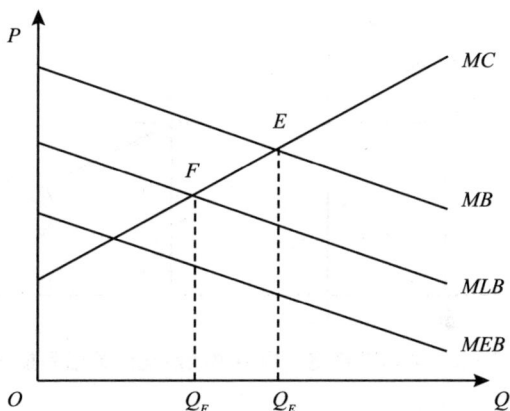

图 2 - 1　学前教育完全由地方政府提供的福利损失

　　上述空间外溢性公共物品供给不足问题理论上有以下两种解决方法：一种方法是学前教育服务由地区性政府甚至是中央级政府提供，使提供学前教育服务的政府管辖范围涵盖所有获得学前教育收益的消费者。这样做虽然可以解决学前教育的空间外溢性问题，但是由中央政府统一提供学前教育服务，会失去由地方政府提供学前教育服务的信息和管理优势，造成效率损失，很可能带来得不偿失的局面。

　　由中央按统一标准为各地区提供学前教育服务所造成的效率损失如图 2 - 2 所示。为分析方便，假定只有 *A*、*B*、*C* 三个地区，且三个地区内部居民对学前教育服务的需求无差异，学前教育服务的成本为固定值，三个地区居民的学前教育需求曲线分别为 D_a、D_b、D_c，成本用 *PC* 表示。那么 A、B、C 三个地区合意的学前教育消费量分别为 Q_a、Q_b、Q_c，中央政府按统一标准提供，即按照 Q_b 为每个地区提供相同数量的学前教育服务。对于 A 地区而言，由于边际成本超过边际收益，中央统一提供学前教育服务造成的福利损失为三角形 ABE 的面积；对于 C 地区而言，由于未能满足该地区的消费需求，中央统一提供学前教育服务所造成的福利损失为三角形 BCF 的面积。另一种办法是庇古学派的补贴制度，地方提供具有空间外部性的公共品的成本，由上级政府按比例进行补贴，补贴数额应恰好与外溢的边际收益相等，以此来影响地方政府决策，从而矫正外部性。

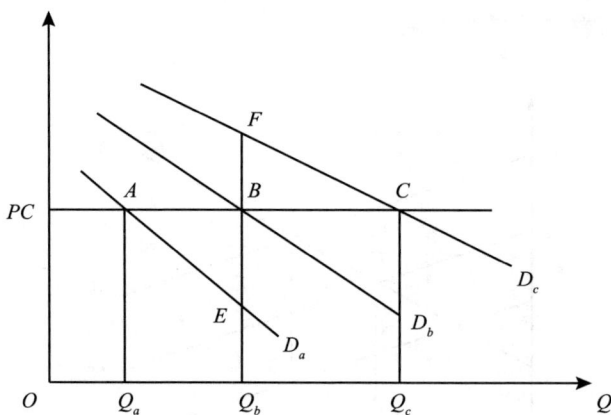

图 2-2　学前教育完全由中央政府提供的福利损失

可见基于学前教育服务空间外溢性地方公共品的特征，在地方政府基于信息优势和便于管理等理由作为学前教育事权的主要承担者的同时，中央政府应介入矫正其空间外部性，以提高资源配置效率。

二、政府间学前教育筹资责任划分

学前教育筹资责任划分即在学前教育成本在各级政府间如何分担的问题。合理的划分学前教育的筹资责任，一要合理界定学前教育成本中政府的分担水平，二要明确划分各级政府的支出责任。

根据布鲁斯·约翰斯通（Rruce Johnstone）于 1986 年在研究高等教育筹资问题时提出的教育成本分担理论，教育成本包括为教育教学活动发生的直接和间接成本。一般来说，教育具有正外部性，受教育者接受教育的收益可以为家庭和社会所共享，所以教育成本分担的主体理应包括各级政府、家长和社会，其中政府和家庭（受教育者）是主要承担主体，这种关系可以表示如下：

$$C_T = C_{PRI} + C_{GOV}$$

其中，C_T 为学前教育总成本，C_{PRI} 表示学前教育成本由个人承担的部分，C_{GOV} 为政府承担学前教育成本，假定政府承担的学前教育成本比例为 R，那么家庭承担的学前教育比例则为 $(1-R)$。

$$C_{GOV} = R \times C_T$$
$$C_{PRI} = (1-R) \times C_T$$

如果设学费为 F，接受学前教育幼儿数量为 N，那么 $N \times F = (1-R) \times C_T$。

如果考虑学校盈利水平为 P，则 $N \times F = P + (1-R) \times C_T$，可见在学校收益率一定的情况下，教育收费水平更大程度上取决于政府分担比例 R 的大小。

对于不同教育级次，政府和家庭所承担的份额 R 是不一样的，分担原则主要有利益获得原则与能力原则[①]。前者主要根据获得收益的大小来确定各受益主体的教育成本分担比例，后者即以分担能力作为各主体教育成本分担标准。此外，教育成本分担机制的设计还需考虑经济发展水平、社会财力分配结构、政府组织结构以及政府对不同级次教育的定位与价值导向。教育成本分担理论为学前教育支出责任的明确划分提供了重要的理论参考。学前教育社会收益远大于个人收益，其强外部性决定了政府作为学前教育成本分担主体的合理性，但不可否认学前教育也会为家庭带来经济收益，因此政府与市场应成为共同分担主体。

至于政府应该承担多大部分的支出责任，理论上为实现经济效率，家庭投入水平应能保证在收入约束下达到投入学前教育的边际收益等于进行其他投资的边际收益，地方政府的最优投入水平应符合投入学前教育与投入其他公共物品的边际效用相等的原则。但由于学前教育政府收益影响因素较为复杂，涉及经济、社会、教育水平乃至个体差异等多种因素，且投入学前教育的好处很大程度上是通过提升后续教育阶段的效果得以体现，具有滞后性与隐蔽性，严格按照受益原则进行投资决策不仅难以实现，而且无法保障公平。因此，学前教育成本分担应在受益原则基础上，兼顾各

① ［美］约翰斯通：《高等教育财政：问题与出路》，顾明远、沈红、李红桃译，人民教育出版社 2004 年版，第 37~46 页。

投入主体的投入能力，综合考虑学前教育资源的供求两方面影响因素，确定政府与市场的合理分担比例。从学前教育资源的供给角度应考虑地区的经济水平、各级政府财政能力以及政府所拥有的经济资源在教育以及其他各部门间的分配情况；从学前教育资源需求角度应考虑社会经济发展水平与一国人口特征等因素。此外，公共财政框架下政府的基本作用边界应为市场失灵的领域，其职能是提供基本水平公共物品与服务满足公共需要，结合前文对学前教育性质与作用的分析，学前教育作为一种准公共物品，政府对学前教育承担支出责任并非大包大揽，政府支出水平应限于提供最基本的、最低标准的均等化的学前教育服务。

在多级政府组织中，各级政府学前教育筹资责任从实质上来看就是学前教育事权在财政支出上的体现。理论上，政府事权与支出责任应是一致的，地方政府作为学前教育事权的主要承担者，相应的也是学前教育支出责任主体。但值得注意的是学前教育作为空间外部性地方公共品，主要是基于方便管理的原则，把地方政府确立为事权和支出责任主体，但这并不等于地方政府投入的学前教育经费均来自本级政府的自有财力。若学前教育的公共经费完全由地方政府本级财力承担，理论上学前教育的空间外溢性会导致地方财政对学前教育投入的激励不足；根据理查德（Richard，1959）的观点，地方政府财力与支出责任不匹配，也会导致地方政府行为扭曲等问题，不利于地方政府有效履行其职能，且地方政府之间财力不均衡还会使得学前教育地区差异过大。针对这种多级政府中上下级政府间财力的纵向不平衡和地方政府之间的财力横向不平衡，以及地方政府支出激励不足问题，无论是从理论分析还是从实践经验来看，转移支付无疑是一种有效的手段。财政转移支付是以各级政府的财政能力差异为基础，通过对不同级次政府或同级政府之间财政资金进行再分配的一种财政平衡制度。财政转移支付依据不同的政策目的有不同的方式，主要包括一般性转移支付和专项转移支付两种形式。一般性转移支付通常不规定财政资金的使用范围与要求，由地方政府根据所承担事权产生的支出需要进行自由支配，目的主要是均衡地区间财力，实现基本公共服务均等化。专项财政转移支付一般规定了转移支付资金的用途，必须专款专用，主要是为实现特定政策目标。

根据专项补助是否要求地方政府按照一定比例用本级财政资金进行配套，专项转移支付还有配套性和非配套性专项转移支付之分。配套性的专项转移支付是上级政府为了激励和引导地方政府对某一特定活动进行财政投资，而为其提供的财政补助，并要求地方政府必须按照一定比例配套财政资金。非配套性的专项转移支付虽然也规定了专项资金的使用用途，但是并不要求地方政府必须按照一定比例配套财政资金，而且对于地方政府如何使用这笔财政资金以及将其用在活动的哪些方面也没有具体的要求。需要通过中央政府实行财政转移支付以均衡财力。由于不同的转移支付类型，其经济效应亦有所区别，因此，为达到不同的调节目标，政府可采取的学前教育转移支付的形式应根据具体政策目标进行选择。

　　以上分析可见，公共财政框架下学前教育完全由中央政府提供，或者完全由地方政府提供均不会带来有效率的结果。规范的财政分权和地方自治的前提下，理论上较为合理的制度安排应该在满足"蒂伯特模型"条件的基础上，地方政府基于信息和方便管理的优势作为学前教育的主要管理责任主体；结合受益原则与能力原则划分各级政府的支出责任，上级政府通过转移支付矫正学前教育收益的空间外部性。

第三章

我国学前教育供给模式与
财政制度的演变

计划经济时期，由于对学前教育的重要性与地位认识不足，我国学前教育并未受到应有的重视，而是被视为一种社会福利，学前教育的供给与财政投入模式也依照社会福利而非教育事业的发展思路逐渐形成。学前教育由各单位分散提供，经费来源缺乏应有的制度保障。随着经济体制改革的深入，原有的集体福利性质的供给模式与财政投入制度无以为继，学前教育被推向市场，学前教育领域的诸多问题日益凸显。依托经济体制变迁的背景对我国学前教育供给模式与财政制度的演变进行探讨，有助于全面深入地分析当前学前教育领域诸多问题的深层次原因，以便更好地寻求化解之道。

第一节　计划经济下学前教育供给
模式与财政制度

任何具体的制度安排都是在特定的经济社会背景下产生，计划经济时期的学前教育供给与财政投入模式也带有当时经济、财政制度的深深烙印。受计划经济时期对学前教育的认识、政府职能定位以及财政体制因素的影响，这一时期的学前教育突出了福利化办园的特征，学前教育主要由各单位或集体为职工或集体成员提供，设立幼儿园的核心目标偏重于支持妇女就业，政府对学前教育的投入以城市为主，呈现出初步的城乡二元特征。

一、计划经济体制下学前教育的供给模式

中华人民共和国成立初期，随着国民经济的逐步恢复，我国学前教育事业开始逐步发展起来。教育部 1952 年颁布的《幼儿园暂行规程》里明确指出幼儿园的主要任务有二：一是教养幼儿，二是便于母亲参加教育生产活动。在 1951 年政务院颁布的《中华人民共和国劳动保险条例》中，进一步明确了幼儿园、托儿所的基本性质是单位为职工提供的劳动保障。很明显，学前教育在这一时期主要目的是为方便家庭尤其是女性参与劳动，是单位为职工提供的一种福利，对幼儿教育的这种定位直接导致了学前教育投入重心的偏移。一方面，将方便妇女就业和教养幼儿作为学前教育的主要任务，对学前教育作用的认识也就仅仅停留在为职工提供的一种福利的层面，并未认识到学前教育作为一种人力资本投资蕴含巨大的经济和社会利益，这就意味着学前教育的投入随意性很大，由单位效益和职工福利水平而定；另一方面，强调为妇女就业服务的功能定位，那么在学前教育的服务对象上也就以城市女职工为主，再加上政府一开始就确定了幼儿园在有条件的城市优先设立的先城市后农村的路线，使得学前教育供给重心先天地出现了向城市偏移的特征，这也直接影响了后期农村学前教育的发展。由此，作为一种福利性质的以城市为重心的多元化学前教育供给模式开始逐步形成，随后 1953 年开始的第一个五年计划期间，这种供给模式得到进一步强化，1955 年 1 月，国务院批准的《教育部关于工矿企业自办中学、小学和幼儿园的规定》中就再次强调要把幼儿园列入单位基本建设计划。1956 年，教育部等多部委重申了幼儿园在城市中应由厂矿、企业、机关、团体、群众来办，在农村提倡生产合作社举办①。从办学主体上看，这一时期幼儿园虽然要求由市县人民政府统筹设置，但幼儿园的设立者可以是地方政府、也可以是机关、学校、公营企业、私人和私人团体，并且国家十分鼓励企业和集体组织大力兴办幼儿园。从学前教育管理体制上看，与国家"统一领导、分级管理"的预算管理体制相适应，幼儿教育管理体制也呈现地方化的特征，幼儿园归属地方教育行政部门统一管理。无论幼儿园的设立者是谁，都应由市、县政府教育部门统一领导。1956 年，教育部等多部委联合发出的《关于托儿所、幼儿园几个问题的

---

① 教育部、卫生部、内务部：《关于托儿所、幼儿园几个问题的联合通知》。

联合通知》中更为细化地将托儿所与幼儿园的管理主体予以明确，提出托儿所主要负责 0 ~ 3 岁幼儿的托管，而幼儿园主要负责 3 ~ 6 岁幼儿的教育，依照"统一领导，分级管理"的原则，在行政上归所属单位管理，具体业务上幼儿园、托儿所分别由教育部门和卫生部门负责，后期托儿所数量逐渐减少，主要以幼儿园为主。

计划经济时期学前教育的这种办学主体多元化、福利化的供给模式从本质上来讲，是由当时对幼儿园作用与地位的认识、传统计划经济体制下政府职能的定位以及统收统支的财政体制决定。一方面，政府并未认识到学前教育作为一种重要的人力资本投资对经济和社会发展的重要作用，仅将其作为解决妇女就业后顾之忧的工具，自然而然就突出了其福利性，而非教育性，因而从一开始学前教育就并未如基础教育的其他阶段一样被明确为地方政府的一项重要事务，这直接导致了市场经济体制改革后学前教育无人负责，被盲目推向市场的尴尬境地。另一方面，市场经济中，政府的主要职能是提供公共物品与公共服务以满足社会公众需要。但是在计划经济条件下，国家财政更多地承担了公共经济管理职能，财政部门与计划部门决定了经济资源配置的方向，对于国有企业，政府也承担了管理职责，实施计划管理，利润统一上缴财政，利润支配也必须由财政许可，遵循计划安排。这样的政府职能定位与公共经济管理体制必然会作用于国家财政中传统上属于公共财政的部分，影响这一部分的实际运行和制度选择[1]。诸如教育、医疗等在市场经济体制下属于财政职能范畴的事务，在这种政府承担大部分经济管理职能的宏观经济环境和高度集权统收统支的财政体制下隐含于微观经济单位中，由单位承担了，形成所谓的企业办社会的格局，蕴含其中的学前教育也作为职工集体福利，顺理成章地由企业单位承办和提供。当然，这种供给模式适应了当时的财政和经济管理体制，一定程度上也起到了很好的扩大学前教育资源的作用。从 1951 年开始，我国学前教育事业得到了快速发展，无论是幼儿园数量还是在园幼儿数都有了较大幅度的增长，其中幼儿园数量由 1951 年的 4833 所，增至 1956 年的 18534 所，增长了 2.83 倍，在园幼儿数从 1951 年的 38.2 万人增至 1956 年的 108.1 万人，增长了 1.83 倍[2]。与此同时，城市与农村学前教育的发展差异也开始显现，就城市而言，在国家的大力提倡下，主要

---

① 胡书东：《经济发展中的中央与地方关系——中国财政制度变迁研究》，上海三联书店、上海人民出版社 2001 年版，第 34 页。
② 数据来源：《中国教育统计年鉴》(1988)，中国统计出版社。

由职工所在企业和事业单位兴办的职工福利性质的幼儿园快速发展起来，再加上政府教育部门所办的幼儿园，无论是幼儿园数量还是在园幼儿数都比新中国成立初期有了很大程度的提高。但对于农村而言，由于学前教育事业在这一时期整体遵循先城市后农村的发展方针以及为女职工服务的福利定位，因而农村学前教育并未列入国家教育事业费，也未能从其他渠道获得政府的直接和间接投入，基本依靠农村集体自筹自建，基于当时的农村经济发展水平，农村学前教育可获得的资源十分匮乏，发展较为缓慢。

随后于1958年国家实施的计划内的财政过度分权带来的混乱也影响到了这一时期的学前教育事业，幼儿教育事业也采取了大跨步的导向。很多地方为实现所谓的学前教育跨越式、赶超式发展，提出了一系列脱离实际的发展目标，忽视教育质量而盲目扩大幼儿园数量，一大批质量低下的学前教育机构迅速发展起来。1961～1965年，按照"调整、巩固、充实、提高"的方针，学前教育也从盲目扩张转向调整和提高，1965年我国幼儿园数量为19226所，比1957年略有提高①。"十年动乱"结束后，随着国民经济的调整和恢复，在国家积极发展幼儿教育事业的要求下，我国幼儿教育事业也开始逐渐调整和发展，1978年开始，教育部幼儿教育处和地方幼教管理机构逐步恢复。1979年召开的全国托幼工作会议中提出学前教育"恢复、发展、整顿、提高"的总体思路，同年，国务院成立了托幼工作领导小组及其办事机构，各省市也先后设立了托幼工作领导机构，继续实行国家、企业、集体多元化的幼儿教育供给模式和"统一领导，分级管理"的学前教育管理体制。

二、计划经济下学前教育财政制度安排

与计划经济时期的学前教育供给模式相适应，这一时期我国学前教育的财政投入模式也呈现出相似的特征。在以单位、集体为主的分散的福利化的供给模式下，学前教育经费来源也较为复杂，不同性质不同兴办主体的学前教育机构，经费来源也各不相同。

1952年颁布的《幼儿园暂行规程》里规定，市县所办幼儿园的经费来源于地方教育事业费，其预算、决算由地方人民政府教育行政管理部门

---

① 数据来源：《中国教育统计年鉴》（1988），中国统计出版社。

核准；其他公办和私立幼儿园的经费则来源于其设立者，经费的预算决算由其设立者决定，需报地方教育行政部门备案。也就意味着政府对学前教育的直接投入仅限于政府教育部门办幼儿园，其他幼儿园经费从形式上来讲源于举办者。随后于1953年颁布的《中华人民共和国劳动保险条例》明确了企事业单位办幼儿园是单位为职工提供的一种福利，那么其经费自然作为单位的一种福利费用，在劳动保险开支项目下予以列支。1955年1月，《国务院关于工矿企业自办中小学和幼儿园的规定》中指出，厂矿、企业应把建筑幼儿园的计划"列入基本建设的总计划内"，一切费用"由各部门统一列入营业外开支，编入财务计划"。1973年财政部颁布的文件《国营工业、交通企业费用开支办法》中进一步规定将单位对幼儿园的支出归属与后勤服务开支，改为营业外支付。按照"谁办园，谁投入"的原则，农村集体办幼儿园经费自然由社队和农民自筹。

由此，这一时期的学前教育投入模式某种意义上出现了形式上"多轨制"的特征：教育部门所办幼儿园经费列入地方预算内教育事业费；政府机关办园不直接从地方预算内教育事业费中列支，但通过机关预算间接得到了财政支持；企业事业单位办幼儿园的支出，按照规定的人员编制和供给标准，作为企事业单位的福利支出，列支在机关事业单位的预算经费中，具体来说允许机关、部队、事业单位以基本建设投资、福利费、工会经费以及行政管理和事业费的形式列支；城市少量街道办幼儿园经费可以通过民政渠道获得一定的补贴；农村集体办学前教育经费来源于社队组织，政府直接对农村学前教育的投入资金和资源支持非常有限。对于家庭而言，虽然这一时期各类性质的幼儿园也都明确应由幼儿家庭缴纳一定的费用，但实际上幼儿园的主要支出如事业费、基建费等都通过直接或间接的方式，以"单位福利"或"集体福利"的形式由集体组织或单位分担了，幼儿家庭承担的部分并不多。

三、计划经济下学前教育财政制度的缺陷

学前教育筹资模式的这种形式上的"多轨制"与其供给模式一样，由政府对学前教育的定位以及计划经济时期的经济制度环境决定。首先，在对学前教育的作用和性质的认识上，政府仅将学前教育视为单位职工的一种福利，而并非教育事业的一个组成部分，那么学前教育的经费投入也就与计划经济体制下其他社会福利的经费来源渠道一致。而并非如中小学教

育一样，虽然这一时期也采取了"两条腿走路"的多渠道筹措教育经费的方针，但始终坚持国家办学为主，并作为地方政府的一项重要事权，办学经费主要来自国家预算和教育附加费，在财政预算中予以单列。其次，如前所述，计划经济时期政府的职能定位与高度集权的财政体制决定了企业财务在当时与国家财务是一致的，整个国家作为一个辛迪加式的组织统管了几乎所有的经济管理活动，国营企业和事业单位的财务活动也纳入了国家财政范围。学前教育作为社会福利由职工所在单位提供还是由国家财政提供从投入渠道来讲也仅仅是直接与间接的区别。事业单位办幼儿园办园经费通过单位预算进入国家预算，工矿及国有企业办幼儿园办园经费通过企业留利的途径获得了财政暗补。再加上当时服务于重工业优先发展的政策目标，需集中社会资源优先发展重工业，社会财富中个人所占比例很小，工资水平极低，医疗、养老包括被视为一种福利的学前教育费用也自然不可能反映完全货币化体现在职工工资中，而是由单位提供反映在单位成本里。在计划经济体制下，企业留利多就意味着上缴利润中留存下来为职工提供的福利越多，企业有较为强烈的举办幼儿园以提高职工福利水平的动机[①]。农村学前教育作为农村社会福利在计划经济时期福利城乡差异化的大环境下，基本上未能直接或间接的获得财政的任何补贴，这也导致后期学前教育城乡差异持续拉大。计划经济时期这种"谁举办、谁投入"的多渠道筹资模式解决了当时财政极其困难的条件下发展学前教育的资金困境，一定程度上调动了企业单位办学前教育的积极性，然而也为我国学前教育发展埋下隐患：其一，主要面向城市企事业单位职工的供给模式使农村居民未享受到同等质量的学前教育服务，城乡二元特征明显。其二，社会福利化的供给与投入模式使学前教育未能在地方教育事业费中占有一席之地，而是靠这种集体单位分散出资的方式作为其经费来源主要渠道，多种办园主体、经费来源多渠道的投入与供给模式也造成多种性质的幼儿园并存，归属于不同性质的举办者管理，使得后期学前教育管理和财政制度改革变得异常艰难与复杂。

然而，随着后期市场经济体制改革的推进，政府职能的转变与公共财政体制改革的深化，原有的单位分散提供的福利化的供给与投入制度无以为继。学前教育的社会福利定位决定了其未能像其他级次教育一样沿袭教育事业的改革思路，随着财政体制的完善逐步形成相对规范的教育财政投

---

① 曾晓东：《我国幼儿教育由单位福利到多元化供给的变迁》，载于《北京师范大学学报（社会科学版）》2006年第12期，第12～13页。

入制度，而其教育属性又决定了其不能像医疗卫生、养老等社会事业一样在市场经济体制下采取社会化改革思路，以至于学前教育几乎处于教育财政制度和社会福利制度改革的真空地带，陷入了无人投入、无人管理的尴尬境地，学前教育领域的诸多问题开始凸显。

第二节　经济体制转型中学前教育市场化改革及其后果

20 世纪 70 年代末，我国经济体制开始由计划经济向市场经济转型，随着改革的推进，我国的政府职能、社会福利制度以及财政体制都发生了巨大的转变，社会对学前教育的需求也随着经济水平的提高日益强烈，但政府未能对计划经济体制下福利化的学前教育供给与投入体制做出实质性的改变，及时将学前教育作为一项重要的事权予以明确，从而建立起与其他级次教育一样的相对规范的财政投入制度。政府责任的缺位导致学前教育被盲目推向市场，学前教育领域的供求严重失衡，滋生"入园难""入园贵"等一系列现实问题。

一、经济体制改革对传统学前教育供给模式的冲击

市场经济体制改革对我国学前教育领域也产生了巨大冲击，一方面，学前教育财政投入水平未能随居民对学前教育需求的日益增加而有所提高，投入严重不足；另一方面，经济体制改革中企业作为自主经营、自负盈亏的营利性组织，其承担的社会职能逐步分离，原有企业办作为职工福利的幼儿园大量倒闭；农村集体办幼儿园也随着农村集体经济的解体大量减少。学前教育被盲目推向市场，政府责任严重缩水，学前教育领域的诸多问题也随之出现。从表面上看，这些问题的出现主要由于市场经济改革中作为学前教育主要供给主体的企业和集体组织大量退出学前教育领域从而导致了供求严重失衡，但从本质上看，却有其深层次的制度根源，与政府对学前教育的社会福利定位、政府职能转变以及财政体制改革密切相关。

（一）财政体制改革对学前教育领域的冲击

计划经济体制下，由于政府对学前教育的性质与作用认识不足，更多

的将其视为一种社会福利，在政府承担大部分经济管理职能的宏观经济环境和高度集权统收统支的财政体制下，作为社会福利的学前教育隐含于微观经济单位中，由单位和集体组织承担了供给职能，而并没有真正被视为教育事业，作为地方政府的事权予以明确。这种供给和投入模式在计划经济统收统支的财政体制下并无不妥。高度集中的计划经济体制和财政体制下，政府承担了较多的经济管理职能，与市场经济体制下政府职能限定于市场失灵领域，主要提供公共物品和公共服务不同，政府与市场并无明确的界限，政府通过微观经济组织为其成员提供社会福利发挥了基层组织的积极性，使在当时经济发展水平低下，财政能力严重不足的条件下，社会成员的福利得到低水平的实现。

20 世纪 70 年代末我国开始了市场经济体制改革，改革之初的这段时期，学前教育并未受到太大冲击，沿袭原有供给与投入模式，按照"坚持两条腿走路"的发展方针，多种主体办园并行，政府继续鼓励企业和集体组织办园。1979 年 10 月国务院转发《全国托幼工作会议纪要》中强调，在当前国家财力有限的情况下，应通过国家、集体、社会、个人多方努力，采用多种办法，解决好经费来源问题。各级教育部门举办的幼儿园经费仍然由各级财政部门在确定教育事业费年度指标时予以安排，在各级教育事业费中列支；企事业单位和部队办幼儿园经费由各主办单位解决；城镇民办园所需经费主要来源于家庭缴纳的保育费，其中开办费，大型设备购置费以及房屋修缮等开支，由地方财政部门在自筹经费（如城市附加收入，区、街企业收入和机动财力等）中酌情补贴。随后，以分权为导向的预算管理体制改革进一步深化，极大地调动了地方政府发展经济、增加地方财政收入的积极性。与此同时，我国基础教育财政制度也开始了分权化的调整，政府将发展基础教育的责任更大程度的下放到了地方，责任下放的同时却并没有建立相应的财政保障制度对地方政府教育投入进行硬性约束，为了最大程度的提高地区经济总量，地方政府往往热衷于发展短期经济增长效应明显的项目，教育投入的增长幅度往往是滞后于经济增长的。而且由于当时政府对学前教育性质与作用认识的局限，学前教育基本上处于各层级教育中最不受重视的一个阶段，在地方教育事业费中列支的仍仅限于教育部门办园经费，虽然按照当时教育经费"两个增长"的原则，财政性学前教育经费也有了一定的增长，但是由于教育部门办园比重不大，因此整体上看财政通过地方教育事业费的途径对学前教育的直接投入仍然处于较低水平。

分税制改革后，中央与地方的收入有了明确划分，财权逐渐上移，但是对于事权划分却并不合理，包括教育在内的诸多事项均归于地方政府负责，在无规范的一般性转移支付制度调节的情况下，财力不足的地方政府对于教育这种对短期经济增长效果不显著的领域采取了甩包袱的做法。定位模糊、经费投入缺乏制度保障的学前教育更易处于劣势地位，成了地方政府最先甩掉的"包袱"之一。在这种发展思路下，政府对学前教育的投入严重不足，政府办幼儿园数量并未随着经济增长和居民对学前教育需求的增加而逐步提高，一些地方政府甚至对学前教育进行撤资或者变卖，从表 3 - 1 可见，从 1995 ~ 2010 年，我国政府部门办园的数量（含教育部门和其他部门办园）由 4.51 万所减至 3.31 万所，在幼儿园总数中所占比例也大幅下滑，政府部门办园在园幼儿数也大幅度减少。

表 3 - 1　　　　1995 ~ 2010 年部分年份我国不同办学主体幼儿园数量变化　　单位：所

年份	总计	教育部门办园	其他部门办园	集体办园	社会办
1995	180438	21561	23534	114864	20780
1998	181368	31741	19154	99649	30824
2000	175836	35219	15578	80722	44317
2005	124402	25688	5825	24054	68835
2007	129086	26697	5063	19710	77616
2009	138209	26958	4405	17542	89304
2010	150420	29257	3797	15077	102289

资料来源：《中国教育统计年鉴》（1995 ~ 2010）。

（二）农村家庭联产承包责任制改革对学前教育领域的冲击

具体到农村学前教育而言，以家庭联产承包责任制为核心的农村经济体制改革也深刻地影响到了农村学前教育的供给。针对农村学前教育普遍落后，与城市差异大的情况，政府也开始提出了要积极创造条件，发挥社（乡）、队（村）集体的积极性，有计划的发展农村学前教育。但对于农村学前教育的发展实质上依然采取由农村（乡）、队（村）等集体办园的方式，经费自筹，政府并未对农村学前教育进行任何的直接或间接投入。1983 年 9 月教育部《关于发展农村幼儿教育的几点意见》规定农村应以群众集体办园为主，根据地区经济和社会发展实际情况，优先发展学前一年教育,逐步扩大到学前 3～5 岁幼儿,幼儿园的管理责任按照谁办园谁管理的原则,采取乡办乡管、村办村管的方式。在这样的发展思路下,农村学前教育实际上是游离于政府视野之外的。基于当时农村的经济发展水平,基层政府并无动力与能力发展农村学前教育,很多地方虽然按照国家政策导向也开始着手发展学前教育,但在具体执行过程中予以变通,兴建了一大批附属于农村乡镇小学的学前班。这种并非独立建制的学前班附设于农村乡镇小学内,主要为学前一年级幼儿提供入学准备,资金投入较少,教学小学化倾向严重,严格意义上不能称之为真正的学前教育,其资金来源依存于小学的经费来源渠道,教师也多为附属小学的教师兼任。从统计数据上看,这一时期农村幼儿园数量和在园幼儿数都有了较快增长,但从教育质量、教育设施和师资力量上看,农村学前教育的发展仍然十分落后,能够获得的政府投入也十分有限,与城市存在较大差距。针对这一情况,1986 年 6 月,国家教委发布的《关于进一步办好幼儿学前班的意见》中,指出近些年农村幼儿学前班发展很快,但是由于发展过快,出现了一些质量问题,农村幼儿学前班应加强教师培训,改善办班条件,基层政府应加强领导和管理。从文件内容上看,政府也意识到了问题所在,但由于没有相应的制度保障,缺乏必要的资金投入,实践中这一时期的农村学前教育依然维持了一种低投入、低水平的发展路径。虽然后期的相关文件中,我国政府也一再强调了农村学前教育的重要性,并将学前教育与中小学教育一并归入乡镇政府管理①。但由于分税制改革以后,农村基层政府财力的严重不足,尤其是税费改革后,农村乡镇政府对中小学教育投入尚且捉襟见肘,许多地方的农村中小学所需经费都难以保障,农村学前教育更被严重的边缘化。1994～2004 年我国农村幼儿园数量从 10.3073 万所大幅降至5.426 万所(见表 3－2),后期才略有回升,农村学前教育不仅没有随着农村经济增长而发展壮大,反而在投入水平和供给数量上都出现了萎缩。

表 3－2　　　　　　 1987～2010 年部分年份我国城乡幼儿园数量变化　　　　单位:所

年份	总计	城市	县镇	农村
1987	176775	29021	19599	128155
1990	172322	30009	22914	119399

---

① 在 2003 年教育部出台的《关于幼儿教育改革与发展的指导意见》中指出"乡(镇)人民政府承担发展农村幼儿教育的责任,负责举办乡(镇)中心幼儿园,筹措经费,改善办园条件"。

续表

年份	总计	城市	县镇	农村
1994	174657	35773	35811	103073
1996	187324	36037	40859	110428
2000	175836	36907	45434	93495
2002	111752	29305	33314	49133
2004	117899	32938	30701	54260
2007	129086	32946	34797	61343
2010	150420	35845	42987	71588

资料来源:《中国教育统计年鉴》(1987～2010)。

(三) 国有企业改革对学前教育的冲击

基于计划经济时期政府财力及其对学前教育的单位福利定位,完全依靠政府力量兴办学前教育并不现实,政府十分鼓励工矿企业承办幼儿园。在国家政策的鼓励下,企业单位办幼儿园大量出现,企业单位成为学前教育的重要供给主体。高度集中的经济运行体制下,企业办幼儿园所需经费在上缴利润之前以职工福利费的形式予以列支,因此企业愿意从上缴利润中为本单位职工争取更多福利,对企业单位办幼儿园也有较强的投入意愿。这种情况在改革开放初期并没有实质性的改变,20世纪70年代末80年代初的企业改革,虽已开始了对企业扩大经营自主权的"放权让利"的尝试,但也仍然属于传统的计划经济体制下的部分权力下放,只是赋予企业在完成国家计划的前提下一定的产销自主权,并给予企业拥有一定资源如留存利润等进行支配的权利,这部分企业可支配的资源,可用于进行投资,也可以用于提高职工收入和福利水平。这一时期的企业改革虽然沿着"放权让利"的改革思路进行,但企业获取的自主权十分有限,企业并未成为独立决策,自负盈亏的经营主体。因此,在其仍需将剩余利润大部分交由国家支配、受制于国家计划的情况下,企业仍然有较强的留存更多利润用于如幼儿园等职工福利项目以提高本单位职工的福利水平的动机。再加上政府对企业单位办幼儿园从政策层面也一直采取鼓励态度①,因此集

---

① 1987年10月,国务院办公厅转发国家教委等部门《关于明确幼儿教育事业领导管理职责分工的请示的通知》中指出"幼儿教育既是教育事业的一个重要组成部分,又具有福利事业的性质",应"除地方政府举办幼儿园外,主要依靠部门、单位和集体等方面力量发展幼儿教育事业"。

体单位办幼儿园数量在改革开放初期也一直稳中有增，占我国幼儿园总数的比重一度达到70%以上[①]。然而，随着市场经济体制改革的深入，这种主要依靠集体单位办幼儿园的投入与供给模式受到巨大冲击。

20世纪90年代初，随着改革的深入，市场机制在资源配置中的作用越来越大，建立社会主义市场经济体制逐步成为政府的目标，市场经济要求企业成为独立经营、自负盈亏的微观经济主体，政府剥离计划经济体制下所承担的大部分国有经济经营管理的职能，建立以提供公共物品满足公共需要为主要目标的公共财政体制。与这种要求相适应，企业改革也不再停留在传统经济体制下简单的扩大部分经营自主权和利润支配权的"放权让利"，而是要求其成为独立法人，按照市场经济体制下的价格和投资机制自主运营。1991年，全国范围内陆续开始了企业股份制改革，1994年起，又进行了以建立公司制为核心的现代企业制度改革，改革的目标即为建立起以企业法人制度为主体，以有限责任制度为核心，"产权清晰、权责明确、政企分开、管理科学"的企业制度。以市场经济为基础的企业需自负盈亏，企业更为关注自身经济效益，这就使得企业需将幼儿园等在计划经济下原应由政府承担却隐含于微观经济主体进行供给的福利职能剥离出去，改变之前"企业办社会"的现状，与市场经济下企业的目的与运营方式相匹配。企业职工作为劳动力的供给主体，所获得的报酬以货币工资的形式予以体现，工资水平开始大幅度提高，计划经济体制下未通过货币工资反映而是隐含在企业成本中的一些的职工福利也开始逐渐的"货币化"。企业不再具有计划经济体制下的为职工举办幼儿园以提高职工福利的动机，出于降低成本、提高利润率的目的，企业十分乐意也必须把诸如幼儿园等社会责任剥离出来。那么计划经济体制下承担了重要的学前教育供给职能的企业不再作为主要供给主体，退出学前教育供给领域后，如果按照市场经济运行模式下准公共物品的供给与投入方式，学前教育作为一种准公共物品，理应由政府承担起应有的投入责任，通过相应的制度安排，对学前教育事权进行界定，筹资责任予以明确，并辅之以规范的转移支付制度，以满足日益增长的学前教育公共需求。但20世纪90年代后期我国学前教育事业的发展轨迹却并未如此，在1999年9月《中共中央关于国有企业改革和发展若干重大问题的决定》里，政府对企业单位办幼儿园如何改革也进行了明确，强调有条件的企业要继续办好幼儿园，而不具

---

① 数据来源：《中国教育统计年鉴》（1986~1988），中国统计出版社。

备独立办园条件和具备分离条件的幼儿园，要在政府统筹下移交给地方教育行政部门或其他社会团体个人举办，但在后期具体实施过程中，由于缺乏规范的制度保障，地方政府并没有很强的发展学前教育的意愿与动力，教育部门办幼儿园数量在这一时期尚且大幅减少，对企业办幼儿园，地方政府更是采取了直接推向市场的做法，并未按照文件要求对企业办幼儿园承担起接管责任，除少部分进行了市场化改革，转化为经费主要源于收费收入，单位职工可享受部分优惠的企业化经营的幼儿园外，大部分企业办幼儿园直接予以关停，幼儿园数量锐减，1995～2006 年，十年间企事业单位办幼儿园占全国幼儿园总量的比重从 60% 以上迅速下降到 20% 左右①。

　　按照西方主流财政分权理论的观点，联邦制下的财政分权会通过"用手投票"的选举机制以及"用脚投票"机制提高地方居民的福利水平。所谓"用手投票"机制，即居民选举产生的地方政府拥有更多地方信息，这种信息上的优势可以更好地了解和满足当地公众的需求；所谓"用脚投票"机制，即居民也可以根据自己的偏好来选择不同的地方政府，使地方政府有提高地方社会总体福利水平以扩大税基的动力，从而最终提高地方教育、医疗水平。但这种效果在中国式分权改革中并未得到很好的实现，受单一 GDP 考核体系和公共服务与户籍挂钩导致的人口流动受限等制度环境约束，中国的分权化改革并未如 Tiebout 模型中所描述的一样带来了地方政府对教育投入的提高，反而出现了"一放就乱"的现实困境。简单的放权造成了很多公共事务无人负责、无人投入、无人管理的混乱局面。基层政府的支出水平与支出偏好更大程度受中央政策和政绩考核机制的影响。我国教育事业的发展更依赖于上级政府对各级次教育发展的政策导向和对教育筹资责任的明确界定，依赖于教育财政制度供给的完善程度，表现出明显的强制性制度变迁的特征。无论是教育还是其他公共事务，只要缺乏明确的责任界定与制度保障，没有作为一项事权予以明确，进而纳入地方政府的政绩考核体系，就无法保证地方财政对其进行合理投入，分权所带来的地方公共品供给效率和居民福利水平提高的好处也就无从显现。就学前教育而言，改革开放以来，伴随着我国经济增长和收入水平的提高，居民对学前教育的需求也随之提高，政府对学前教育的投入水平理应随经济增长和社会对学前教育需求的增加而大幅提高，但从这一时期的现实状况来看，却并非如此。

---

① 数据来源：《中国教育统计年鉴》(1996～2007)，中国统计出版社。

二、学前教育市场化及其后果

经济体制转型对计划经济体制下学前教育的投入与供给模式带来巨大冲击，计划经济时期福利型学前教育的投入与供给模式所依赖的制度环境随着市场经济体制改革的推进发生了根本性的改变。

（一）学前教育市场化

作为计划经济体制下学前教育主要组成部分的教育部门办园、农村集体组织办园以及企事业单位办园随着我国财政体制的分权化改革、农村集体经济的瓦解以及企业制度改革的推进都出现了不同程度的萎缩。受政府对学前教育认识的制约，学前教育并未被视为一种重要的人力资本投资，而是作为一项福利事业，这种定位导致了在 20 世纪 80 年代初开始的分权化改革中，学前教育并未作为一个独立的教育阶段，如其他教育级次一样按照教育事业的发展思路，作为地方政府的一项事权予以明确，也就没有在地方财政预算中给予相应的地位，建立起相应的财政投入与管理机制，并随着国家财力的增加和财政制度的改革而逐步完善，而是被推向了市场。

就政府办园而言，1997 年开始我国政府虽进一步强调了要明确政府责任，逐步推进幼儿教育社会化，但是对地方政府并无太大的约束力，且对于各级政府在学前教育领域的责任到底是什么，学前教育政府应不应该投入，多大程度的投入，相关文件中并没有细化而明确的规定，以至于在后期的发展中，地方政府对于学前教育"社会化"产生了一定程度的分歧和误解。再加上学前教育并未像义务教育一样作为地方政府的一项事权予以明确，地方政府往往倾向于将"社会化"的办园模式理解为"市场化"，即将发展学前教育的责任盲目推向市场，采用市场化运作的模式，政府无需对学前教育进行投入和扶持，其责任最多就是监管和业务指导而已。

就农村幼儿园而言，经济体制转型中，长期以来形成的依靠社（乡）统筹、生产队（村）自筹，群众集资、集体办学的供给模式也随着农村经济体制改革的深入推进和农村集体经济的解体相应瓦解。农村学前教育严重边缘化，数量大幅减少。

就企业办园而言，计划经济体制下承担了重要的学前教育供给职能的企业不再作为主要供给主体，退出学前教育供给领域后，如果按照市场经济运行模式下准公共物品的供给与投入方式，学前教育作为一种准公共物品，理应由政府承担起应有的投入责任，通过相应的制度安排，对学前教育事权进行界定，筹资责任予以明确，并辅之以规范的转移支付制度，以满足日益增长的学前教育公共需求。但 20 世纪 90 年代后期我国学前教育事业的发展轨迹却并未如此，在 1999 年 9 月《中共中央关于国有企业改革和发展若干重大问题的决定》里，政府对企业单位办幼儿园如何改革也进行了明确，强调有条件的企业要继续办好幼儿园，而不具备独立办园条件和具备分离条件的幼儿园，要在政府统筹下移交给地方教育行政部门或其他社会团体个人举办。但在具体实施过程中，由于缺乏规范的制度保障，地方政府并没有很强的发展学前教育的意愿与动力，教育部门办幼儿园数量在这一时期尚且大幅减少，对企业办幼儿园，地方政府更是采取了直接推向市场的做法，并未按照文件要求承担起接管责任，除少部分转化为经费主要源于收费收入，单位职工可享受部分优惠的企业化经营的幼儿园外，大部分企业办幼儿园直接予以关停，幼儿园数量锐减。政府责任的缺位和制度改革的滞后使得学前教育被盲目推向市场，1995 ~ 2010 年，我国民办幼儿园数量从 2.08 万所升至 10.23 万所，占全国幼儿园总数的比重从 11% 增加到 68%[①]。

　　学前教育市场化的根本原因在于学前教育定位的模糊与制度改革的滞后。计划经济时期将其作为了一种福利而非教育事业，依赖集体单位分散投入，经济转型中原有由集体单位供给的福利项目供给方式发生转变时，其受到冲击在所难免。在原有供给与投入模式依存的制度环境发生改变时，如果能够按照教育事业的改革思路，如其他教育级次一样，伴随着经济与公共财政体制改革，建立起与新的制度环境相适应的具体制度安排，对其管理与筹资责任给予清晰的界定，在地方政府的政绩考核中予以体现，并随着市场经济与公共财政体制改革而不断完善，那么后期学前教育领域的诸多问题也许不会如此严重。

（二）学前教育市场化改革的后果

　　随着我国经济与财政体制改革的深入推进，原有的依赖于单位与集体的福利化的学前教育供给与投入模式难以为继，尤其是企业单位办幼儿园与农村集体办幼儿园，数量大幅度减少。虽然在相关文件中，我国政府也一再强调地方政府对学前教育的统筹、管理与投入责任，但在具体的实施

① 数据来源：《中国教育统计年鉴》(1996 ~ 2011)，中国统计出版社。

过程中，由于缺乏相应的制度保障，学前教育逐渐被推向市场，政府责任严重缩水，产生了一系列社会问题。

其一，学前教育领域供求严重失衡，"入园难""入园贵"问题凸显。计划经济时期，除地方政府办幼儿园外，大量企业单位办幼儿园、农村集体组织办幼儿园以及城市街道办幼儿园的经费来源虽然并非通过地方教育事业费的性质拨付，但也基本上都通过各种途径获得了政府或集体隐性的补贴。且由于其举办主体均为企事业单位、城乡集体组织，在计划经济体制下，基本都可视为一定程度的"公办"，这些企事业单位办幼儿园、农村集体组织办幼儿园举办目的是为本企业单位或集体组织成员服务，带有福利性质，从供给数量上来看，基本能够满足本单位或集体组织成员的需求。从经费来源上看，大部分经费源于事业单位经费预算、企业单位税前留利或者是农村集体组织集资等途径，虽然也向家庭收取一定的费用，但个人承担的部分十分有限。再加上受当时的经济和社会发展水平所限，社会对高质量的学前教育需求并不强烈。因此，虽然在当时的条件下，大部分幼儿园名义上也收取一定的费用，且学前教育也仅仅是维持了一种低水平的供给与投入水平，但供求矛盾并不严重。20世纪90年代以后，由于政府在学前教育领域责任的严重缩水，这些由地方政府举办的、企事业单位举办的、农村集体组织举办的带有福利性质的"公办"幼儿园数量并未随着社会对学前教育需求的增长而逐步增加，反而出现了大幅度的减少。收费低、质量高的公办幼儿园数量不足，且大部分只招收机关事业单位职工子女。而随着经济的发展，人们对高质量的学前教育的需求越来越强烈，优质学前教育资源无法满足人民群众日益增长的需求时，学前教育领域出现严重的供求失衡在所难免。从20世纪90年代中后期开始，"幼儿园入学竞争堪比上大学""为上幼儿园举家彻夜轮换排队报名""家长苦等两年仍无法入园、园方回应学位不足"等报道不绝于耳，这种现象绝非个例，可以说"入园难"问题已逐渐成为关系千家万户利益的重大民生问题。尤其是在欠发达的农村地区、偏远地区及少数民族聚居区，这些地区地广人稀，受经济条件与社会环境的双重制约，幼儿园盈利空间十分有限，依赖市场化方式供给导致这些地区学前教育发展十分缓慢，学前教育机构总量严重不足，入园率很低。另一方面，政府对大量出现的民办幼儿园既没有任何财政支持，又缺乏基本的引导与监管，收费收入成了民办幼儿园唯一的经费来源。在保证教育质量的情况下，单一依靠收费收入运营的民办幼儿园成本必定高于公办幼儿园，同时又要保证一定的投资回报率，学费水平也就大大高于公办幼儿园。公办幼儿园学位有限的情况下，想让孩子接受有质量的学前教育，缴纳高额学费进入优质民办幼儿园成为众多家庭的无奈之举，很多家庭收入水平并不高，为了能够让孩子接受质量有保障的学前教育，可以说是倾力而为，"入园贵"问题凸显。更有甚者，一部分民办幼儿园依靠概念炒作，收取高额学费，出现了所谓的"天价幼儿园"现象。当然，在保障幼儿基本的公平的入园机会的前提下，由市场提供多样化的选择以满足高收入人群对子女学前教育更高层次的需求无可厚非，但当基本学前教育需求都尚未满足的情况下，这种现象无疑使得资源配置效率低下，加剧了学前教育领域的供求矛盾。可见"入园难""入园贵"现象实质上是日益增长的社会需求同稀缺的优质学前教育资源之间矛盾的集中反映，核心问题是由于政府投入不足、责任缺位、学前教育市场化导致的优质幼儿教育资源供给不足。

其二，公办幼儿园公益性难以实现。学前教育领域的供求失衡使得优质公办园学位成了"稀缺资源"，与此同时，政府对公办幼儿园应该承担的社会责任却没有相应的规制。很多公办幼儿园尤其是计划经济体制下事业单位办，后期改制为社会化经营的幼儿园，或优先招收政府部门或事业单位职工子女，或也实行了市场化运营模式，开始收取赞助费，赞助费的数额低则两三万元，高则十几万元，这种现象在教育质量较好的示范园、重点园十分普遍，直接影响了我国普及普惠的学前教育发展目标的实现。

其三，部分民办幼儿园质量无法保障。民办幼儿园作为公办幼儿园的补充，如果能够得以正确引导、扶持与管理，在政府财力有限的情况下，可以起到很好的扩大学前教育资源、满足日益多样化的学前教育需求的作用。但缺乏监管、盲目简单的市场化却导致了民办幼儿园质量两极化，部分民办幼儿园质量难以保障，"黑园""无证园"大量存在。民办幼儿园作为自负盈亏的经营个体，必然以营利为目的，为了获取更高的利润率，无外乎采取提高收费和降低成本两种途径。现实中，一部分民办幼儿园通过近乎豪华的硬件设备，炒作概念从而收取高额托费，出现了"天价园"现象。更大数量的民办园出于逐利本性，往往通过降低成本的途径来获利，这部分幼儿园缺乏基本的办学条件，教育教学设施难以达到基本的办园标准，师资力量十分薄弱，也未通过教育部门的审核，质量根本无法保障，不能称之为真正意义上的学前教育，即所谓的"黑园"。但在具体的管理中，政府没有专门的机构和人员对之进行监管，也缺乏相应的业务指导，而家长对这类幼儿园又很难鉴别，很多无证园长期存在，往往是出了问题才引起相关部门的重视，近年来见诸报端的有关幼儿园的恶性事件绝大部分发生于这种无证园、黑园，可谓触目惊心，不仅如此，部分收费高昂的民办幼儿园由于缺乏监管，也有类似情况发生，民办幼儿园管理的混乱已经严重损害了家长和儿童的权益。

从以上对我国学前教育供给模式与财政制度演变历程的分析，可以清晰地看出我国学前教育供给与财政制度演变的内在逻辑和特征。我国学前教育供给与投入制度变革更大程度上属于一种自上而下的强制性制度变迁，经济与财政体制的改革构成了其演变的制度环境。不同时期学前教育财政投入与供给制度安排受两方面因素决定：一是政府对学前教育作用与地位的认识，二是不同时期的经济与财政体制环境。前者决定了政府对学前教育的发展目标与定位；后者决定了我国学前教育财政制度改革的进程与方向。从对学前教育的定位上看，计划经济时期政府对学前教育作用的认识停留在为妇女就业提供方便，对其定位也仅限于作为一种社会福利；从其依赖的制度环境上看，计划经济体制下政府承担了大量经济管理职能，财政体制以统收统支、高度集中为特征，国营企业和事业单位的财务活动均纳入了国家财政范围。这样的制度环境使得计划经济时期学前教育的供给与投入职能隐含于微观经济主体中，由单位和集体组织承担的福利化的供给模式能够得以运行。

改革开放后，一方面，随着经济和社会的发展，政府对学前教育的认识逐步深化，开始意识到学前教育作为一种人力资本投资的重要性，对学前教育的定位也从社会福利转为将其视作教育公共服务体系的重要组成。另一方面，随着我国经济体制的转型和公共财政体制改革的深入，原有学前教育投入与供给制度所依赖的制度环境发生了根本性的转变。那么，作为一种具体制度安排，学前教育理应随之建立起与公共服务定位相适应的公共财政框架下的学前教育财政制度，为其发展提供良好的制度保障，满足日益增长的社会需求。然而现实中制度改革的滞后使得学前教育被简单推向市场，问题丛生。对比经济体制转型后的义务教育发展轨迹，可以更为清晰地看出这一点，计划经济时期中小学教育也自始至终采取了两条腿走路的发展方针，但随着经济财政体制改革，义务教育也开始了教育财政分权化尝试，逐步形成了"以县为主"的义务教育财政制度，明确了义务教育的事权与筹资责任，辅之以转移支付制度进行调节，并在地方政府的政绩考核体系中予以体现。虽然义务教育财政制度在运行中也出现了一些问题，但相对健全的制度安排保障了政府对义务教育的应有投入。而缺乏制度保障的学前教育却陷入了投入不足、管理混乱的尴尬境地，发展严重滞后。制度在社会中具有基础性的作用，它是决定长期绩效的根本因素，在历史上的大部分时期，鼓励对生产性知识进行投资的制度激励大多是缺乏的①，因此制度的完善程度对于教育发展的重要性不言而喻，我国学前教育的演变历程也进一步印证了合理的制度安排在我国的政治经济环境下对保障教育投入与良性发展的重要性。

---

① ［美］道格拉斯·诺思：《制度、制度变迁与经济绩效》，杭行译. 格致出版社、上海三联书店、上海人民出版社 2008 年版，第 110、147 页。

第四章

我国现行学前教育财政
制度安排及特点

经济体制转型中学前教育财政制度改革的滞后导致的种种问题引起了社会和政府的广泛关注，自 2010 年以来，我国政府颁布了一系列政策文件支持学前教育的发展，对长期以来实行的"地方负责、分级管理"的学前教育管理体制进行了调整，进一步强调地方政府应作为发展学前教育的责任主体，并指出了省级政府和中央政府发展学前教育的责任。作为一项具体的制度安排，学前教育财政制度的核心即学前教育事权与支出责任的划分，那么，在具体实行过程中，当前学前教育事权在各级政府间如何划分？政府间学前教育支出责任分担现状如何？本章结合实地调研典型案例就学前教育事权与支出责任在地方各级政府间分担现状进行分析，以期更有针对性地发现我国学前教育财政制度运行中存在的种种问题与原因。

第一节　我国学前教育财政政策的新调整

一、学前教育财政政策调整的背景

随着我国经济与社会的发展，家庭和社会对学前教育的重视程度日益提高，我国政府也越来越认识到学前教育的重要性，学前教育财政投入体制运行的经济、社会、制度环境已发生了深刻的变化。

一方面，人均收入水平的提高与女性就业率的上升，家庭越来越认识到学前教育对幼儿后续教育阶段的学业表现乃至整个人生的发展都有着十分重要的意义，对有质量的学前教育的需求日益强烈。但与之相对的是我国学前教育发展的长期滞后，公办幼儿园在市场经济改革中数量与所占比重急剧减少，取而代之的大量的民办幼儿园缺乏监管与引导，要么质量难以保障，要么收费昂贵难以负担，学前教育供求严重失衡，与人民群众对学前教育的需求脱节。学前教育的这种供求失衡矛盾在农村体现得更为明显，很多农村尤其是偏远山区，学前教育基本上以类似家庭作坊的看护点的形式出现，无论是建筑面积、户外活动场地还是师资的配备都与基本办园标准相去甚远，根本无法保障教育质量，由此产生了一系列社会问题。

另一方面，从国际趋势来看，无论是发达国家还是发展中国家都将学前教育作为了国民教育体系中一个独立教育阶段，对学前教育的重视程度和投入水平大幅提高，学前教育财政投入在国内生产总值中所占比重以及在教育财政投入中所占比重也都远远高于我国。此外，随着政府职能的转变与财税体制改革的深入推进，我国学前教育财政投入政策的制度环境发生了根本性的变化。而计划经济时期福利化的投入模式使得当前我国学前教育机构性质十分复杂，不同性质的学前教育机构资金来源途径与管理归属于不同部门负责，制度上十分不统一；政府对学前教育的投入仍沿袭计划经济时期的投入方式，重点投向教育部门办的优质园，数量本就不足的公办幼儿园公益性也难以保障。现行学前教育投入制度改革严重滞后，与我国财政体制改革进程脱节，难以为"构建有质量的学前教育公共服务"目标的实现提供制度保障。

可见，随着国家经济发展水平的增长，社会和家庭对学前教育重视程度的提高，政府对学前教育认识的深入以及我国财税体制改革的进一步推进，学前教育财政制度赖以存在的经济、社会、制度背景都发生了深刻的变化，我国学前教育财政政策亟待调整，以更好地解决学前教育领域的供需矛盾，满足人民群众对学前教育事业的要求。

二、学前教育财政政策调整的具体内容

学前教育领域的诸多问题已不仅成为人民群众反应强烈、社会关注度较高的民生问题，也是改善民生、实现和谐发展的重要社会问题，这也引起了政府的高度关注。自 2010 年以来，我国政府逐步意识到学前教育作为一项重要的人力资本投资对我国经济和社会发展的重要意义，对我国学

前教育财政投入政策进行了一系列调整，具体的制度安排体现在 2010 年以来国家颁布的一系列政策文件中。

首先，国家对学前教育的定位发生了根本性的变化。计划经济时期，受当时国家经济社会发展水平以及政府财政能力所限，学前教育一直被作为一种集体福利，由单位分散供给，导致在市场经济转型中学前教育受到巨大冲击，政府投入严重不足，学前教育财政制度更是沿袭了计划经济时期的福利式的投入体制，制度改革严重滞后。目前，我国政府已逐步认识到学前教育的重要性，并将其纳入公共服务体系。2010 年 11 月，国务院下发《关于当前发展学前教育的若干意见》（以下简称《若干意见》）指出必须坚持学前教育的公益性与普惠性，着力"构建覆盖城乡、布局合理的学前教育公共服务体系"，并要求各地以县为单位编制学前教育三年行动计划，以期有效缓解"入园难"问题。在 2012 年《国家教育事业发展第十二个五年规划》（以下简称《规划》）中，进一步强调，要通过完善学前教育体制机制，从而"构建学前教育公共服务体系"。从"社会福利"到"公共服务"，学前教育的性质与定位发生了根本性的变化，与之相应，学前教育财政投入制度也亟须改革，以真正将学前教育纳入公共服务体系。

其次，强化了政府在学前教育领域的主导作用。计划经济时期，城市学前教育主要由职工所在单位供给，农村学前教育则采取了"农村教育农民办"的方式，由农村集体供给，政府教育部门办幼儿园主要起示范作用，数量非常少。经济体制转型中，学前教育更是被直接推向市场，公办幼儿园数量不足，对民办园又缺乏必要的支持和监管，政府责任严重缺位。2010 年以来，学前领域的"入园难""入园贵"问题逐步引起了社会的高度重视，我国政府开始逐步意识到政府在学前教育领域应承担的责任。在随后颁布的一系列政策文件中，我国政府都对学前教育发展予以了高度重视，强化了政府在学前教育发展中的主导责任，2010 年 5 月国务院《国家中长期教育改革和发展规划纲要（2010～2020 年）》（以下简称《纲要》）中提出为实现 2020 年基本普及学前教育这一目标，应明确政府责任，大力发展公办幼儿园，扶持民办幼儿园，有关部门加强学前教育管理。在强调政府发展学前教育的主导责任的基础上，进一步明确了各级政府的职责。对于一直游离于政府视野之外的农村学前教育，单纯依靠农村学前教育农民自己办的发展思路使得农村学前教育发展十分缓慢，政府责任的缺位导致城乡学前教育差距越发凸显，与我国公共服务均等化的整体目标相悖，2010 年以来，在《纲要》《规划》等多个政策文件中，我国政府都强调对农村学前教育应重点发展，通过"改革投入和管理体制"，提高农村学前教育普及程度。2014~2016 年实施的第二期学前教育三年行动计划，进一步提出继续深化改革，破解体制机制障碍，坚持公益普惠，进一步优化学前教育资源配置，公办民办并举，努力提高学前教育公共服务水平，新增资源重点向贫困地区和困难群体倾斜。指出学前教育发展应强化政府职责，进一步加强学前教育治理体系和治理能力建设，落实地方政府发展学前教育的责任，发挥中央财政引导激励作用。学前教育发展以扩大总量、调整结构、提升质量、健全机制为基本原则。重点调整资源结构，扩大城乡公办园和普惠性民办园的覆盖面。调整布局结构，努力实现就近入园、方便入园。调整投入结构，在继续扩大资源的基础上加大对条件保障的投入力度。通过完善政府投入、社会举办者投入、家庭合理分担的投入机制。① 通过加快发展公办幼儿园、积极扶持普惠性民办幼儿园满足人民群众的学前教育需求。

　　最后，中央政府对学前教育财政投入有了大幅度增加。2011 年开始的第一个学前教育三年行动计划中，我国政府尤其是中央政府投入了大量资金支持学前教育发展，我国学前教育财政投入水平大幅提高。学前教育财政性经费的增速 2011 年为 70.12%，2012 年为 81.86%，学前教育财政性经费占财政支出的额比重 2010 年以前一直徘徊在 0.2% 左右，2011 年该比重迅速增至 0.38%，2012 年达到 0.59%；学前教育财政投入占全国财政性教育经费的比重 2010 年之前一直不足 1.4%，2012 年该比重增至 3.36%。2014 年再次提出，第二个学前教育三年行动计划（2013~2016）期间，要继续加大学前教育财政投入力度，落实学前教育投入的主体责任。地方根据本地实际，研究制订公办幼儿园生均公用经费标准或者生均财政拨款标准，并逐步达到。按规定程序调整保教费收费标准，将家庭负担控制在合理范围。财政性学前教育投入要最大限度地向农村、边远、贫困和民族地区倾斜。加大对家庭经济困难儿童、孤儿和残疾儿童接受学前教育的资助力度。中央财政继续安排专项资金，鼓励和引导地方积极发展学前教育。除继续鼓励地方完善幼儿资助制度、实施幼儿教师国家级培训计划外，将原来的校舍改建类和综合奖补类项目整合为扩大学前教育资源奖补项目，支持地方改扩建和新建公办幼儿园、利用社会力量举办普惠性

---

① 《教育部、国家发展改革委、财政部关于实施第二期学前教育三年行动计划的意见》。

幼儿园、改善办园条件，并向中西部地区和薄弱环节倾斜，引导和激励地方完善学前教育公共服务体系。① 着力构建学前教育长效投入机制，我国学前教育财政投入未来将继续增加。

从近年来我国政府颁布的一系列学前教育发展的政策文件可见，随着经济的增长、社会的进步，人民群众对高质量的学前教育的需求越来越强烈，长期以来被严重边缘化的学前教育越来越受到了国家的重视，学前教育已成为我国教育公共服务体系的重要组成部分，其财政投入水平也大幅度提高。

第二节　我国学前教育事权的划分现状

随着人民群众对高质量的学前教育的需求日益强烈，我国政府也开始逐步意识到政府在学前教育领域应承担的责任。2010 年 5 月国务院《纲要》中强调了政府发展学前教育主导责任，《规划》中进一步明确了各级政府的职责②。那么实践中，当前我国学前教育事权在各级政府间划分现状如何，借助参加财政部共建课题"学前教育财政支持政策"与"教育事权划分与支出责任"的机会，分别于 2013 年 8 ~ 10 月，2015 年 7 ~ 8 月对广东、湖北、安徽、云南、贵州五省十地进行调研，以下结合实地调研情况就我国学前教育事权划分现状进行分析。

一、学前教育事权的内涵

国外公共经济学专著中一般只有"政府支出"（government expenditure）一词（Harvey S. Rosen，2008），而并未明确地提出"事权"这一概念，其本质上认为政府支出即体现了政府承担的具体事务和责任。在我国，不同学者从不同的角度对事权的内涵有不同方式的界定，王国清、吕伟（2000）等提出事权可以理解为某一级政府所拥有的从事一定社会经济事

---

① 《教育部、国家发展改革委、财政部关于实施第二期学前教育三年行动计划的意见》。
② 在 2012 年教育部颁布的《国家教育事业发展第十二个五年规划》中规定学前教育发展责任由各级政府承担，其中地方政府应作为发展学前教育责任主体，省级政府制定规划，完善政策，建立学前教育经费保障制度，县（区）政府合理规划学前教育机构布局和建设，并纳入土地利用总体规划、城镇和新农村建设规划。

务的责任和权利①。李齐云、马万里（2012）认为，考虑到供给公共物品是市场经济条件下的政府职能，因此事权的内涵就是公共物品供给职责，体现在财政支出上就是支出责任②③。李俊生、乔宝云（2014）指出事权即政府承担的任务和责任，市场经济下事权的划分即划分公共品的供给职责，政府行使事权以财政支出的形式体现，分权的财政制度下，政府间财政关系建设的起点与核心即为事权的划分。完整的事权设计包括设计横向与纵向两个纬度，前者要求政府与市场分工明确，政府的职责即弥补市场失灵，提供公共品；后者要求各级政府依据公共品层次性明确不同公共品的供给责任与供给主体。④ 倪红日（2007，2012）指出公共财政的职能是为供给公共物品而筹措、配置资金，因此事权指各级政府承担的由本级政府提供公共服务供给的职能和责任。从内涵上来看，事权应该包括决策权、支出责任以及支出管理三个方面。也就是说，事权应界定清楚"谁决定""谁负责投入"以及"谁具体管理"，实践中事权的这三个方面往往不是由一级政府主体承担，由此就会产生事权与财力不匹配的情况。⑤ 众多学者对事权内涵的具体表述所有所区别，但基本上均认同公共财政体制下，事权是指各级政府在公共服务中应承担的职责和权限。可见，事权与政府职能密切相连，政府主要职能在不同的经济、社会发展阶段，内容与表现形式有所不同，其应承担的事权内涵也就有所区别。市场经济体制下，财政的职能主要表现为优化资源配置、公平收入分配和宏观调控三个方面（Musgrave，1959），财政主要作用于市场失灵的领域，公共财政的本质是筹集社会资源为社会公众提供公共物品与服务。学前教育具有很强的外部效益，单纯由市场提供存在公平与效率缺失，理应由政府进行干预，因此学前教育作为教育公共服务的重要组成部分，理应纳入政府事权范围，由政府承担相应的管理和投入责任。

　　按照现有文献对事权概念的界定和事权内涵的理解，事权具体到学前教育领域，即指各级政府在学前教育公共服务供给中承担的职责和权限。

---

① 王国清、吕伟：《事权、财权、财力的界定及相互关系》，载于《财经科学》2000 年第 4 期，第 22~25 页。
② 李齐云、马万里：《中国式财政分权体制下政府间财力与事权匹配研究》，载于《理论学刊》2012 年第 11 期，第 38~43 页。
③ 马万里、李齐云：《公共品多元供给视角下的财政分权：一个新的分析框架》，载于《当代财经》2012 年第 6 期，第 42~50 页。
④ 李俊生、乔宝云、刘乐峥：《明晰政府间事权划分构建现代化政府治理体系》，载于《中央财经大学学报》2014 年第 3 期，第 3~10 页。
⑤ 倪红日、张亮：《基本公共服务均等化与财政管理体制改革研究》，载于《管理世界》2012 年第 9 期，第 7~18 页。

中共十八届三中全会明确了市场在资源配置中起决定性作用，提出建立现代财政制度，稳定税赋、优化税制、透明预算、事权与支出责任相适应等一系列改革。因此在实践中，学前教育事权划分仍不规范，地方各级政府在学前教育领域应承担的职责和权限需进一步理顺和细化，而合理划分学前教育事权必须首先明确学前教育事权的具体内涵。

结合学前教育的特殊性以及现有文件中对其他级次教育政府应承担的职责和权限的规定，学前教育事权即各级政府应在学前教育发展中承担的具体职责和权限，主要包括对学前教育法律法规及相关标准的制定权、学前教育规划、人事管理、经费保障以及学前教育日常教育教学管理权限的划分。具体归纳如下：（1）学前教育法律法规以及各项标准的制定。包括学前教育基本法律法规的制定、学前教育办学条件、教学内容与教学方式、师资要求等各项统一标准的制定。（2）学前教育规划权。包括各级学前教育事业发展规划、新建学前教育学校布局设置、规划以及存量学前教育机构的改建扩建等。（3）学前教育人事管理权。包括公办学前教育机构校长任命、教师及教辅人员招聘、学前教育教师职称评定、进修与培训等。（4）学前教育教育教学管理权。包括学前教育机构的审批、幼儿园安全、保健、卫生状况的管理；学前教育机构业务指导与咨询；学前教育机构评估与监管。（5）学前教育经费保障。包括生均公用经费标准的制定、教师工资经费的保障、基建支出的保障、幼儿及家庭奖助资金的保障等。在明确了学前教育事权即管理责任内涵的基础上，学前教育发展中需要政府介入和承担的这些职责在实践中是否能够较好地履行？以下结合调研情况对现行学前教育管理体制下学前教育管理责任即学前教育事权在各级政府间的划分现状进行分析，以期对现行学前教育财政制度安排有一个更为全面的认识。

二、政府间学前教育事权划分现状

2010 年以来，为解决"入园难""入园贵"问题，我国政府颁布了一系列政策文件支持学前教育发展，强化了各级政府学前教育发展责任。根据现有文件的规定，我国学前教育实行"地方负责，分级管理"的原则，地方政府是学前教育的责任主体，县（区）政府合理规划本地区学前教育机构布局和建设。省级政府统筹区域内学前教育改革发展，根据本地区的实际情况，制定学前教育发展规划，完善相关政策，建立学前教育经费保障制度。中央政府对薄弱环节重点支持，并对学前教育发展进行整体协调与指导。

根据 2010 年以来，为解决"入园难""入园贵"问题，我国政府颁布的《纲要》《意见》《国家教育事业发展第十二个五年规划》以及"学前教育三年行动计划"等相关支持学前教育发展的政策文件，结合 2015 年 8 月对广东、湖北以及云南等五省所辖十县（区）调研的实际情况，以下进一步对我国各级政府实际承担的学前教育具体职责与权限进行梳理，以便更为准确地发现当前学前教育事权划分方面存在的问题。

目前我国学前教育实行"地方负责，分级管理"的原则，地方政府是学前教育的责任主体，县（区）政府编制并实施本地区学前教育三年行动计划，合理规划学前教育机构布局和建设，对学前教育机构进行日常管理。省级政府统筹区域内学前教育改革发展，根据本地的实际情况，制定本区域学前教育发展规划，完善发展学前教育政策，加强学前教育师资队伍建设，建立学前教育的经费保障制度。中央重点支持中西部地区和东部困难地区发展农村学前教育，对学前教育发展进行整体协调与指导。在各级政府的事权责任划分上，现有制度对于学前教育事权责任主体缺乏硬性约束，省一级政府责任弱化，其应承担的统筹责任并未得到落实。

结合调研的实际情况，以下进一步对各级政府实际承担的学前教育事权进行划分和梳理，以便更为准确地发现目前学前教育事权划分方面存在的问题。

具体来说，在学前教育事业发展中，中央政府主要承担了以下责任：（1）学前教育发展整体目标的制定；（2）学前教育办学与师资标准以及学前教育教学大纲与教学内容、方式等各项全国性基本标准的制定；（3）对全国学前教育发展进行整体规划与指导，对各省学前教育发展提出总体要求并对各省学前教育发展进行督导评价，发布全国学前教育督导报告；（4）通过专项转移支付形式对学前教育发展的薄弱环节如师资力量、校舍改造等方面进行重点支持以及通过专项转移支付支持中西部贫困农村地区学前教育发展的职能。

省级政府主要承担了以下责任：（1）结合本省实际，在国家标准的基础上制定本省学前教育办学标准；（2）制定本省学前教育的发展目标和规划，对各市、县（区）学前教育发展进行指导和统筹；（3）对国家学前教育专项资金进行统筹与分配；（4）依据国家督导标准对区、市学前教育三年行动计划实施情况进行督导检查。此外，按照教育体制改革要求，原机关事业单位办幼儿园依据隶属关系进行调整与划拨，根据调研情况市属机关事业单位办幼儿园大部分已统一归入其所在区教育行政部门统一管理，但省属机关事业单位办幼儿园基本仍由其所属单位负责，因此省一级政府仍对于原省属机关事业单位办幼儿园由省级政府进行管理。

对于县（区）一级政府而言，除少部分未改革到位的原市属机关事业单位办幼儿园管理仍在市一级政府外，大部分市属机关事业单位办幼儿园的管理权已统一下放到所属县（区）。县（区）级政府承担了学前教育的主要管理职能，具体来说，其承担的职能主要包括：（1）本地区新建各类学前教育机构的布点、布局规划以及存量学前教育机构的改建扩建；（2）学前教育机构审批；（3）幼儿园日常运营的管理与督导：包括幼儿园收费标准的核定，安全、保健、卫生状况的管理、学前教育机构的业务指导，日常保育教育活动管理与督导；（4）依据上级政府要求制定标准对本地区普惠性民办幼儿园进行认定，部分地区普惠性幼儿园认定标准由市一级政府进行统一规定；（5）人事管理，包括组织公办幼儿园教师评聘，管理公办幼儿园教师编制，具体执行上级政府对学前教育师资方面的培训计划；（6）学前教育机构评估与监管，包括学前教育机构评估、年检、评级以及未达标幼儿园整改。详见表4-1。

当然，由于缺乏相应的实施细则和硬性约束，目前学前教育的主要管理权虽赋予县区政府，但在实际执行中，由于不同地区地方政府对学前教育的重视程度不同，县区政府的实际管理职能履行状况差异很大。一些地区地方政府习惯于依赖上级政府指示，在没有明确的指导意见和实施细则的情况下，往往造成地方政府不作为，以学前教育不是义务教育为理由，在学前教育领域管理责任严重缺位，并未真正起到主导学前教育发展的职能。部分对学前教育较为重视的地区，在制度运行中已探索出一些值得推广的经验，如对幼儿园实行管办分离、对于普惠性民办幼儿园实行公私合作从而更好地进行统一管理等。

表4-1

学前教育事权划分

事权范围	事权内容	事权主体	事权类型	依据	事权承担形式
	教学大纲与规范的制定	教育部、省教育厅	共有事权	(1)《幼儿园教育指导纲要（试行）》 (2) 3~6岁儿童学习与发展指南 (3)《广东省幼儿园教育指南（试行）》	中央政府制定全国学前教育教学大纲与规范，省级政府制定本地区学前教育教学规范与要求
	全国学前教育工作规程、师资配备等标准的制定	教育部	中央事权	(1)《幼儿园教职工配备标准（暂行）》 (2) 国家教委《幼儿园工作规程》	中央政府制定全国统一学前教育工作规程与师资标准
学前教育法律法规以及各项标准的制定	地方学前教育办园标准的制定	省教育厅	地方事权	(1)《广东省教育厅关于规范化城市幼儿园的办园标准（试行）》 (2)《广东省教育厅关于规范化乡镇中心幼儿园的办园标准（试行）》 (3)《广东省教育厅关于规范化农村幼儿园的办园标准（试行）》	省级政府依据国家制定的办园标准为具体的督导标准
	学前教育发展的督导评估方案与标准的制定	教育部、省教育厅	共有事权	(1)《学前教育督导评估暂行办法》 (2)《教育部关于印发〈学前教育督导评估暂行办法〉的通知》 (3)《广东省学前教育督导评估暂行办法》	中央政府制定全国学前教育督导评估办法，各省制定本地区更为具体的督导评估标准
学前教育整体规划与发展方针、指导针与改革	学前教育发展目标、指导方针的制定	各级教育部门	共有事权	(1)《国家中长期教育改革和发展规划纲要（2010~2020年）》 (2) 国务院关于当前发展学前教育的若干意见 (3)《广东省中长期教育改革和发展规划纲要（2010~2020）》	中央政府定全国学前教育发展目标与指导方针，各省制定本地区发展目标

续表

事权范围	事权内容	事权主体	事权类型	依据	事权承担形式
学前教育整体规划与发展方针指导与改革	学前教育发展规划的制定	各级教育部门	共有事权	(1)《国家中长期教育改革和发展规划纲要（2010~2020年）》(2)国家及各地区学前教育三年行动计划	中央政府制定全国学前教育发展规划，省市县制定地区发展规划
	地区学前教育发展改革具体方案制定	广东省教育厅	地方事权	广东省教育厅《关于幼儿教育改革与发展的指导意见》(2002)	制定
	学前教育机构的布点布局规划	市、县教育部门	地方事权	地区学前教育三年行动计划	实施
	学前教育重点支持项目的确定	教育部、财政部	中央事权	(1)《国家中长期教育改革和发展规划纲要（2010~2020年）》(2)《国务院关于当前发展学前教育的若干意见》(3)各地区学前教育三年行动计划	规划与制定
	学前教育重点支持项目的实施	省教育厅	地方事权	各省学前教育三年行动计划	项目具体实施
教育教学活动	学前教育机构审批	县教育局	地方事权	《国务院关于当前发展学前教育的若干意见》	
	学前教育机构收费标准的制定	省（市）教育、物价、财政部门	地方事权	(1)《幼儿园收费管理暂行办法》(2)国家发展改革委 教育部 财政部关于印发《幼儿园收费管理暂行办法》的通知(3)关于《幼儿园收费管理暂行办法》的实施细则	制定方案与监管

续表

事权范围	事权内容	事权主体	事权类型	依据	事权承担形式
教育教学活动	业务指导与咨询	县级教育部门	地方事权	《国务院关于当前发展学前教育的若干意见》	行政管理与业务指导
	幼儿园安全、保健、卫生状况的管理	县级教育、卫生等相关部门	地方事权	(1)《中小学幼儿园安全管理办法》(2)《托儿所、幼儿园卫生保健管理办法》(3)《校车安全管理条例》(4)《关于规范民办幼儿园管理的若干规定》	管理与监督
	幼儿园年检、督导评估与监管	县级教育部门	地方事权	(1)《学前教育督导评估暂行办法》(2)《教育部关于印发〈学前教育督导评估暂行办法〉的通知》(3)广东学前教育督导评估实施方案	实施督导方案
	经费分配与管理	县(区)教育、财政部门	地方事权	各地区《学前教育专项经费管理暂行办法》	县区教育部门申请,财政部门予以审批拨付
师资管理	幼儿园教职工的人事、工资待遇、社会保障和技术职称评聘政策的制定	国家与省人力资源和社会保障部门	中央事权	《国务院关于当前发展学前教育的若干意见》	制定政策要求
	幼儿园教职工的定编、招聘	地区教育、编办等部门	地方事权	(1)《国务院关于当前发展学前教育的若干意见》(2)各地区学前教育三年行动计划	具体管理实施

续表

事权范围	事权内容	事权主体	事权类型	依据	事权承担形式
	幼儿园教职工的人事管理与职称评聘	地区教育、人社等部门	地方事权	各地区学前教育三年行动计划	具体管理实施
师资管理	师资培训	中央与地方各级教育部门	共有事权	(1) 教育部　财政部《关于实施"中小学教师国家级培训计划"的通知》 (2)《关于组织开展广州市学前教育师资队伍学历提升工作的通知》	各级教育部门组织实施不同层次学前教育教师培训

第三节　学前教育支出责任划分现状

学前教育支出责任划分即学前教育成本在相关主体包括家庭、社会和各级政府间的分担。学前教育作为一种具有外溢性的准公共物品，其成本应在政府与市场以及各级政府间进行合理分担。我国政府在 2010 年以来颁布的诸多政策文件中也多次提出要构建学前教育财政保障机制与合理的学前教育成本分担机制，那么在现行制度安排下，学前教育成本在政府与市场间分担现状如何，实践中各级政府学前教育支出责任又是如何划分？结合我国教育经费宏观数据与实地调研情况，以下对当前我国学前教育成本分担现状进行分析。

一、政府与市场间学前教育支出责任划分现状

学前教育作为一种具有外溢性的准公共物品，其成本应在政府与市场以及各级政府间进行合理划分。长期以来，我国的学前教育基本沿袭了农村地区"人民教育人民办"，城市地区"谁举办，谁投入"的投入模式，尤其是市场化改革后，作为职工福利的企业单位办幼儿园大量减少，一些地区索性把学前教育完全推向市场，家庭承担了大部分学前教育成本。单就政府投入而言，2010 年以前，城市学前教育基本由县级政府承担，农村学前教育由乡级政府承担，中央政府与省级政府对学前教育专项经费投入很少，县及县以下政府的学前教育投入压力很大。2010 年以来，随着我国政府对学前教育重视程度的提高以及中央专项投入的大幅增加，政府与市场以及政府间共同分担的学前教育经费投入体制初步形成，从目前我国学前教育支出责任划分现状来看，我国学前教育整体投入中家庭投入仍然占学前教育总投入的绝大部分，政府分担比例较小。根据《中国教育经费统计年鉴》学前教育的相关统计数据显示，2015 年我国学前教育经费总收入中，财政性经费投入约占 49.03%。具体来说，公办幼儿园经费收入中国家财政性经费收入比重约为 64.95%，企业办幼儿园国家财政性经费比重约为 14.56%，民办幼儿园国家财政性经费投入比重约为 6.01%。根据调研的实际情况，目前大部分地区民办幼儿园数量在幼儿园总数量中所占比例约 70% ~ 90%，在园幼儿数约占总在园幼儿数的 60% ~ 80%，部分

地区会更高，如果再将一些无证民办幼儿园考虑在内，那么民办幼儿园数量与在园幼儿数所占比重则更高。按照当前我国的学前教育财政投入体制，财政对学前教育的投入集中于公办幼儿园，除部分地区财政对普惠性民办幼儿园按照生均经费一定比例进行拨款外，大部分地区的民办幼儿园只能获得少量财政奖补资金，其经费主要来源于幼儿家庭的保教费，也就是说大部分就读于民办幼儿园的幼儿家庭学前教育成本几乎全部由家庭承担，因此，鉴于我国目前财政对民办幼儿园补贴十分有限，如果把民办幼儿园考虑在内，学前教育经费中政府的实际分担比例将更低，2010 年 OECD 国家学前教育经费中政府分担的平均比例已达到82.1%，差距十分明显。

二、各级政府学前教育支出责任划分现状

从各级政府支出责任来看，相关政策文件中虽明确提出了地方政府应作为学前教育支出责任主体，但由于缺乏科学合理的学前教育成本分担机制，各级政府的具体支出责任或分担比例也未予以明确，因此实践中不同地区政府学前教育支出水平以及政府间学前教育成本分担比例差异很大。

进一步从各级政府支出责任来看，就支出主体而言，整体上学前教育财政支出责任主体以县（区）政府为主，部分省份省一级政府投入了少量的奖补资金或将对学前教育的投入纳入一般性转移支付拨付各市县统筹使用，投入规模在学前教育总投入中所占比重非常小，中央财政主要对中西部农村地区学前教育以及学前教育师资培训等薄弱环节以专项转移支付形式进行投入。经济发展水平较好的区县，由于中央财政相对投入较少，主要由县（区）、镇街投入，如广东省佛山市顺德区，区及镇街对学前教育投入占绝对比重，中央与省财政对其投入所占比重非常小，湖北省宜昌市夷陵区，中央与省级财政对学前教育财政投入所占学前教育财政总投入的不足15%，地方财政投入比重约为85%；经济发展水平相对落后的地区，县（区）财政虽然也是学前教育的主要支出主体，但市县政府支出所占比重相比之下要低一些，以广东省云浮市为例，近五年来学前教育总投入中中央和省一级政府投入约占36.6%，市县级财政投入约占63.4%。经济发展水平较差的西部地区，对上级财政转移支付较为依赖，县（区）财政对学前教育投入所占比重较低；而部分经济发展水平较为落后的中西部农村地区，学前教育投入对中央转移支付的依赖程度更高。

就具体支出项目而言，公办学前教育人员经费基本上由县（区）政府

负责；公用经费部分市对区按照生均经费进行补贴，但补贴水平都很低，基本建设费主要由县区承担，部分地区市一级政府对区有一定补贴；对于学前教育的专项转移支付大体上有以下几类：一是扩大学前教育资源类的奖补项目如对普惠性幼儿园的奖补；二是对学前教育师资培训的支持；三是针对贫困幼儿家庭的资助项目，学前教育专项投入一般由省、市、县（区）政府共同投入。

就支出水平而言，目前虽然国家层面明确了地方政府应作为学前教育支出责任主体，但由于相关政策文件中并未对学前教育政府投入水平以及各级政府学前教育成本分担责任做出具体而细化的要求，因此各地区地方政府对学前教育的投入水平和分担比例有很大的差别。根据课题组对东、中、西部经济发展水平不同的代表省、市、县（区）的实际调研情况，部分经济发展水平好又对学前教育发展较为重视的市、县（区），对学前教育投入水平 2011 年以来有较大幅度提高，市一级财政对各区学前教育也有相应的补贴，学前教育整体投入水平近年来有较大幅度的提高，而经济发展水平相对较差的地区，县（区）政府对学前教育财政投入十分有限，市一级政府也基本无投入，学前教育财政投入水平整体较低。从财政投入覆盖的范围和整体水平上可以分为如下三类：第一类地区财政对学前教育整体投入水平提高较快，投入范围涵盖所有普惠性幼儿园。以除此之外，对学前教育的专项投入也逐年增加，专项资金一方面主要用于对普惠性幼儿园基建投入按照不同成本（500 元/平方米、300 元/平方米、200 元/平方米）予以分级补贴，补贴所需资金由区财政拨付，以鼓励和引导镇街扩大学前教育资源，另一方面对普惠性幼儿园奖补类专项采用竞争性分配的方式，用于幼儿园园舍修缮、教师培训、幼儿教育教学研究三个方面，资金由省级政府负担，以对学前教育重点和薄弱环节进行重点支持。第二类地区财政对学前教育的投入仅限于公办幼儿园，对于公办幼儿园纳入编制的教师工资财政全额拨付，公用经费按照一定生均标准进行投入，投入水平不同地区有所区别，资金来源市区级政府按比例进行分担，对于普惠性民办幼儿园仅通过国家和省专项进行奖补，如国培计划等，支持力度较小，由于民办幼儿园规模很大，因此整体上看，投入水平并不高。第三类地区财政对公办幼儿园投入尚不能完全保障，学前教育没有相应的生均公用经费拨款标准，公办幼儿园教师在编教师比例很低，新建公办园教师师资配备严重不足，对民办园的支持仅限于中央财政省级政府的专项投入，对中央政府投入依赖较大。

第四节　我国现行学前教育财政制度的特点

与 2010 年之前市场化发展学前教育的总体导向相比，我国对学前教育的定位逐步由社会福利转向公共服务，更加强调了学前教育的公益性、普惠性，学前教育发展责任逐步回归政府。在 2010 年以来我国政府颁布的与学前教育发展相关的各类文件中，无一不强调了政府应承担学前教育发展的主要责任，财政性教育经费增量中要向学前教育倾斜。整体上看，目前我国学前教育财政制度呈现出以下特点。

一、以县为主的学前教育管理体制初步形成

计划经济向市场经济转型中，学前教育被盲目推向市场，政府责任严重缺位，学前教育事业发展逐渐转向市场化。就学前教育的管理制度而言，尽管我国政府也强调了地方各级政府对幼儿教育的发展应予以重视，实行"地方负责、分级管理和有关部门分工负责"的管理体制，但名义上实行分级管理，实际上管理主体并不明确。从纵向事权上看，并未确定哪一级地方政府作为学前教育管理主体，从横向事权上看，"有关部门分工负责"实质上并未真正将学前教育作为一项教育事业归入教育行政部门主管。实践中，对于农村地区而言，无论是实行"以乡为主、县乡共管"体制，还是"地方负责，分级管理"体制，管理主体的责任最终都落到了乡镇一级政府身上；城镇学前教育管理主体混乱、不同性质的幼儿园归属不同部门，管理体制极其不健全。随着我国政府对学前教育定位的转变，学前教育逐步被纳入公共服务体系，这就要求必须明确管理主体，健全管理体制。2010 年《国务院关于当前学前教育发展的若干意见》（以下简称《若干意见》）中提出，地方政府是发展学前教育、解决"入园难"问题的责任主体，并在 2012 年《规划》中细化了县区和省级政府承担的学前教育发展责任，指出以县（区）为单位编制并实施学前教育三年行动计划，基本上明确了"以县为主"的学前教育管理体制。2014 年进一步明确了学前教育管理体制应以县级政府为责任主体，省与地市级政府应加强统筹①，学前教

---

①　教育部、财政部、发改委：《关于实施第二期学前教育三年行动计划的意见（2014 ～ 2016）》。

育管理责任主体逐步明确，"以县为主"的学前教育管理体制初步形成。

二、城市优先转向城乡统筹

长期以来，我国不仅在经济领域采取重城市轻乡村的发展战略，而且在社会生活、文化、教育领域也采取了重城市轻乡村的发展方针，这种政策导向也同样体现在了学前教育领域。根据前文对我国学前教育供给模式与财政制度的回顾可见，我国学前教育一直实行城乡有别的发展战略，财政对学前教育的投入仅限于城市，农村则实行的乡村教育农民办。我国政府于 1979 年出台了《城市幼儿园工作条例》，而农村学前教育发展的政策仅在 1983 年《教育部关于发展农村幼儿教育的几点意见》中稍有体现，可见，我国政府对城市和农村学前教育的发展政策是不平等的。从投入水平上看，1994 年分税制改革后，中央与省级财政的关系得以规范，但省以下的财权与事权划分未做刚性规定，乡镇一级政府，在财政体制改革后几乎完全丧失了财权，却仍然要承担较大的投入责任，财力有限的情况下，只能优先保障义务教育投入。同时，中央、省、市、县政府之间对于发展农村学前教育事业的职责分配不明确、随意性大，因此从整体上看政府对农村学前教育几乎没有任何直接投入。

针对农村学前教育长期积贫积弱的现状，在 2010 年的《若干意见》和《纲要》中，我国政府提出了要"重点发展农村学前教育"，在《规划》中针对如何重点发展农村学前教育做出了更加详细具体的规定，将发展学前教育纳入了社会主义新农村建设规划、指出"各级政府要加大对农村学前教育的投入""地方各级政府要安排专项资金，重点建设农村幼儿园"，并开始实施农村学前教育推进项目，重点支持中西部地区和农村学前教育的发展。2014 年开始的第二期"学前教育三年行动计划"中，更加明确的提出要优先发展农村学前教育。从财政资金的投向上看，第一期学前教育三年行动计划期间，中央财政对学前教育的专项转移支付重点投向农村地区，用于兴建乡镇中心幼儿园，要求各地政府在每个乡镇至少建立一所公办园，四大类七个项目均向农村学前教育倾斜。在第二期"学前教育三年行动计划"中，则进一步提出了"建立以公共财政投入为主的农村学前教育成本分担机制"。如果说长期以来城乡二元化的学前教育供给与投入模式导致了农村学前教育发展缓慢，城乡学前教育发展差异巨大，那么现阶段在公共服务均等化的大背景下，针对农村学前教育落后、城乡差异过大的现状，现行制度对农村学前教育给予了前所未有的重视，学前教育发展从城市优先逐步转向了城乡统筹。

三、制度安排过渡性特征明显

2010 年以来我国政府颁布的促进学前教育发展的各项政策文件中，虽明确将学前教育纳入公共服务体系，也一再强调了政府应在学前教育发展中起主导作用，对于学前教育的事权和支出责任在中央、省和县（区）政府间进行了初步划分。中央财政重点支持学前教育发展的薄弱环节，并加强监管与指导，对地方发展学前教育进行鼓励和引导。省级政府承担统筹责任，具体负责制定本区域学前教育发展规划，完善相关政策，建立经费保障制度。县级政府落实管理主体责任，负责编制实施学前教育三年行动计划，规划本地区学前教育机构的布局与建设。

然而，一是政策规定较为笼统，对于政府应如何起到主导作用，学前教育到底归哪一级地方政府负责还是共同负责，如果是共同负责，那么各级政府尤其是省及省以下各级政府间学前教育事权如何界定，这些问题并没有予以明确。二是目前对于政府学前教育发展责任的规定大多体现在教育规划纲要、教育事业发展规划、学前教育三年行动计划等政策文件中，或以意见、规定等形式体现，级次过低，并未上升到法律法规的高度，且缺乏相应的实施细则、可操作性差。政府对学前教育的支持还停留在"头痛医头，脚痛医脚"的层面，制度调整具有明显的过渡性色彩，尚未对带有福利性质的学前教育供给模式和投入体制进行实质性的改革，并未建立起保障学前教育发展的长效机制。

第五章

我国现行学前教育财政制度
运行绩效及问题

2010 年以来，我国政府对学前教育财政制度进行了一系列调整，强调了政府在学前教育发展中的主导作用，中央财政投入了大量资金支持学前教育事业的发展，同时也进一步明确了各级政府应承担的发展学前教育的责任。那么当前我国学前教育财政制度运行效果到底如何？还存在哪些方面的问题亟待解决？依据本森提出的教育财政充足性、效率性和公平性三原则，本章利用我国教育经费宏观统计数据结合实地调研案例，通过对学前教育投入规模与结构，地区、城乡、园际差异以及财政资金投入产出效率的实证分析，对学前教育财政投入的充足性、资源配置公平性以及财政资金使用内部效率进行评价，以期准确把握当前我国学前教育财政制度存在的问题。

第一节　学前教育财政投入充足性评价

第一个学前教育三年行动计划中，中央财政对学前教育投入了大量资金，也颁布了一系列旨在强化地方政府学前教育投入责任的措施。2014 年开始实施的第二个学前教育三年行动计划中，提出要继续加大财政投入，扩大普惠性学前教育资源，实现幼儿园科学布局，要求地方政府通过扩总量、调结构、建机制、提质量解决入园难入园贵问题。那么这些措施是否增强了学前教育投入的充足性？本节选取相应的指标体系，从投入与产出两个角度对我国学前教育财政投入的充足性进行分析。

一、我国学前教育财政投入的充足性指标选取

充足的教育经费是扩大教育规模和提高教育质量的保障。教育经费的充足性是指教育经费投入能够满足要求的教育规模和质量所需的水平。长期以来，学前教育经费不足一直是制约学前教育规模扩张和质量提高的最主要原因。近年来虽然政府对学前教育的投入水平有所提高，我国学前教育也得到了较快的发展，但与其他教育级次相比，学前教育依然是最薄弱环节。对于教育经费是否充足，既可以从投入角度也可以从产出角度予以评价。从投入角度而言，教育经费的充足即教育经费投入能够满足维持教育系统正常运行和健康发展的合理的经费需求①。可用教育经费投入的绝对规模与相对规模指标对教育经费的充足程度进行度量，如本森（Benson）在20世纪70年代提出的一国教育经费占国民生产总值的百分比（一般认为8%是相对充足的）以及财政教育投入占财政支出的比重（一般认为20%是合理的）来评价教育经费的充足性。从产出角度而言，教育财政投入的充足性即公共财政应该为公共教育提供足够的财政资源以达到教育产出标准。充足性的产出水平的评价重在从产出角度评价教育财政投入是否提供了确保学生获得一定标准的教育成果所需的充足的教育资源，可以用实际的教育结果作为衡量教育投入是否充足的标准，如世界银行20世纪70年代末提出的用初等教育普及率、女性教育机会的平等以及成人的受教育水平等来衡量一国教育投入的充足程度。20世纪80年代以来，这种以"结果"为导向的教育财政"充足性"标准又有了新的内涵，即要提供使每一个学生获得"充足性"教育所必需的经费保障②。

可见，对教育充足性的认识不同，教育财政投入充足性的评价标准也不尽相同。具体到学前教育领域，这里考虑到数据可获得性，结合学前教育发展的自身特点，在借鉴已有研究的基础上，选取相应的评价指标，力求在不失一般性的基础上，有所侧重。从投入角度，就我国学前教育财政性经费的规模与结构，参照国际标准对其充足性进行评价。其中规模度量

---

① Berne, R., Stiefel, L., Chapter 1: Concepts of school finance equity: 1970 to the present., In H. F. Ladd, R. A. Chalk, J. S. Hansen (Eds.), *Equity and adequacy in education finance: Issues and perspectives*, Washington, DC: National Academy Press, 2001, pp. 7 - 33.

② Martin Carnoy, 闵维方等译：《教育经济学国际百科全书》，高等教育出版社2000年版。

采用了绝对规模指标和相对规模指标。绝对规模指标重在分析一定时期内学前教育财政支出在国民经济中所处的地位，包括学前教育财政支出的总量及其增长率。相对规模指标衡量一定时期学前教育财政支出与宏观经济指标的变动关系，主要包括学前教育经费在国内生产总值中所占的比重、学前教育财政性经费在财政性教育总经费中的比重、学前教育财政支出在财政总支出中的比重等。学前教育财政支出结构则着重分析学前教育资金的内部使用结构的合理性，包括学前教育事业费与学前教育基建费以及学前教育事业费中人员经费与公用经费比例关系。从产出角度，将学前教育的产出标准定义为学前教育发展规模与发展质量两个方面，分析学前教育财政投入是否达到了实现相应的产出标准所要求的水平，选取学前教育毛入园率作为衡量学前教育发展规模的指标，用学前教育生均教育经费作为学前教育发展质量的衡量指标。

二、我国学前教育财政投入充足性评价

以下我们从投入与产出两个角度对我国学前教育财政投入的充足性进行分析，前者重点参照国际经验标准对学前教育经费投入水平的充足程度进行横向比较；后者重点从学前教育的发展水平的角度评价目前我国学前教育经费投入是否达到了实现相应的产出标准所要求的水平。

（一）学前教育财政投入充足性评价：基于投入角度

从投入角度来看对学前教育财政投入充足性的研究一般从规模与结构两方面考虑。我国的教育投入数据可以从教育收入和教育支出两个角度予以衡量，考虑到教育支出数据相对容易获取，因而我们选择学前教育经费支出数据来代表学前教育的投入水平。

1. 学前教育财政投入规模

近年来，我国财政性学前教育经费的绝对规模增长速度较快。如图 5-1 所示，2003 年到 2016 年，我国财政性学前教育经费增长了 18.64 倍。尤其是 2010 年以来，由于中央政府对学前教育的投入大幅度增加，我国学前教育财政性经费的增长速度十分可观。但值得注意的是，财政性学前教育经费增幅较大，很大程度上归因于其基数过小。与其他教育级次相比，2010 年之前学前教育基本是市场化发展，学前教育经费一直未纳入

地方政府预算，政府投入十分有限，学前教育财政性经费投入基数非常小。因此，尽管学前教育财政性经费绝对规模在不断增长，但从其相对规模上看，其占财政支出和财政性教育经费的比重非常低，也并未出现大幅度上升。

（亿元）

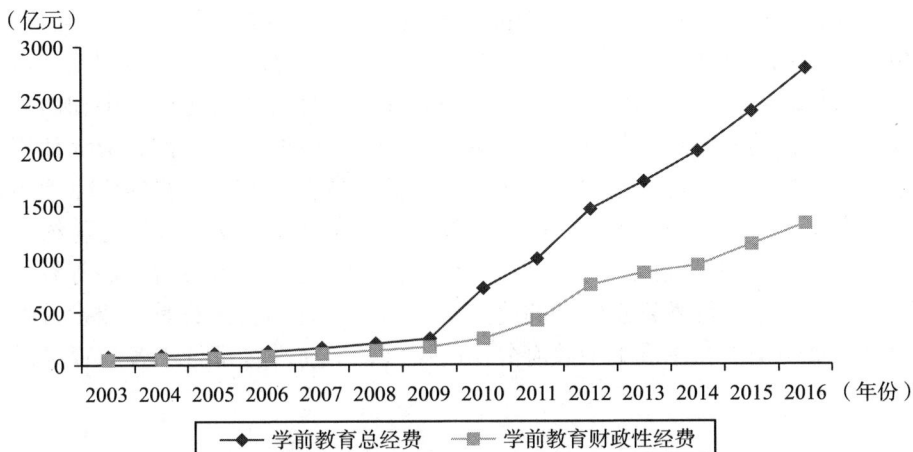

图 5 - 1　2003～2016 年我国学前教育总经费与学前教育财政性经费规模

资料来源：《中国教育经费统计年鉴》（2004～2017）。

　　从表 5 - 1 数据可见，我国学前教育财政性经费支出占国内生产总值的比重较低，2012 年之前一直不足 0.1%，2012 年也仅为 0.1441%，学前教育财政性经费占财政支出的比重一直徘徊在 0.2% 左右，2011 年才开始略有提高，2016 年第二期学前教育三年行动计划结束，该比例为 0.7%。学前教育财政性经费占财政性教育总经费的比重也呈现相同的变化趋势，2003 年学前教育财政性经费占财政性教育总经费的比重为 1.2%，此后一直没有明显增长，2010 年开始有所提高，2013 年增至 3.52%，2016 年该比例为 4.38%。从来源构成看，我国学前教育总经费主要来源于财政性教育经费、学前教育事业收入和其他经费收入，它们大致分别反映了政府、家庭和社会对学前教育成本的分担情况。2010 年我国学前教育经费中财政性教育经费占学前教育经费总额的比重仅为 33.98%，2011 年后虽有所回升，但幅度不大，2016 年也仅达到 47.57%，学前教育财政性经费增长速度低于学前教育总经费的增长速度。而 OECD 国家学前教育经费中政府分担比例多在 70% 以上，平均水平稳定在 80% 左右。可见我国学前教育经费中政府分担的比重过低，学前教育大部分成本是由家庭承担。此外，由于我国教育经费统计年鉴对学前教育的经费统计中，对于大部分地区都存在的无证民办幼儿园并未纳入统计，如果将这些无证民办幼儿园也考虑在内，那么我国学前教育总经费中财政性经费所占的比重要更低一些。与其他教育级次相比，学前教育的投入严重不足，学前教育的成本要远高于小学教育，2013 年学前教育在园人数的规模接近小学一半，而2013 年学前教育财政投入只有小学的 1/5 左右，学前教育的发展规模和成本要求与政府投入极不成比例。即使与非义务教育阶段的普通高中和高等教育相比，学前教育也是财政投入的"低谷"，根据我国教育经费统计年鉴统计数据，我国普通高中预算内教育经费占高中教育总经费的比重近年来一直在 55% ~60% 之间，高中预算内教育经费占财政支出的比重约为1.2% 左右，占财政性教育总经费的比重约为 7% 左右，地方普通高等教育财政性经费占高等教育总经费的比重也达到55% 左右。无论是财政投入的相对比重还是教育总成本中政府分担的比例，学前教育都处于各教育级次最薄弱的环节。

表 5 - 1　　　　　2003 ~ 2016 年学前教育财政性经费相对规模指标

年份	学前教育财政性经费（亿元）	增长率（%）	学前教育财政性经费/国内生产总值（%）	学前教育财政性经费/学前教育总经费（%）	学前教育财政性经费/财政支出（%）	学前教育财政性经费/财政性教育总经费（%）
2003	46.24	11.05	0.0340	62.26	0.19	1.20
2004	54.5	17.86	0.0341	62.27	0.19	1.22
2005	65.72	20.59	0.0355	58.70	0.19	1.19
2006	79.51	20.98	0.0368	58.15	0.20	1.14
2007	102.83	29.33	0.0387	65.43	0.21	1.24
2008	132.94	29.28	0.0423	66.85	0.21	1.27
2009	166.27	25.07	0.0488	67.92	0.22	1.36
2010	244.35	46.96	0.0609	33.98	0.27	1.66
2011	415.69	70.12	0.0880	41.78	0.38	2.24
2012	747.65	79.85	0.1384	51.07	0.59	3.23
2013	862.37	15.34	0.1449	50.09	0.62	3.52

续表

年份	学前教育财政性经费（亿元）	增长率（%）	学前教育财政性经费/国内生产总值（%）	学前教育财政性经费/学前教育总经费（%）	学前教育财政性经费/财政支出（%）	学前教育财政性经费/财政性教育总经费（%）
2014	934.05	8.31	0.1450	46.53	0.62	3.54
2015	1132.87	21.29	0.1644	47.48	0.64	3.87
2016	1326.07	17.05	0.1782	47.57	0.71	4.22

资料来源：《中国教育经费统计年鉴》（2004~2017）、《中国统计年鉴》（2004~2017）。

与 OECD 其他国家相比，我国学前教育财政投入水平明显偏低，无论是学前教育财政支出占国内生产总值的比重还是占财政支出的比重都远低于其他国家。考虑到不同国家经济发展水平、所处的发展阶段以及财政体制均不同，单纯的比较投入总量意义不大，因此这里我们重点比较相对指标。如表 5-2 和表 5-3 所示，OECD 大部分国家学前教育占国内生产总值比重都在 0.4% 以上，法国、西班牙、瑞典等国家都达到 0.7%，OECD 国家平均水平达到 0.6%。而表 5-1 中我国学前教育财政投入占国内生产总值的比重 2012 年之前均不足 0.01%，学前教育三年行动计划实施以来虽有所提高，但到 2013 年也仅为 0.15%，远低于 OECD 国家的平均水平，也远低于近年来金砖四国中的俄罗斯（0.6%）、巴西（0.4%）的平均水平。从学前教育财政投入占财政支出的比重上看，大部分国家都在 0.7% 以上，且呈上升趋势，墨西哥高达 2.1%，美国 2011 年该指标为 0.9，日本为 0.8%，平均水平为 1.1%。学前教育财政性经费占财政性教育总经费的比重大部分国家都在 5.5% 以上，平均水平 2011 年为 8.53%，日本学前教育财政性经费占财政性教育总经费的比重虽然相对较低，但由于日本对学前教育的一部分投入通过厚生劳动省以幼儿福利的形式拨付，因此学前教育政府整体投入水平并不低，且日本政府从 2014 年开始推行"儿童与儿童援助新制度"，对学前教育投入水平有了大幅度提高。而我国学前教育财政性经费占财政性教育总经费的比重 2010 年以前一直不足 2%，2011 年开始才略有提高，但与 OECD 国家相比仍有较大差距。

表 5 – 2　　　OECD 部分国家学前教育财政投入情况（2011 年）　　单位：%

国家	学前教育财政性经费/学前教育总经费	学前教育公共支出/国内生产总值	学前教育公共支出/财政支出	学前教育财政性经费/财政性教育总经费
奥地利	71. 71	0. 6	1. 2	10. 53
芬兰	90. 09	0. 4	0. 7	5. 74
法国	93. 71	0. 7	1. 2	11. 76
冰岛	75. 65	0. 7	1. 5	9. 68
意大利	66. 29	0. 4	0. 9	10. 47
日本	50. 96	0. 3	0. 8	2. 20
墨西哥	84. 11	0. 6	2. 1	10. 24
挪威	95. 42	0. 5	0. 8	5. 37
西班牙	77. 80	0. 7	1. 5	14. 29
瑞典	100. 00	0. 7	1. 4	10. 61
美国	70. 12	0. 3	0. 9	6. 62
英国	76. 94	0. 3	0. 7	5. 74
OECD 平均	81. 35	0. 6	1. 1	8. 53

注：公共支出包括对教育机构、家庭和直接从国际教育机构支出来源。对公共教育机构的直接补助以及公共支出补贴家庭和其他私人实体的总公共支出，其中日本对学前教育阶段适龄幼儿的财政投入部分通过幼儿福利的途径拨付，本表所列日本学前教育公共支出数据仅包含其通过教育拨款途径拨付学前教育阶段儿童的公共投入。

资料来源：Education at a Glance 2014：OECD Indicators，OECD Publishing，2014，部分数据计算而得。

表 5 – 3　　　OECD 部分国家学前教育财政投入情况（2013 年）　　单位：%

国家	学前教育财政性经费/学前教育总经费	学前教育公共支出/国内生产总值	学前教育公共支出/财政支出	学前教育财政性经费/财政性教育总经费
芬兰	91. 01	0. 4	0. 9	7. 56
法国	94. 71	1. 8	1. 4	12. 74
冰岛	78. 50	0. 6	1. 8	10. 58
意大利	66. 79	0. 7	1. 3	12. 04
日本	56. 50	0. 6	1. 2	2. 40

国家	学前教育财政性经费/学前教育总经费	学前教育公共支出/国内生产总值	学前教育公共支出/财政支出	学前教育财政性经费/财政性教育总经费
墨西哥	80.45	0.5	2.4	11.34
挪威	96.02	0.7	1.2	6.74
西班牙	80.23	1.7	2.1	15.69
瑞典	99.20	0.6	1.5	11.78
美国	76.30	0.2	1.1	7.89
英国	80.59	0.3	1.2	6.48

资料来源：Education at a Glance, 2016；OECD Indicators, OECD Publishing, 2016，部分数据计算而得。

2. 学前教育财政投入结构

教育经费支出按照用途可分为经常性支出和资本性支出。经常性支出是指为维持教育活动的正常运行，用于当年消耗的商品和服务以及一定金额以下的小型仪器设备支出。资本性支出是反映各级教育部门用于学校购置固定资产、土地、无形资产和基础设施、大型修缮的支出以及为配套完成上述项目的资金支出。具体到我国，现行教育经费统计中，教育经费支出分为事业性经费支出和基本建设支出两大部分。教育基本建设支出相当于教育经费中的资本性支出，主要用于校舍建设和大型教学设备的购置。而教育事业费支出相当于通常意义上的经常性支出，主要包括人员经费和公用经费[①]。一般来说，由于人员经费弹性较小，最具有刚性，因此，在其他条件相同的情况下，人员支出在事业性经费支出中占比越高，表明经费越不充足，反之则表明经费相对充足。

表5-4统计了2004～2016年我国学前教育预算内事业费与基本建设费情况。数据显示，近年来我国学前教育预算内教育事业费与基本建设支出均实现了快速增长。2004～2013年我国学前教育预算内教育事业费支出从48.72亿元增加到675.54亿元，第二期学前教育三年行动计划中，又从2014年的900.32亿元增至2016年的1317.84亿元。从相对比重上看，

---

① 人员经费主要用于教师和教育管理人员的工资、福利费、社会保障金等；公用经费主要用于公务费、教学业务与管理费、设备购置和修缮、教师培训费等，公用经费的支出水平，直接影响着办学条件的改善和教学质量的提高。

基本建设支出的绝对数量虽然有所增长，但其占预算内教育总经费的比重非常小。基本建设支出一定程度上反映了地方学前教育财政投入中用于增建幼儿园数量的资金比重，基本建设支出比重过低也从侧面反映出我国学前教育在基础设施方面投入过少，公办幼儿园数量增长缓慢，财政资金投入的增加对于扩大学前教育规模，缓解供需矛盾方面作用有限。在当前我国学前教育尤其是公办幼儿园数量供给不足的情况下，增加学前教育财政投入总量的同时，应适当提高基本建设支出所占比重，有限的财政资金应更多地用于增加公办幼儿园的数量，扩大学前教育规模。

表 5 – 4   2004 ~ 2016 年学前教育预算内教育经费支出结构

年份	学前教育财政性经费支出（亿元）	事业费支出（亿元）	事业费支出比重（%）	基础建设支出（亿元）	基本建设支出比重（%）
2004	48.72	48.22	98.95	0.51	1.05
2005	58.09	57.41	98.83	0.68	1.17
2006	68.44	67.64	98.83	0.80	1.17
2007	87.96	86.87	98.76	1.09	1.24
2008	112.38	109.73	97.64	2.64	2.36
2009	138.11	132.88	96.21	5.23	3.79
2010	200.52	186.94	93.23	13.58	6.77
2011	323.58	308.73	95.41	14.86	4.59
2012	588.33	552.35	93.88	35.98	6.12
2013	675.54	648.99	96.07	26.55	3.93
2014	900.32	879.54	97.69	20.78	2.31
2015	1101.42	1079.92	98.05	21.50	1.95
2016	1317.84	1286.19	97.60	31.66	2.40

资料来源：《中国教育经费统计年鉴》（2005 ~ 2017）。

表 5 – 5 给出了我国学前教育预算内教育事业费的使用结构。数据显示，总体上，我国学前教育预算内教育事业费中人员经费所占比重非常大，而公用经费所占比重相对较小。但预算内公用经费的增长速度和增长幅度都超过了预算内人员经费。尤其是 2011 年以来预算内公用经费出现

了较大幅度增长。这主要由于第一期学前教育三年行动计划中，中央财政投入大量资金支持农村和西部地区学前教育机构改扩建与基础设施改造，学前教育教师培训等，公用经费中专项经费大幅度增加，使得 2011 年以来学前教育预算内公用经费出现大幅度提高。从相对比重的变化来看，第一期学前教育三年行动计划中整体上人员经费所占比重在逐年下降，公用经费所占比重在逐年上升，但在第二期学前教育三年行动计划中，学前教育预算内公用经费所占比重又有所下降，2014 ~ 2016 年该比重从 46.26%降至 40.89%。

表 5 - 5　　　　　　　学前教育预算内人员经费和公用经费支出情况

年份	学前教育预算内教育事业费支出（亿元）	人员经费（亿元）	公用经费（亿元）	人员经费比重（%）	公用经费比重（%）	人员经费/公用经费
2004	48.22	42.81	5.4	88.78	11.22	7.93
2005	57.41	49.88	7.53	86.88	13.12	6.62
2006	67.64	58.85	8.79	87.00	13.00	6.70
2007	86.87	75.25	11.62	86.62	13.38	6.48
2008	109.73	96.25	18.48	87.72	12.28	5.21
2009	132.88	110.06	22.82	82.83	17.17	4.82
2010	186.94	143.68	43.27	76.86	23.14	3.32
2011	308.73	200.65	108.07	64.99	35.01	1.86
2012	552.34	277.63	274.72	50.26	49.74	1.01
2013	648.99	342.22	306.76	52.73	47.27	1.12
2014	879.54	463.04	416.50	51.43	46.26	1.11
2015	1079.92	605.91	474.02	55.01	43.04	1.28
2016	1286.19	747.33	538.86	56.71	40.89	1.39

资料来源：《中国教育经费统计年鉴》（2005 ~ 2017），由于 2013 年《中国教育经费统计年鉴》未入库，部分数据缺失，故 2012 年部分学前教育财政投入指标未予以列示。

根据前文所述，由于人员经费弹性较小，在其他条件相同的情况下，事业费中公用经费比重较高表明经费相对充足。2010 年以来我国学前教育预算内公用经费比重的提高一定程度上表明我国学前教育预算内教育经费投入水平更为充足，预算内教育事业费内部结构也日趋合理。但值得注意的是，公用经费比重快速提高与我国政策导向密不可分，第一期学前教育三年行动计划中中央财政专项转移支付资金大部分用于学前教育基础设施的兴建与修缮，而我国学前教育投入基数 2011 年之前总量较小，中央专项资金的投向无疑会对学前教育经费的投入结构产生较大的短期影响，如果不能通过完善制度形成学前教育投入的长效保障机制，那么这种短期政策效果的可持续性值得深思，后期学前教育财政投入结构的变化趋势也有待进一步观察。

（二）学前教育投入充足性评价：基于产出角度

教育经费投入的充足程度不仅可以从教育经费投入的整体水平来考量，也可以从产出的角度，用教育经费是否提供了确保学生获得一定标准的教育成果所需的资源来考察。就学前教育而言，其产出标准或教育结果可用诸如人均活动场地、生师比、入园率等多个指标衡量。这里我们结合已有研究成果以及数据的可得性，从学前教育发展规模与质量两个方面，进一步从产出角度对学前教育经费投入的充足性进行分析。

就发展规模而言，我国学前教育近年来发展迅速，学前教育机构数量和在园幼儿数都有了大幅度增长。如表 5 - 6 所示，幼儿园数量从 2009 年的 13.82 万所增长到 2013 年的 19.86 万所，增加了 43.70%，平均增速接近 10%，第二期学前教育三年行动计划中增至 2016 年的 23.98 万所，2017 年达到 25.50 万所；学龄前儿童在园总人数从 2009 年的 2657.81 万增至 2013 年的 3895.00 万，增长了 46.59%，2017 年增至 4600.14 万；学前教育 3～5 岁幼儿毛入园率也得到快速提高，2013 年比 2009 年增加了 16.60%，平均增速 9.49%，2017 年毛入园率已达到 79.60%，比 2013 年第一期学前教育三年行动计划完成时又增长了 12.10%。2014 年到 2016 年第二期学前教育三年行动计划中，幼儿园数量与在园幼儿数继续上升，毛入园率从 2014 年的 70.50% 增至 2016 年的 77.40%，增长了近 7 个百分点，2017 年毛入园率已经达到 79.60%。从统计数据来看，2010 年以来我国政府对学前教育的一系列支持政策收到了一定的效果，学前教育"入园难"问题得到了很大程度的缓解。但是作为历史欠账太多的学前教育，"入园难"问题的根本解决并非一朝一夕之事，我国学前教育发展规模与我国学前教育发展规划目标还有一定差距。

表 5 - 6　　　　　　　　　　2009 ~ 2017 我国学前教育发展规模

年份	学龄前儿童在园总人数（万人）	毛入园率（%）	比上年增长（%）	幼儿园数量（万所）	比上年增长（%）	专职教师数量（含园长）
2009	2657.81	50.90	—	13.82	—	112.7798
2010	2976.67	56.60	8.84	15.04	11.20	130.5311
2011	3424.45	62.30	10.86	16.68	10.07	149.5991
2012	3685.76	64.50	8.70	18.13	8.69	167.7475
2013	3895.00	67.50	9.57	19.86	9.52	188.5100
2014	4045.71	70.50	3.0	20.99	1.12	208.030
2015	4264.83	75.00	4.5	22.37	1.38	235.3200
2016	4413.86	77.40	2.4	23.98	1.62	249.8800
2017	4600.14	79.60	2.2	25.50	6.31	243.2100

资料来源：2009 ~ 2017 年全国教育事业发展统计公报。

　　尤其值得注意的是，由于各地统计口径不一致，我国学前教育真实的有质量的毛入园率与统计数据存在一定的出入。目前县（区、市）级教育主管部门在统计入园率时，其统计口径分为小、中和大三种，即少数县使用了较小的统计口径，只统计了在册且达标的幼儿园，这种小口径统计的入园率，虽然政绩上不好看，但确保了幼儿教育的质量；有的县使用的是中口径的统计数字，入园率统计既包括了在册达标的幼儿园，也包括了在册未达标的幼儿园，如果说在册未达标的幼儿园假以时日能达标，这种统计也有其合理性；不太合理的是很多地方使用的是大口径的统计数字，在统计入园率时，既包括了在册达标和未达标幼儿园，也包括了根本就不在册（未在规划之列）的看护点。多数看护点以家庭作坊式的幼儿班形式存在，教师和保育员由家庭成员担任，没有幼师资格证，教学无计划，设施简陋、环境卫生差，只起了托管的作用，根本无法达到保教保育目的。借助参与财政部课题的机会，笔者和课题组其他成员在 2013 年 10 月调查了湖北省的城市 J 郊区、山区县 T 县和安徽省的 S 农村县，湖北省的两个地区在册的达标和不达标幼儿园分别为 112 所和 76 所，不在册类似看护点幼儿机构分别为 36 所和 40 所，分别占在册幼儿机构的 32% 和 53%；安徽省的 S 农村县看护点有 104 所，共容纳 4245 名幼儿，占全县在园幼儿数的 29.9%。调查其他县这类幼儿机构平均占在册的幼儿机构的 30% 左右。若除去这些根本无质量的幼儿看护点，这些县三年毛入园率会有所下降。因此从实际情况来看，我国学前教育的发展规模，与规划目标还存在一定差距。与其他国家相比，我国学前教育发展规模也仍处于较低水平，目前许多 OECD 国家实行了学前一至三年年限不等的免费教育，学前教育的普及率也大幅提高，2005～2011 年，OECD 国家的学前三年的毛入园率平均水平以每年约 1 个百分点的速度增长。

就发展质量而言，从统计数据可见，我国学前教育生均预算内教育经费近年来有了大幅增长，2010 年以来增长速度较快，尤其是 2011～2013 年第一期学前教育三年行动计划中，学前教育生均预算内经费水平大幅度提高（见图 5-2）。2014 年开始的第二期学前教育三年行动计划中，学前教育预算内生均经费继续快速增长，2014 年学前教育生均预算内经费为 3941.04 元，第二期学前教育三年行动计划结束（2016 年）学前教育生均预算内经费已经增至 5663.11 元。虽然从生均预算内经费的增长数量和增长速度上看，我国学前教育生均预算内经费增长较快，但与其他国家对比而言，仍然处于相当低的水平。

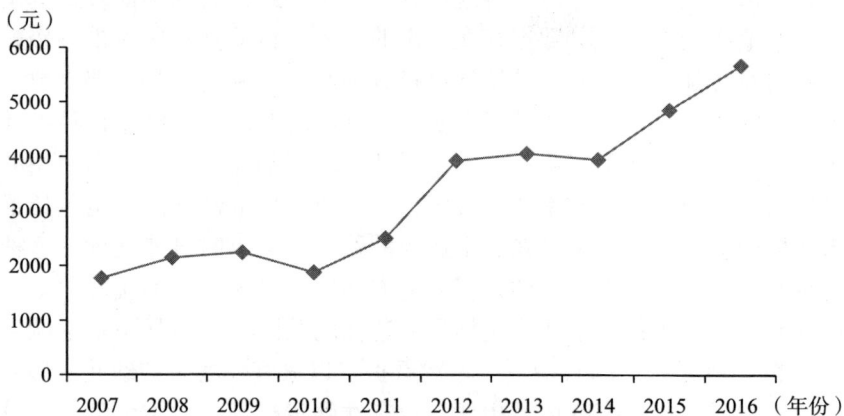

图 5-2　2007～2016 年我国学前教育生均预算内经费水平

资料来源：《中国教育经费统计年鉴》（2008～2017）。

如图 5-3 所示，几乎所有 OECD 国家学前教育生均财政投入都在 2000 美元以上，2010 年 OECD 国家学前教育生均财政性经费投入平均水平为 5643 美元，2011 年生均财政经费平均水平更是达到 6943 美元。我国 2011 年学前教育生均财政性经费仅为 1213.92 元，按照当年人民币对美元汇率折算，相当于 OECD 国家的各国平均水平的 2.59%，2013 年也仅达到 4052.79 元，按照当年人民币对美元平均汇率折算为 654.27 美元，相当于 OECD 国家 2011 年平均水平的 9.42%。

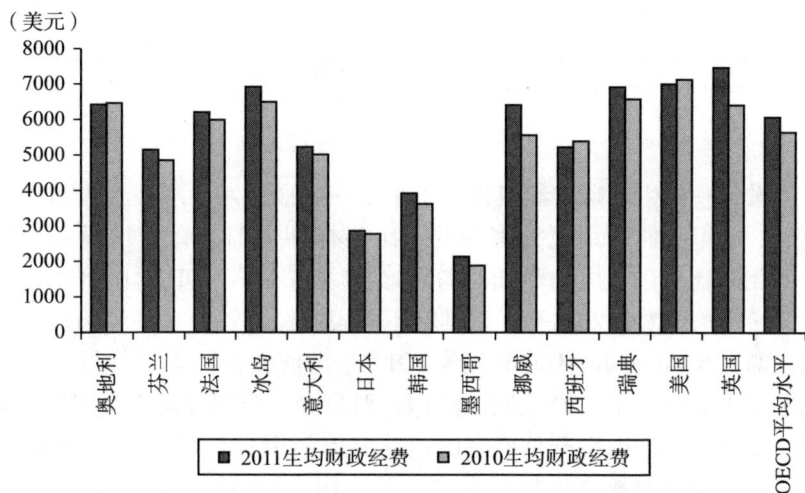

图 5-3　2010 年和 2011 年 OECD 部分国家学前教育生均财政经费

资料来源：Education at a Glance 2014：OECD Indicators，OECD Publishing，2013、2014，部分数据计算而得。

如表 5-7 所示，2013 年 OECD 国家学前教育生均经费持续增长，可见世界各国对学前教育的重视程度日益提高，支持力度不断加大，整体上看，我国学前教育财政投入还处于较低水平。

表 5-7　　　　OECD 部分国家学前教育生均经费情况（2016 年）

国家	学前教育生均经费（美元）	学前教育生均经费/人均 GDP（%）
芬兰	12819	29
法国	8165	20
冰岛	15012	29
意大利	7395	19
日本	7473	18
韩国	7359	20
挪威	18244	35

国家	学前教育生均经费（美元）	学前教育生均经费/人均 GDP（%）
西班牙	7238	20
瑞典	15303	31
美国	9151	16

资料来源：Education at a Glance 2019：OECD Indicators，OECD Publishing，2019；部分数据计算而得。

考虑到一国生均财政经费投入水平受一国经济发展水平与人口规模影响较大，这里我们采用更为客观的一组指标即学前教育生均投入与人均 GDP 的相对比例以及生均学前教育财政投入与人均 GDP 的比例来衡量学前教育的生均经费相对水平，以排除不同国家经济发展水平和物价水平的干扰。如表 5-8 所示，OECD 国家 2011 年学前教育生均经费与人均 GDP 比例平均为 20% 左右，意大利、法国、西班牙、英国等国家学前教育生均财政经费与人均国内生产总值之比超过 15%，由表 5-7 可见，2016 年挪威、瑞典等国学前教育生均经费占人均 GDP 的比重均超过 30%，芬兰、法国也达到 29%。而根据《中国教育经费统计年鉴》和国家统计局官网公布的我国人均 GDP 相关年份数据计算出，我国学前教育财政经费与人均国内生产总值之比 2011 年仅为 12%，学前教育生均财政经费占人均国内生产总值的比重仅为 7.11%。第一、二期学前教育三年行动计划中，我国学前教育经费投入水平虽大幅度上升，但直至 2016 年第二期学前教育三年行动计划结束，我国学前教育生均经费占人均 GDP 的比重也仅为 15.88%，仍处于较低水平。可见我国学前教育生均投入水平还处于较低水平，还不足以保障我国学前教育发展达到更高质量标准。

表 5-8　　　　OECD 部分国家学前教育财政投入情况（2011 年）

国家	学前教育生均经费/人均 GDP（%）	学前教育生均财政性经费/人均 GDP（%）
奥地利	21	14.91
芬兰	15	13.30
法国	18	17.03
冰岛	24	18.17
意大利	23	15.40

续表

国家	学前教育生均经费/人均GDP（％）	学前教育生均财政性经费/人均GDP（％）
日本	16	8.15
韩国	24	13.53
墨西哥	15	12.61
挪威	14	13.75
西班牙	21	16.27
瑞典	17	16.56
美国	20	14.23
英国	29	22.01

资料来源：Education at a Glance 2014；OECD Indicators，OECD Publishing，2014；部分数据计算而得，人均GDP以2011年当年价格水平衡量，各国人均GDP以等价美元换算。

第二节　学前教育财政资源配置的公平性评价

　　教育公平是社会公平的基础，学前教育作为教育的起始阶段，更是社会公平的起点，政府介入学前教育的一个重要目的即为保障学前教育的公平发展。然而，长期以来我国学前教育发展地区差异问题十分严重，城乡二元经济的存在以及福利化学前教育投入模式下依靠农村集体自筹自建的发展思路又使得我国学前教育供给重心一开始就先天地出现了向城市偏移的特征，学前教育投入城乡差异凸显。在城市内部，沿袭计划经济时期的投入模式，有限的学前教育公共资源大部分投向了公办幼儿园尤其是示范园、县直机关园、事业单位办园，不同性质幼儿园间公共资源配置严重不公平。2010年以来，我国政府也逐步意识到学前教育投入的公平性问题，并颁布了一系列政策促进学前教育事业的公平发展，那么当前的学前教育财政投入体制下，中央政府采取的一系列旨在促进学前教育公平的措施效果如何，以下我们利用统计数据，结合实地调研，就学前教育的地区差异、城乡差异以及园际差异进行实证分析，从而更准确的评价当前我国学前教育财政资源配置的公平性。

一、学前教育财政投入的地区差异

学前教育财政投入的地区差异一直是社会关注的热点问题，地区差异过大不仅影响学前教育的公平发展，与教育公平原则相悖，也不利于社会整体公平。2010 年以来，我国政府在《纲要》《规划》中都提出要重点支持中西部农村地区和东部困难地区新建和改扩建乡镇中心幼儿园以及农村幼儿园，以缩小地区差异，促进学前教育均衡发展。那么目前我国学前教育财政投入地区差异现状如何，近年来我国政府尤其是中央政府对中西部贫困地区的重点投入有没有起到缩小地区差异，促进学前教育均衡发展的作用？这里我们通过测算省际学前教育生均经费的基尼系数与泰尔指数，并对其进行了静态和动态分解，在此基础上，结合实地调研案例，对我国当前学前教育财政投入地区差异进行全面的探讨。

（一）学前教育经费投入的度量指标与测算方法

这里利用我国学前教育经费投入的省级数据，测算省际学前教育生均经费的基尼系数与泰尔指数并进行分解。

1. 基尼系数及其分解公式

基尼系数相对于极差、标准差等指标而言可以更好地度量区域间教育投入的相对差异，并可以对教育投入地区差异做静态分项分解和动态差异变化的来源分解。计算基尼系数的方法有很多种，这里我们选取黄祖辉（2005）给出的基尼系数的计算方法，考虑不同样本地区的人口数量差异，对人口进行加权，来对学前教育生均经费基尼系数进行测算，具体公式为[①]：

$$G = \sum_{i=1}^{n} \frac{x_i}{\mu} \times s_i \left(\sum_{j=1}^{n-1} s_j - \sum_{j=i+1}^{n} s_j \right) \qquad (5.1)$$

其中，当 $i = 1$ 时，$\sum_{j=1}^{n-1} s_j = 0$；当 $i = n$ 时，$\sum_{j=i+1}^{n} s_j = 0$。

公式（5.1）中，G 为全国生均学前教育经费支出的基尼系数，μ 为生均学前教育经费全国均值，x_i 表示 i 省学前教育生均经费，s_i 代表 i 省

[①] 黄祖辉、王敏、宋瑜：《农村居民收入差距问题研究——基于村庄微观角度的一个分析框架》，载于《管理世界》2005 年第 3 期，第 75～84 页。

学前教育阶段在园幼儿数占全国在园幼儿总数的比重，在计算时将 s_i 按照各省学前教育生均经费升序排列。基尼系数越小，表明省际学前教育生均经费差异越小，反之表示差异越大。

根据学前教育经费投入差异的构成，可将基尼系数进行分解，这里为更好分析学前教育财政投入的地区差异，我们将学前教育生均经费进一步分解为生均预算内分项投入和生均预算外分项投入两个部分，其中预算内分项投入源于各级政府对学前教育的财政性投入，预算外分项投入即非财政性学前教育经费，主要源于学生学费、民办学校中举办者投入等，预算内投入加上预算外投入即为学前教育总经费投入，基尼系数的具体分解公式可以表示为：

$$G = \sum_k (\mu_k/\mu) C_k \qquad (5.2)$$

其中，μ_k 表示学前教育生均分项投入，$S_k = \mu_k/\mu$，代表学前教育分项投入在学前教育生均总投入中所占的比重，C_k 表示学前教育分项投入的基尼系数，称为分项生均投入的集中率。其中，C_k/G 称为相对集中指数，如果若第 k 项分项投入的相对集中系数大于1，我们就认为该项投入对总体的差异具有促增作用；否则，就是对整体差异具有削弱作用的。定义 $R_k = S_k C_k/G \times 100\%$，用于表示各分项投入对总体基尼系数的贡献程度。

在基尼系数静态分解的基础上，还可进一步对其进行动态分解以分析差异变化的原因。利用万广华（1998）给出的基尼系数动态分解公式可将基尼系数分解为三个部分，用公式表示为：[①]

$$\Delta G = \sum_k \Delta S_k C_{kt} + \sum_k \Delta C_k S_{kt} + \sum_k \Delta S_k \Delta C_k \qquad (5.3)$$

其中，$\Delta S_k = S_{kt} - S_{kt-1}$，$\Delta C_k = C_k - C_{kt-1}$。$\sum_k \Delta S_k C_{kt}$ 为结构效应，由预算内和预算外分项投入所占比重变化所引起；$\sum_k \Delta C_k S_{kt}$ 为集中效应，由预算内和预算外生均经费集中度变化引起；$\sum_k \Delta S_k \Delta C_k$ 为综合效应，由结构效应和集中效应共同变化引起。

2. 泰尔指数及其分解公式

泰尔指数是另一个衡量投入差异程度的重要指标，利用泰尔指数不仅

---

① 万广华：《中国农村区域间居民收入差异及其变化的实证分析》，载于《经济研究》1998年第5期，第36~41页。

可以将学前教育投入的地区差异按地域结构进行多层次分解，而且泰尔指数不受考察空间单元个数的影响，其对两端投入水平的变化更为敏感。与基尼系数相比，泰尔指数还可以将其总体差异分解为组内差异与组间差异以对区域差异做更为全面的分析，估算公式如下：

$$Theil = \frac{1}{n}\sum_{i \in n} \frac{e_i}{e}\ln\frac{e_i}{e} \tag{5.4}$$

将全国分为东、中、西三大区域，可进一步将泰尔指数分解为东、中、西部三个组成部分，分解公式如下[①]：

$$T(e) = T(e^1, e^2, \cdots, e^m) = \frac{1}{n}\sum_{a=1}^{m}\sum_{i \in N_k}\frac{e_i}{e}\ln\frac{e_i}{e} \tag{5.5}$$

其中，$m = 1, 2, 3$；$N_1 = 11$，$N_2 = 8$，$N_3 = 12$，e_i 表示第 i 个地区生均学前教育经费投入，e 表示全国学前教育生均经费投入，用 e_a 表示 a 区域学前教育生均教育经费投入。

泰尔指数还可进一步分解为组内差异和组间差异，分解公式如下：

$$T_W = \sum_{a=1}^{m}\frac{n_a}{n}\frac{e_a}{e}\frac{1}{n}\sum_{i \in N_a}\frac{e_i}{e}\ln\frac{e_i}{e_a} \tag{5.6}$$

$$T_B = \frac{1}{n}\sum_{a=1}^{m}\sum_{i \in N_a}\frac{e_a}{e}\ln\frac{e_a}{e} \tag{5.7}$$

$$T(e) = T_W + T_B \tag{5.8}$$

其中，T_W 和 T_B 分别表示组内差异和组间差异。

（二）学前教育经费投入基尼系数的测算与分析

以下测算了 2002 年以来我国 30 个省份（西藏数据缺失值较多，予以剔除）学前教育生均经费基尼系数，并对其进行静态与动态分解，以更好的比较我国当前学前教育总经费以及预算内经费投入水平的地区差异。同时测算了我国学前教育生均经费的泰尔指数，并分别估算出了东、中、西三大地带内学前教育生均投入差异的泰尔系数与三大地带间学前教育生均投入差异泰尔系数，在此基础上，计算了地带间和地带内地方学前教育投入差异对总体差异的贡献率，以更全面了解我国东中西部区域间以及区域内学前教育生均经费投入水平的差异。计算所需数据均来源于相关年份的

[①] 此处所指东部地区包括北京、天津、河北、辽宁、上海、江苏、浙江、福建、山东、广东、海南11个省份，中部地区包括山西、吉林、黑龙江、安徽、江西、河南、湖北、湖南8个省份，西部地区包括内蒙古、广西、重庆、四川、贵州、云南、西藏、陕西、甘肃、青海、宁夏、新疆12个省份。

《中国教育统计年鉴》《中国教育经费统计年鉴》以及国家统计局官方网站。为保持数据和指标的统一性，学前教育生均经费支出采用学前教育总经费除于在园幼儿数得出，学前教育生均预算内经费支出采用学前教育预算内经费除于在园幼儿数得出。

1. 学前教育经费投入基尼系数

由学前教育生均经费支出的基尼系数及其分解数据（见表 5 – 9）可知，我国学前教育生均经费投入地区差异十分明显，2011 年之前学前教育生均经费基尼系数均在 0.4 以上，高于国际上通用的收入基尼系数的警戒线标准，2011 年开始基尼系数虽有所下降，但依然处于较高水平。2011 年之前各年份学前教育预算内生均经费投入基尼系数也均在 0.4 以上，2011 年以来，学前教育预算内生均经费基尼系数开始有所下降，但依然处于较高水平。

表 5 – 9　　　　各年份学前教育生均经费投入基尼系数及其分解

年份	基尼系数	集中率 C_k		相对集中系数 C_k/G	
		预算内	预算外	预算内	预算外
2002	0.41790	0.42813	0.40361	1.02447	0.96580
2003	0.42417	0.43297	0.41151	1.02074	0.97014
2004	0.44213	0.44427	0.43907	1.00485	0.99309
2005	0.44843	0.46139	0.42999	1.02890	0.95888
2006	0.43786	0.43757	0.43827	0.99934	1.00092
2007	0.40723	0.42057	0.38657	1.03275	0.94927
2008	0.41863	0.44517	0.37578	1.06340	0.87765
2009	0.44231	0.47196	0.39337	1.06701	0.88935
2010	0.44163	0.46204	0.38443	1.04620	0.87047
2011	0.36944	0.31778	0.39145	0.86017	1.05959
2012	0.31391	0.31715	0.36249	1.01007	0.97799
2013	0.34040	0.34500	0.33279	1.01351	0.97766
2014	0.35020	0.35400	0.33984	1.01085	0.97042
2015	0.35401	0.35443	0.33879	1.00119	0.95701

资料来源：《中国统计年鉴（2003～2016）》《中国教育经费统计年鉴（2003～2016）》。

　　进一步从学前教育预算内经费基尼系数的分解结果，即学前教育预算内分项投入和预算外分项投入基尼系数以及各分项投入对总投入不平等的贡献率分析，如表 5 - 10 所示，生均预算内学前教育经费的基尼系数在 2010 年之前均高于生均学前教育总经费基尼系数，且较为稳定，变化不大，2002 年为 0.42813，2010 年为 0.46204，稳定在 0.45 左右；与之相应，2010 年之前各年份的学前教育生均预算内经费的相对集中指数也均大于 1。也就是说，在 2010 年之前，学前教育预算内经费分项投入对省际学前教育投入总差异的贡献率比较高，即预算内学前教育投入对省际间学前教育总投入分布不均衡具有促增的作用。

　　从 2011 年开始，学前教育生均预算内分项投入基尼系数的相对集中指数整体有所下降，到第一期学前教育三年行动计划（2011 ~ 2013 年）结束，稳定在 1 左右，说明 2011 年以来预算内分项投入对学前教育生均经费地区差异开始产生了促减的作用。预算内分项投入对总差异贡献率的这种变化说明第一期学前教育三年行动计划以来，中央政府针对学前教育发展薄弱地区的重点支持政策，尤其是对中西部贫困地区进行的倾斜性的重点投入，这些措施对于缩小学前教育经费投入的省际差异，促进学前教育公平起到了较好的效果。

表 5 - 10　　　　　学前教育生均经费分项投入对总体差异贡献率

年份	各分项投入的贡献率（%）	
	预算内	预算外
2002	63.26	36.74
2003	62.03	37.97
2004	58.42	41.58
2005	60.43	39.57
2006	58.76	41.24
2007	60.94	39.06
2008	61.90	38.10
2009	60.90	39.10
2010	59.82	40.18
2011	25.71	74.29
2012	64.39	35.45

续表

年份	各分项投入的贡献率（%）	
	预算内	预算外
2013	63.15	36.85
2014	60.68	39.32
2015	65.51	34.49

资料来源：《中国统计年鉴（2003~2016）》《中国教育经费统计年鉴（2003~2016）》。

在以上对地区生均学前教育经费投入基尼系数静态分解的基础上，依照基尼系数动态分解公式（5.3）对2002年到第一期学前教育三年行动计划结束（2013年）学前教育生均经费的基尼系数变动情况进行分解，以更好地分析学前教育投入差异变动的原因。

2. 学前教育经费投入基尼系数动态分解

表5-11所示动态分解结果可以看出，2011年开始结构效应对基尼系数变化的贡献率出现了较大的变化，这主要由于中央政府对学前教育的财政投入2011年出现了的大幅度增加导致，但是结构效应对基尼系数变化的影响是暂时的；基尼系数动态变化的综合效应的影响也较小；集中效应是引起学前教育生均经费基尼系数的变化的主要因素，也就是说各分项投入的分布差异变化是造成生均学前教育经费差异程度变动的主要原因。

表5-11　各年份学前教育生均经费投入基尼系数变化的动态分解

年份	基尼系数的变化	基尼系数变化的动态分解			各效应对基尼系数变化的贡献（%）		
		结构效应	集中效应	综合效应	结构效应	集中效应	综合效应
2002~2003	0.0063	-0.00024	0.00648	0.00003	-3.83	103.35	0.48
2003~2004	0.0180	-0.00056	0.01809	0.00043	-3.14	100.76	2.38
2004~2005	0.0063	0.00003	0.00612	0.00015	0.48	97.07	2.45
2005~2006	-0.0105	0.00002	-0.01057	-0.00002	-0.22	100.00	0.22
2006~2007	-0.0306	-0.00001	-0.03068	0.00005	0.05	100.16	-0.21
2007~2008	0.0114	-0.00027	0.01195	-0.00028	-2.37	104.84	-2.47
2008~2009	0.0237	-0.00079	0.02458	-0.00010	-3.33	103.77	-0.44

续表

年份	基尼系数的变化	基尼系数变化的动态分解			各效应对基尼系数变化的贡献（%）		
		结构效应	集中效应	综合效应	结构效应	集中效应	综合效应
2009～2010	-0.0007	0.00912	-0.00960	-0.00021	-6.09	106.44	-0.35
2010～2011	-0.0722	-0.00639	-0.06442	0.00861	10.27	103.58	-13.85
2011～2013	-0.0036	-0.03070	0.00520	-0.00978	12.27	105.58	-17.85

资料来源：《中国统计年鉴（2003～2014）》《中国教育经费统计年鉴（2003～2014）》。

（三）学前教育经费投入泰尔指数的测算与分析

进一步计算了从 2002 年到第一期学前教育三年行动计划结束各年份的泰尔指数，利用泰尔指数分析我国学前教育投入的组内差异与组间差异，从学前教育生均支出的泰尔系数的变动趋势可见，我国学前教育的省际差异在逐步缩小，尤其是第一期学前教育三年行动计划期间，泰尔指数明显下降，从 2010 年的 0.2364 降至 2013 年的 0.2058。可见，近年来政府对学前教育投入的增加尤其是对西部地区的重点投入起到了一定的缩小地区差异的作用。

从组内差异和组间差异来看，东中西部区域内部的差异远高于东中西部区域之间的差异（见图 5-4），东中西部区域之间差异 2010 年之后有明显缩小，但东中西部区域内部差异近年来并没有明显变化。这一点从表 5-8 泰尔系数的分组贡献率上体现得更为清晰，三大地带之间的差异对学前教育生均支出泰尔系数的贡献率降幅较大，从 2007 年的 40.26% 下降到 2013 年的 28.41，尤其是 2010 年以来呈现持续下降的态势。与之相对，三大地带内部差异对总体差异的贡献率在持续上升。学前教育生均投入水平地区差异的这种变化，与我国近年来政府对学前教育的投入政策密切相关。2011 年学前教育三年行动计划以来，中央投入大量财力重点支持中西部地区发展学前教育，中西部地区学前教育总体投入水平有了较快增长，学前教育生均经费水平与东部地区差距在逐步缩小。尤其是西部地区由于人口规模相对较小，适龄儿童人数远小于东部和中部地区，因此中央对西部地区总体投入的增加反映在生均经费上更为明显，2009 年以后东西部地区学前教育生均经费平均水平的差距明显缩小，部分年份西部地区学前教育平均生均经费水平甚至超过的中部地区，2007 年东中西部三大地带学前教育生均经费平均水平之比为 2.27∶1.17∶1，2013 年该比例为 1.46∶

1.02∶1，因此学前教育生均经费水平三大地带组间差异明显减小，其对总体差异的贡献也大幅降低。

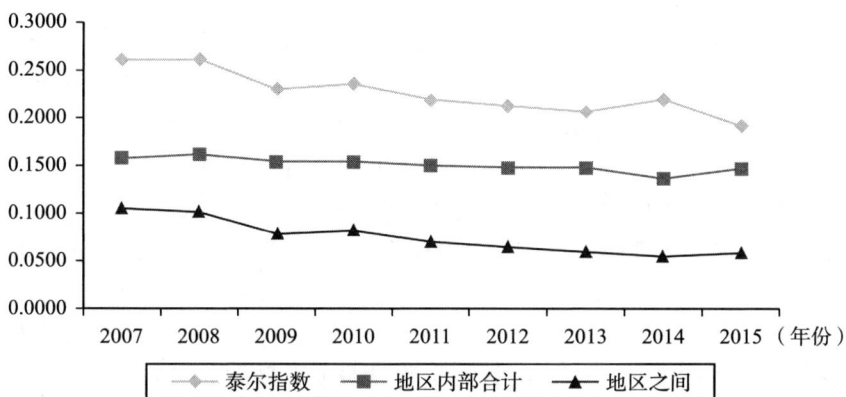

图 5 - 4　学前教育生均经费的泰尔系数及其分解

　　与组间差异的明显缩小相对，学前教育生均预算内经费泰尔系数的组内差异持续扩大（如图 5 - 5 所示）。相对而言，东、中、西部区域组内差异中，东部 11 省市组内差异较大，远高于中西部地区，且近年来呈上升趋势。西部地区组内差异次之，且 2011 年以来有所下降。中部地区组内差异最小。

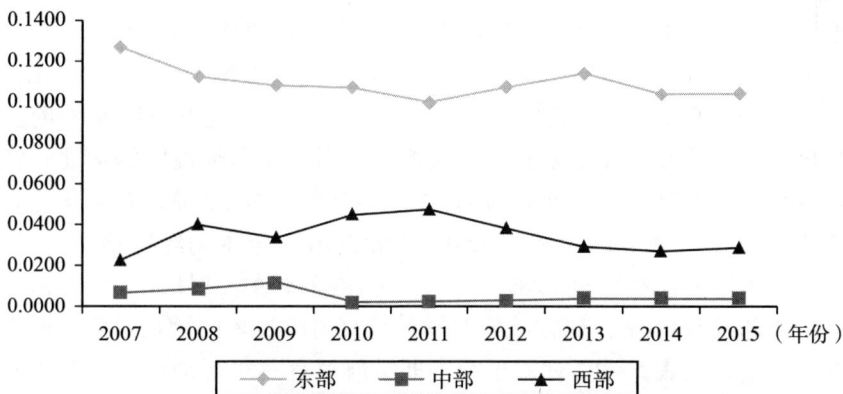

图 5 - 5　2007～2015 年东中西部学前教育生均经费的泰尔系数

　　从贡献率上看，东部地区组内差异对学前教育生均经费泰尔系数的贡献程度平均在 45％ 以上，2011 年以来东部地区组内差异对总体差异的贡献率有所上升，2013 年更是达到了 55.53%。西部地区组内差异对总体差异的贡献程度平均为 16% 左右，2013 年降至 14%。中部地区组内差异对总体差异的贡献程度较低，除个别年份外均在 3% 以下。

可见，2010 年以来我国政府对学前教育投入的增加，对于缓解中西部地区与东部地区之间的差异起到了较好的作用，但对于东中西部区域内部各省份之间的投入差异的缩小并未起到太大作用。东部地区内部各省份之间差异较大，2013 年东部地区学前教育生均经费水平最高地区北京生均经费为 32875 元，生均预算内经费为 16460.53 元，而投入水平最低的河北地区生均经费仅为 3570 元，生均预算内经费为 2569.32 元，两者生均经费之比为 9.21 : 1，生均预算内经费之比为 6.41 : 1。相对而言，中西部地区内部差异较小，尤其是中部地区，各省份学前教育投入整体处于较低水平，2013 年中部 8 省中学前教育生均经费水平最高的江西省生均经费为 7909.56 元，预算内生均经费为 6022.48 元，而投入水平最低的河南地区仅为 4065.22 元，预算内生均经费 2632.23 元，生均经费两者之比为 1.95 : 1，预算内生均经费两者之比为 1.54 : 1。2015 年东部地区学前教育生均经费水平较高的北京、上海市生均经费达到 33614.99 元、26184.96 元，而河北省仅为 4852.05 元。也就是说中部地区虽然整体水平远低于东部地区，但区域内部省份之间的差异较小。东部 11 省市区域内部投入水平差异十分明显，如北京、上海地区，地方政府历来对学前教育发展十分重视，经济发展水平较高，地方政府对学前教育的投入基数大、增速快，2007 年上海地区学前教育生均经费为 12247.27 元，生均预算内经费为 8193.02 元，2013 年生均经费增至 21376.63 元，生均预算内经费增至 15519.26 元，生均经费增幅 75%，生均预算内经费增幅高达 89%，地方政府对学前教育财政投入的增长速度高于家庭的投入增速。而同属东部地区的河北、江苏等省份却与之相反，以江苏省为例，2007 年江苏地区学前教育生均经费为 2962.38 元，生均预算内经费为 1378.87 元，2013 年生均经费增至 7149.03 元，生均预算内经费增至 2289.32 元，生均经费增幅 141%，生均预算内经费增幅却仅有 66%，地方政府对学前教育财政投入的增长速度远低于家庭的投入增速。表 5-12 列示了第一期学前教育三年行动计划中东中西部地区组间和组内差异对总体差异的贡献率，可以看出，东部地区内部学前教育投入水平差异近年来不仅未能缩小，反而在持续扩大，投入水平高的地区地方政府对学前教育不仅投入基数大，而且增速快，投入水平低的地区地方政府对学前教育不仅投入基数小，而且增速也低于高投入省份，这就导致了东部地区区域内部投入差异过高，在整体泰尔系数中贡献率最高。

表 5 – 12　　　　　第一期学前教育三年行动计划（2011 ~ 2013 年）
学前教育生均经费泰尔系数的分组贡献率

年份	总贡献率（%）	分组百分比贡献（%）				
		东部	中部	西部	地区内部合计	地区之间
2011	100	45.45	0.92	21.59	67.97	32.03
2012	100	50.33	1.48	17.91	69.72	30.28
2013	100	55.53	2.07	14.00	71.59	28.41

二、学前教育财政投入的城乡差异

我国学前教育的发展一开始就具有向城市倾斜的特征，长期以来，政府对学前教育有限的财政投入也仅限于城镇幼儿园，农村学前教育历来采取农民教育农民办的农村集体筹资办学模式，经费来源缺乏保障。改革开放后，随着农村集体经济的解体，我国农村学前教育几乎处于停滞状态。虽然在相关文件中，我国政府也一再强调了农村学前教育的重要性，并将学前教育归入乡镇政府管理①，但实践中一方面由于农村经济发展缓慢，乡镇基层政府财政收入有限，尤其是税费改革后，教育费附加取消，乡（镇）政府财政十分困难，乡镇政府对于学前教育无力投入。另一方面，学前教育的非义务教育性质，其经费投入不具强制性，再加上基层政府对学前教育的作用与性质认识不足，农村学前教育一直被边缘化，农村学前教育长期以来财政投入严重匮乏，学前教育城乡差异问题十分严重，虽然第一期学前教育三年行动计划实施以来，我国政府加大了对农村学前教育的投入，尤其是对于农村幼儿园新建、改扩建投入了大量资金，农村学前教育也得到了较快发展，但由于历史欠账多，教育基础差，因此无论是在数量、校舍等硬件方面，还是在师资、教育质量等软件方面，城乡学前教育差异依然不容乐观。

---

① 2003 年教育部出台的《关于幼儿教育改革与发展的指导意见》指出"乡（镇）人民政府承担发展农村幼儿教育的责任，负责举办乡（镇）中心幼儿园，筹措经费，改善办园条件""发挥村民自治组织在发展幼儿教育中的作用"。

从城乡学前教育发展的总体情况来看，如表 5 - 13 所示，虽然从数量上看，乡村和镇区幼儿园数量并不少，但很多乡村尤其是偏远地区的农村存在大量不能真正意义上称为幼儿园的看护点。这些看护点以家庭作坊式的幼儿班形式存在，幼师和保育员由家庭成员担任，幼儿园活动范围小、玩具教具少、设备设施简陋、环境卫生差，基本只起了实现托管的作用，根本无法达到教育的目的。2013 ~ 2015 年间我们调查了中部 H 省的贫困县 T 县和 A 省的 S 农村县，H 省的山区县 T 县，该县不在册类似看护点的幼儿机构大约为 40 余所，占在册幼儿机构的一半左右；调查的 A 省的 S 农村县，初步估算该县看护点 104 所，占全县在园幼儿数的 29.9% 。而且大部分乡村幼儿园在校舍建筑面积、数字资源和图书册数等硬件设施方面与城市幼儿园有很大差距。用更具说服力的生均指标来对比，可以更为明显的体现出城乡学前教育在教育设施方面的差异。2015 年城市幼儿园数字资源中数据库个数为 728.38 万个，而农村仅为 34.36 万个；生均图书拥有量城市幼儿园为 6.47 册/人，而农村为 3.52 册/人。2014 年城市幼儿园生均校舍面积为 6.903 平方米，而农村幼儿园的生均校舍建筑面积仅为 3.44 平方米，不足城市幼儿园的一半；生均数字资源占有量城市幼儿园为 1.52GB，而农村仅为 0.42GB；图书拥有量城市幼儿园为 14360.85 万册，而农村为 5904.13 万册。城乡学前教育在教育教学设施上差距很大。

表 5 - 13　　　　　城乡学前教育发展状况对比 (2015 年)

地区	幼儿园数	在园幼儿数（万人）	校舍建筑面积（万平方米）	数字资源：数据库（万个）	图书册数（万册）
城市	74262	1591.1	12548.26	728.38	14360.85
镇区	81666	1705.3	10693.37	63.83	12225.69
乡村	83884	1117.5	5457.73	34.36	5904.13

资料来源：《中国教育统计年鉴》(2016)。

从城乡学前教育的师资力量上来看，教师是决定学前发展质量的最关键因素，城乡学前教育在教师数量和教师素质方面的巨大差异导致城乡学前教育发展质量悬殊。生师比作为衡量师资力量的一个基本指标，体现了教育中教师数量是否能够满足教学的基本需要，2013 年我国城市学前教育专任教师数为 88.88 万，生师比为 17.40：1，而农村学前教育生师比为 32.98：1。除教师数量外，农村学前教育教师质量也与城市有很大差距，

2013 年农村学前教育教师中专科及以上教师比重仅为 54%，城市为 76.89%，这尚且不包括很多农村地区存在的没有统计在册的看护点，如果考虑到看护点大部分教师一般仅为初中或高中学历，那么这一比例与城市差距将更大。从具有职称的教师比重来看，虽然城乡学前教育阶段具有教师职称所占比重都很低，但相对而言，农村情况更加不容乐观，如表 5－14 所示，2015 年，城市与农村幼儿园生师比差距依然很大，农村学前教育教师中专科及以上教师比重仅为 62.46%，城市为 82.85%，农村学前教育师资紧缺与师资质量问题已经严重制约了农村学前教育质量的提高。

表 5－14　　　　　城乡学前教育师资力量对比（2015 年）

地区	在园幼儿数（万人）	生师比	专任教师人数	专科及以上教师比重（%）	具有职称教师比重（%）
城市	1591.1	15.17	1048592	82.85	31.21
镇区	1705.3	20.97	812958	74.83	30.44
乡村	1117.5	30.16	370517	62.46	23.43

资料来源：《中国教育统计年鉴》（2016）。

　　单就城乡学前教育经费投入状况来看，从统计数据上看，2011~2013 年第一期学前教育三年行动计划期间，农村学前教育经费投入有所增加，但城乡差距依然较大。2013 年城市幼儿园经费总额为 1064.89 亿元，财政性经费投入为 379.37 亿元，农村幼儿园经费总额为 656.26 亿元，财政性经费投入为 296.17 亿元，城乡学前教育总经费投入比为 1.62∶1，其中财政性学前教育经费投入比为 1.28∶1。从生均经费支出上看，全国生均学前教育经费支出 6503.81 元，生均公共财政性经费支出 4052.79 元，农村幼儿园生均学前教育经费仅为 4224.93 元，生均财政性经费支出 2758.45 元。2016 年第二期学前教育三年行动计划完成时，全国生均学前教育经费支出 8595.97 元，生均公共财政性经费支出 5663.11 元，农村幼儿园生均学前教育经费仅为 6070.76 元，生均财政性经费支出 4231.20 元。城乡差异依然不容乐观。从县级层面上来看，城乡学前教育资源分布差异会更大，以 2013 年课题组调查的典型地区为例，湖北省的省会武汉市 J 远城区，该区生均学前教育财政支出为 5577 元，而贵州省的农村山区少数民族 R 县生均学前教育支出为 1732 元，湖北省农村山区 T 县生均学前教育财政支出为 512 元，安徽省农村平原 S 县生均学前教育财政支出仅为 979

元。J 城区的生均学前教育财政支出分别大约为 R 县的 3 倍、T 县的 10 倍、S 县的 6 倍。学前教育城乡投入差异，不仅反映在财政投入上，非财政投入差异也比较大，城市居民收入水平与对学前教育投入意愿明显高于农村，相应的城镇非财政性学前教育投入也远远高于农村，以湖北省武汉市 J 城区与该市农村县为例，单收费一项来看，J 城区的收费标准大约平均是农村县的 2 倍。如果将城乡非财政性学前教育投入差异也考虑在内，那么我国城乡学前教育投入的不均衡问题将更加严重。

三、不同性质的幼儿园资源配置差异

学前教育资源分配不公平不仅体现在地区、城乡之间，即使在同一管辖区内公办与民办幼儿园、示范园与普通幼儿园间、不同隶属主体的幼儿园之间资源分布也存在差异。

在目前的财政投入机制下，学前教育财政性经费大多投向公办幼儿园，用于民办幼儿园的部分极少。以 2013 年为例，全国幼儿园共 19.9 万所，其中公办幼儿园 6.5 万所，民办幼儿园 13.4 万所，公办幼儿园占幼儿园总数不足 1/3。2013 年民办幼儿园教育总经费 670.89 亿元，占全国幼儿园教育总经费的 38.84%，而民办幼儿园的公共财政预算教育经费为 39.62 亿元，占比仅为 6.27%[①]，民办幼儿园的教育经费收入中仅有 5.91% 来自公共财政预算经费[②]。与民办幼儿园相比，不到其一半数量的公办幼儿园教育经费占全国幼儿园教育经费的比例超过了 50%，且公办幼儿园教育经费的 56.31% 来源于公共财政预算教育经费。从师资力量来看，公办幼儿园教师素质优于民办园，公办园幼儿教师基本都获得幼师资格证，且大部分大专以上学历，但幼师专业毕业的数量较少，且公办幼儿园也存在大量无编制教师，因此教师队伍稳定性差。在教师待遇问题上，公办园在编教师工资由区级财政从义务教育人员经费中拨付，无编制的外聘教师工资由幼儿园所收学费返还支付。民办幼儿园教师工资没有统一标准，由民办园根据教师素质和自身收费状况灵活决定，教师收入差距较大，以调研县区的两所民办幼儿园为例，世纪阳光幼儿园保育员工资约

---

① 2013 年，民办幼儿园公共财政预算教育经费为 39.62 亿元，全国幼儿园公共财政预算教育经费为 631.66 亿元。

② 数据来源：国家统计局 2013 年《中国儿童发展纲要（2011～2020 年）》实施情况统计报告、《中国教育经费统计年鉴（2014）》，部分数据计算而得。

1100元/月，副班主任工资为1300元/每月，主班主任工资为1800元/月，而收费较高的美嘉双语幼儿园教师月工资可达3000元以上，很多有一定经验的教师工资在4000元以上。民办幼儿园的基本办学条件普遍较差，无论是从基建方面，还是从教学设施与教师素质方面，除个别位于T县县城里的大型民办园外均与公办园存在一定差距。由于民办幼儿园前期资金投入均来自私人，筹资成本较高，而收费标准当地县政府又有严格的限制，双重作用下，私人为了追逐利润因而减少对教学设施和教学用具的投入，雇用素质较低的教师以节约成本，这直接影响了民办幼儿园办学质量的提高，为了鼓励民办幼儿园提供普惠性、低收费的服务的同时，提高办学质量，财政可用提供贷款贴息方式对民办幼儿园用于提高教学设施方面的投入进行支持，引导与鼓励民办园将利润用于幼儿园的发展。

　　除公民办幼儿园之间存在巨大差异外，在为数不多的公办幼儿园中，示范园与普通公办幼儿园之间财政投入也存在明显差异。根据北京大学教育财政科学研究所对安徽、湖北以及浙江三省25县591所不同类型幼儿园的抽样调查显示，县一级政府在县直机关园与非县直机关园，以及示范性幼儿园与普通公办幼儿园中办学经费分担比例和财政投入也存在很大的差异。财政对县直机关幼儿园的成本分担比例显著高于普通公办幼儿园，政府对示范园财政投入总量和生均财政投入均显著高于普通公办幼儿园。这种现象源于我国长期以来对学前教育的定位与投入体制，一方面将幼儿园视为单位福利，省直、县直机关幼儿园作为政府直属机构相应的投入水平也远远高于一般单位办幼儿园，从而逐渐形成了县直机关园与普通公办幼儿园之间的投入差异。另一方面，政府对公办幼儿园投入的作用在于"示范"而并非普及与普惠，政府集中投向极少数的所谓示范幼儿园从而起到示范与引导的作用也就顺理成章，尤其是在2003年国家推动"示范性幼儿园"建设后，地方政府出于政绩驱使，对基础条件较好的少数公办幼儿园倾斜性增加投入以创建示范幼儿园，进一步造成了公办幼儿园中示范园与普通幼儿园间财政投入的不公平。当前，财政对学前教育投入目标已转向以满足普通大众对于学前教育需求，构建普及普惠的学前教育公共服务体系为目的，财政对公办幼儿园投入导向也应以提供基本的有质量的学前教育服务为目标，示范园与普通公办幼儿园之间财政投入的过大差异不利于普惠性学前教育发展目标的实现。

第三节　学前教育财政资金使用效率评价

　　由于学前教育阶段目前在我国不属于义务教育范畴，除西藏自治区以及中西部部分贫困边远县区如陕西省宁陕县、高陵县，山西省长治县等在中央的大力支持下实现了学前三年免费学前教育，其学前教育投入全部来自财政资金之外，其他绝大部分地区，学前教育仍然处于各级教育的最薄弱环节，财政投入严重不足。在财政投入有限的情况下，如果能够提高财政资金使用效率，亦能更好地保障学前教育发展目标的实现，那么现行制度安排下，学前教育财政资金使用效率如何？本节构建相应的指标体系对学前教育财政资金的使用效率进行实证分析。

一、评价方法

　　教育投入与产出的关系是教育投入内部效率的体现，教育投入产出效率分析既可以采用教育生产函数法研究影响产出的关键因素，也可用数据包络分析、主成分分析法等方法来测算教育资源的使用效率。这里我们对学前教育投入产出效率的估计主要从教育投入结果的角度，用非参数效率评估方法数据包络分析法考察学前教育财政投入的效率。

　　由美国运筹学家查尔斯和库伯（Charnes and Cooper, 1978）提出的数据包络分析法（DEA）近年来广泛应用于教育支出效率评价，在评价教育支出效率方面，由于能够较好地契合教育支出投入产出的复杂性，因而收到了很好的评价效果。传统的 DEA 模型可以直接对决策单元的有效性进行评价，凡是效率得分不为 1 即可视为非效率决策单元，而效率得分等于 1 即为有效决策单元，因此只能通过测算将需要评价的决策单元区分为有效决策单元和非效率决策单元，但在有效决策单元之间却不能进行效率比较，为了弥补这一缺陷，后期对之进行了改进，出现了"超效率"（Super - Efficiency）DEA，超效率 DEA 能够将有效决策单元的效率高低进行比较排序，可以更全面地对投入产出效率进行衡量。从评价过程来看，传统 DEA 模型往往将任何与有效前沿面之间的偏离都视为管理无效率导致，但在实践中，决策单元的效率还受到不可控的环境因素以及随机误差项的影响，传统 DEA 模型得出的效率值无法剔除环境因素和随机误差项的影响，往往是有偏的。为剔除外生环境变量对决策单元效率评价结果的影响，20 世纪 80 年代法尔（Fare）等人提出了一阶段 DEA 方法将外部因素直接引入 DEA 模型，作为投入或产出项，并依据其对结果的影响方向决定将外部环境变量归入投入或产出，但在实际评估过程中由于影响方向不能提前确定而难以运用。在此基础上，两阶段 DEA 方法利用经典的 DEA 模型计算 DMU 的初始效率得分构建 Tobit 或 Logistic 回归模型，以确认影响效率的外部因素，但仍无法将其影响剔除。福瑞德（Fried，1999）等为更好地分析和剔除环境变量对决策单元效率的影响，利用四阶段 DEA 方法可对外生环境变量进行分析和剔除，使得 DEA 效率评估更为准确。由于教育部门有其特殊性，教育投入产出效率受很多环境因素影响，如地区间经济发展水平差异，地方政府对教育重视程度的差异，人口密度等自然条件差异以及不同地区教育发展基础等，环境因素很大程度上会使得教育投入产出效率与真实效率之间出现偏差，因此我们这里用四阶段 DEA 方法分析和剔除环境变量对各地区学前教育投入产出效率的影响，更为准确的分析和评价各地区的学前教育投入产出效率。当然四阶段 DEA 方法虽然能够分析和剔除环境因素对决策单元效率值的影响，但是并未考虑随机误差项，福瑞德（Fried，2002）把 Tobit 回归模型调整为 Cost SFA 模型，将误差项分解为服从标准正态分布的统计误差项和服从半正态分布的无效率项，但是为确保误差项估计的一致性，这一方法要求较大的样本容量，更为适用于面板数据。考虑到这里仅为对我国 31 个省份的年度学前教育投入产出效率进行评价，并利用松弛量的信息，进一步对外部环境因素进行分析和剔除，因此，结合我们评价的目的以及方法的适用性，这里我们采用四阶段 DEA 方法对学前教育财政资金使用效率进行分析。

二、评价指标选取与评价步骤

（一）指标的选取

学前教育投入产出指标的选择要能够较好地反映评价目的。对于教育投入产出效率的评价一般从人力、物力和财力资源三个方面选择投入指标。考虑到这里我们评价目标主要是为评价学前教育财政资金投入产出效率，参照已有研究，我们选取学前教育预算内人员经费支出、预算内公用经费支出以及预算内基建费支出三个投入指标。

在产出指标的选择上，考虑到目前财政对学前教育进行投入的主要目的有二，一是扩大学前教育资源，二是提高学前教育质量，因此，结合评价目的以及数据的可得性，拟定三个产出指标如下：幼儿园数、学前教育阶段在园幼儿数以及学前教育专任教师数，具体如表 5-15 所示。

表 5-15 学前教育财政投入效率评价指标初选

投入/产出指标	评价内容	具体指标
投入指标	学前教育人力投入	预算内人员经费
	教学设施投入	预算内公用经费
	基建投入	预算内基本建设费
产出指标	学前教育发展规模	幼儿园数
	学前教育发展规模	在园幼儿数
	学前教育师资力量	专任学前教育教师数

各地区学前教育财政资金使用效率评价投入产出指标的原始数据均来源于相关年份的《中国教育统计年鉴》以及《中国教育经费统计年鉴》，变量的统计描述如表 5-16 所示。

表 5-16 投入与产出变量的描述性统计

指标类型	变量	均值	最大值	最小值	标准误
产出指标	幼儿园数（个）	6405	18528	613	4612
	在园幼儿数（人）	1256352	3545757	73405	940795
	学前教育专任教师数（人）	53661	188182	2091	42611
投入指标	预算内人员经费（元）	1100534	3539512	133822	857689
	预算内公用经费（元）	984231	3124392	169405	677139
	预算内基本建设费（元）	83304	263790	0	62384

（二）评价步骤

经典 DEA 模型实际运用中，往往忽视了效率结果中的投入和产出松弛量信息，福瑞德等人在经典 DEA 模型的基础上开发了四阶段 DEA 模型，有效地利用了经典 DEA 模型中的松弛量信息，分析和剔除环境因素对决策单元效率的影响，得出了更为准确的决策单元的效率得分。按照四阶段 DEA 模型，这里将我国 31 个省份视为不同的决策单元（DMU），对各省份 2013 年度学前教育财政资金使用效率进行评价，基本评价步骤如下：

第一阶段：测算不考虑外生环境变量影响的学前教育财政资金的投入产出效率。即利用传统 DEA 模型得到初始效率得分 $\hat{\theta}$ 以及非射线投入松弛量 s^-。

第二阶段：构建 I 个 Tobit 回归模型（I 为投入指标的数量）。考虑到直接采用 OLS 回归有可能因为松弛量大于或等于 0，从而产生偏误，因此采用受限因变量的 Tobit 模型回归。需要注意的是，解释变量不同时，应采用联立方程组模型进行估计；对于解释变量相同的情况，应对每个方程分别作估计（Fried，1999）[1]。这里我们设定的学前教育财政资金使用效率的投入指标为三个，因此构建三个 Tobit 回归模型，具体如下：

$$S_{ik} = \alpha_i + \beta_i E_{ik} + \mu_i \qquad (5.9)$$

其中，$i = 1, 2, \cdots, I$；$k = 1, 2, \cdots, N$。

上述模型中 S_{ik} 作为被解释变量，为初始 DEA 模型计算得到的第 i 项投入的总松弛量（等于射线松弛量与非射线松弛量加总），其计算公式可表示为 $S_{ik} = (1 - \hat{\theta}) x_{ik} + s_{ik}^-$，式中 x_{ik} 为投入的初始值，$\hat{\theta}$ 为初始效率的分；E_{ik} 为解释变量，即各个决策单元的环境变量向量；α_i、β_i、μ_i 分别为常数项、模型环境变量的系数向量以及随机误差项。

第三阶段：调整学前教育财政资金初始投入变量。即根据投入松弛量的拟合值 $\hat{S}_{ik} = \alpha_i + \beta_i E_{ik}$ 调整初始投入变量 x_{ik}，将外部环境较好的地区因环境优势而获得的效率水平进行"剔除"。由此得出的各省份学前教育财政投入效率得分即为各省份均处在同一"最差环境"平台的效率得分，此时效率得分即为过滤了环境因素的管理效率的差异，如果不考虑随机误差，那么这一效率得分才是决策单元最真实效率体现。具体调整公式为：

$$x_{ik}^{adj} = x_{ik} + \left[\mathrm{Max}^k \{\hat{S}_{ik}\} - \hat{S}_{ik} \right] \quad i = 1, 2, \cdots, I, \ k = 1, 2, \cdots, N$$

$$(5.10)$$

其中，$\mathrm{Max}^k \{\hat{S}_{ik}\}$ 代表最差外部环境集，当 DMU 处于这个最差环境集时，$\mathrm{Max}^k \{\hat{S}_{ik}\} - \hat{S}_{ik} = 0$，则调整后的投入变量 x_{ik}^{adj} 与初始值 x_{ik} 相等；当

① Fried, H. O., Schmidt, S. S. and Yaisawarng, S., Incorporating the Operating Environment into a Nonparametric Measure of Technical Efficiency, *Journal of ProductivityAnalysis*, Vol. 12, (1999), pp. 249 – 267.

处于较好的环境集时，$Max^k\{\hat{S}_{ik}\} - \hat{S}_{ik} > 0$，则 $x_{ik}^{adj} > x_{ik}$，调整后的投入变量大于初始值。产出一定时，初始投入值的提高会降低效率得分，也就意味着剔除了由于处于优势环境产生的效率偏误。

第四阶段：测算剔除环境因素后的更为真实的效率得分。将调整后的学前教育投入数据和初始产出数据，利用传统 DEA 模型对各省份学前教育财政资金使用效率进行再次测算，得到新的效率值 $\hat{\theta}^o$。

三、我国学前教育财政资金使用效率的实证分析

根据前文所述投入产出指标，这里运用 2016 年全国各省份的学前教育财政投入、产出数据，利用 DEAP2.1 软件，测算出各个省份学前教育财政资金使用初始效率值，各个省份的综合效率、规模效率与纯技术效率的具体效率得分如表 5 – 17 中第（1）~（4）列所示。

表 5 – 17　　　　　学前教育财政投入效率 DEA 测算结果

地区	初始 DEA 测算结果				环境变量调整后的 DEA 测算结果			
	（1）	（2）	（3）	（4）	（5）	（6）	（7）	（8）
	crste	vrste	scale	return	crste	vrste	scale	return
北京	0.215	0.321	0.67	drs	0.243	0.497	0.490	drs
天津	1	1	1	—	0.146	0.822	0.177	irs
河北	0.961	0.973	0.987	irs	0.981	0.933	0.923	irs
山西	0.892	0.91	0.981	irs	0.605	0.820	0.738	irs
内蒙古	0.363	0.557	0.651	irs	0.366	1.000	0.347	irs
辽宁	1	1	1	—	0.761	0.983	0.774	irs
吉林	0.969	0.986	0.983	irs	0.524	0.986	0.531	irs
黑龙江	1	1	1	—	1.000	0.772	1.000	—
上海	0.254	1	0.154	irs	0.123	0.796	0.269	irs
江苏	1	1	1	irs	0.488	1.000	0.488	irs
浙江	0.403	1	0.403	drs	0.391	1.000	0.391	irs
安徽	0.674	1	0.674	drs	0.497	1	0.466	irs
福建	0.487	0.493	0.988	irs	0.397	0.532	0.746	irs
江西	1	1	1	—	0.853	0.867	0.983	irs

续表

地区	初始 DEA 测算结果				环境变量调整后的 DEA 测算结果			
	(1)	(2)	(3)	(4)	(5)	(6)	(7)	(8)
	crste	vrste	scale	return	crste	vrste	scale	return
山东	0.678	1	0.678	drs	0.960	1.000	0.960	drs
河南	1	1	1	—	1.000	1.000	1.000	—
湖北	1	1	1	—	0.758	0.968	0.783	—
湖南	1	1	1	—	1.000	1.000	1.000	—
广东	0.982	1	0.982	drs	1.000	1.000	1.000	—
广西	0.923	0.925	0.998	irs	0.783	0.835	0.937	irs
海南	0.934	0.988	0.946	irs	0.220	0.884	0.249	irs
重庆	0.883	0.885	0.997	irs	0.387	0.746	0.518	irs
四川	0.424	0.882	0.481	irs	0.531	1.000	0.462	irs
贵州	0.718	0.742	0.968	irs	0.520	0.923	0.563	irs
云南	0.613	0.62	0.989	irs	0.488	0.834	0.584	irs
西藏	1	1	1	—	0.335	0.890	0.377	irs
陕西	0.439	0.676	0.649	irs	0.501	0.765	0.567	irs
甘肃	0.452	0.986	0.458	irs	0.374	1.000	0.258	irs
青海	0.825	0.906	0.91	irs	0.246	0.576	0.427	irs
宁夏	1	1	1	—	0.233	1.000	0.233	irs
新疆	0.274	0.287	0.954	irs	0.240	0.347	0.691	irs
全国均值	0.740	0.875	0.838		0.546	0.864	0.611	

从初始效率得分来看，31 个省份中仅有天津、辽宁、黑龙江、江西、河南、河北、湖南、西藏和宁夏等省份综合效率得分为 1，大部分省份都是非效率的，有效省份的比重很低，不同省份学前教育财政资金使用综合效率评价得分差异十分明显，得分相对较低的地区如北京综合效率得分仅为 0.215，而得分相对较高的地区如河南、江西等省综合效率评价得分达到 1。具体而言，从纯技术效率得分来看，有天津、辽宁、上海、江苏、浙江、安徽等 15 个省份的 VRS 效率得分等于 1。各地区的纯技术效率得分差异较大，有 3 个地区得分低于 0.5。从规模效率得分上看，31 个省份

中只有天津、辽宁、江西、河南等9个省份达到有效的规模水平。

　　对比来看，"纯技术效率"与"规模效率"之间并不存在明显的线性关系，很多地区"纯技术效率"与"规模效率"存在明显的差异，如上海、江苏、浙江、安徽、山东、青海等省份，纯技术效率达到1，但是规模效率得分却相当低，青海、上海、浙江三省份的规模效率得分甚至不足0.5。而云南、新疆等地区"规模效率"得分相对较高，均接近于1，但这些省份的纯技术效率的分却相对较低。根据测算出来的综合效率、规模效率与纯技术效率得分可将全国归为四个类型地区：第一类地区"纯技术效率"和"管理效率"得分均为1，综合效率达到有效值，学前教育财政资金使用率较高；第二类为纯技术效率较高，但规模效率相对较低的省份，如上海、山东等，这些省份绝大部分具有规模报酬递增的技术特征，也就是说其规模无效率主要由于学前教育财政投入不足造成；第三类为规模效率相对较高，但纯技术效率相对较低的地区，如福建、云南等地区。第四类地区如北京、新疆等地区，这些省份的技术效率和规模效率得分均不高，且技术效率和规模效率的份也较为接近，因此综合效率得分相对较低。

　　初始DEA效率得分由于受外生环境变量的影响，并不能准确地反映各省份学前教育财政资金使用的真实效率。下面我们根据前文所述福瑞德提出的四阶段DEA方法，利用Tobit模型分析环境变量的影响，并利用回归结果对投入松弛量进行调整，以"过滤"外生环境变量对效率得分的影响，得到更为真实的各省学前教育财政投入产出效率。本书选取五个变量作为环境变量（见表5－18），具体分析如下。

表5－18　学前教育财政投入效率评价投入与产出环境变量的描述性统计

类型	变量	均值	最大值	最小值	标准误
环境变量	人均GDP	47047	99607	22922	20777
	城镇化率	54.4500	89.6000	23.7100	13.9400
	区域哑变量（东部＝1）	0.3226	1	0	0.4752
	人口密度	0.0451	0.3830	0.00025	0.0704
	平均受教育年限	8.8148	11.5540	5.5108	1.0073
	财政分权度	0.4388	0.8141	0.0822	0.1717

（1）地区人均国内生产总值（GDP），用以代表地区经济发展水平和富裕程度。地区富裕水平会对学前教育公共支出效率产生重要影响，一方面，富裕地区的居民客观上更能够给地方政府施加压力，要求政府提供更有效率的公共服务；且经济发达地区，容易吸引优秀师资，有利于教育公共服务的供给。但另一方面，经济发展水平高的地区，学前教育发展基础较好，幼儿园建设成本与生均成本也相对较高，同样的投入对于扩大教育资源的效果可能不如欠发达地区明显，且有可能会产生资源浪费。

（2）城镇人口所占比重，用以代表地区的城镇化水平。一般来说，在我国学前教育长期以来向城市倾斜的发展思路下，城市学前教育发展水平普遍高于农村，城市化水平越高，学前教育发展基础越好，已有的学前教育资源相对丰富，且城市与农村相比，也更有利于吸引优质教育资源，提高教育服务质量，地区公共教育支出效率也相对较高。

（3）地区人口密度，用地区常住人口数量除以地区面积计算而来。已有国外研究认为地区人口对公共服务支出效率有较大影响，如格罗斯曼（Grossman，1999）等学者认为地方政府的管理和监督成本会随地区的人口规模扩大而降低，具有"规模效应"。也有学者如洛伊卡宁（Loikkanen，2006）认为人口密度过大的地区由于交通等原因可能产生"拥挤效应"，对政府公共支出效率不利。由于学前教育的特殊性，人口密度相对较大的地区，学前教育供给平均成本会由于规模经济而降低，有利于提高公共支出效率，而人口密度小的地区，生均成本会相对较高，学前教育公共支出的效率可能相对较低。

（4）地区教育水平，用地区平均受教育年限作为代表，用以衡量地区教育发展基础。理论上教育发展基础越好的地区，学前教育发展中能够利用和依托的教育资源越丰富，学前教育公共支出效率相对较高。

（5）财政分权程度，用本级财政收入占地区财政收入的比重予以衡量，用以代表地方政府自给能力。西方主流的财政分权理论认为联邦制下的财政分权能够通过地方政府间的竞争提高教育等地方公共品供给效率[①]。而且教育的投入和发展质量能够通过影响房产价值从而影响当地经济增长与政府收入，因而以财产税为基础的教育财政能够激励地方政府提高教育

[①]　Tiebout, Charles, A pure theory of localexpenditures, *Journal of Political Economy*, Vol. 64, (1956), pp. 416 – 424.

公共服务的供给效率①②。巴兰凯（Barankay，2007）从实证的角度验证了财政分权对瑞典的教育部门服务效率提升的积极作用。霍斯比（Hoxby，1995）等学者以美国为样本的经验研究也证明，教育财政集权对提高教育投入的生产效率是不利的③④。但同时也有学者认为，受制于发展中国家地方政府管理水平、公共信息不透明以及民主监督不力等因素影响，财政分权可能导致公共部门更大程度的浪费，对提高效率反而不利。具体到我国，地方政府更为重视经济增长，简单的分权体制在缺乏适度的中央政府干预和适当的机制设计下，可能会存在效率损失。因此，考虑到财政分权对教育支出效率关系十分密切，财政分权程度可能是影响学前教育投入产出效率的重要变量。

（6）设置地区哑变量，东部地区为 1，中西部地区为 0。

用学前教育财政投入松弛量之和，即（$i = 1$，2，3；$k = 1$，2，…，31）作为被解释变量，以外生环境变量作为解释变量，借助 Tobit 回归模型估计学前教育财政投入外部环境变量与投入松弛量之间的关系。

投入松弛量是地方政府通过改进运作方式，达到有效率的产出水平可以节约的投入量，回归结果中如果解释变量回归系数为正，且统计上显著，即环境变量与投入松弛量正相关，表明该环境因素不利于学前教育财政投入效率提高；反之如果回归系数为负，即环境变量与投入松弛量反相关，表明该环境因素有利于学前教育财政投入效率提高。

由表 5 - 19 所列回归结果可见，人均国内生产总值的回归系数为正，且通过了显著性检验，说明经济发达地区所处的环境并不利于学前教育财政投入效率的提高。这一方面可能由于经济发达地区扩大学前教育资源的成本较高，另一方面经济发达地区学前教育发展基础较好，有可能会产生资源浪费的情况。

---

① Hoxby, Caroline Minter, Is There an Equity – Efficiency Trade – Off in School Finance? Tiebout and a Theory of the Local Public Goods Producer, *NBER Working Paper*, 1995, pp. 5265.

② 冯皓、陆铭：《通过买房而择校：教育影响房价的经验证据与政策含义》，载于《世界经济》2010 年第 12 期。

③ Peltzman, Sam, The Political Economy of the Decline of American Public Education, *Journal of Law and Economics*, Vol. 36, (1993), pp. 331 – 370.

④ Peltzman, Sam, Political Economy of Public Education：Non – College Bound Students, *Journal of Law and Economics*, Vol. 39, (1996), pp. 73 – 120.

表 5 - 19   投入松弛量 Tobit 模型回归结果

解释变量	被解释变量		
	预算内学前教育人员 经费松弛量	预算内学前教育公用 经费松弛量	预算内学前教育基建 支出松弛量
常数项	− 446625. 3 (− 0. 444991)	31111. 18 (0. 045516)	416446. 2 *** (6. 154444)
地区人均 *gdp*	19. 36213 * (1. 816857)	11. 59073 (1. 597053)	1. 471867 ** (2. 048605)
地区城镇化率	− 66227. 75 ** (− 2. 789969)	− 37145. 74 ** (− 2. 297786)	− 963. 1243 (− 0. 601816)
地区哑变量	39986. 05 (0. 172107)	66578. 25 (0. 420788)	− 21570. 31 (− 1. 377110)
人口密度	9306184 *** (5. 850332)	3421036 *** (3. 157967)	50284. 79 (0. 468886)
地区教育发展水平	438278. 1 ** (2. 264651)	235273. 1 * (1. 785110)	− 41560. 75 *** (− 3. 185349)
财政分权度	− 1668880. *** (− 3. 362431)	− 1204692 *** (− 3. 564061)	− 71364. 40 ** (− 2. 132710)
R^2	0. 712527	0. 516787	0. 689814
Adjusted R^2	0. 637534	0. 390731	0. 608896

注: *** 、 ** 、 * 分别表示通过 0. 01、0. 05、0. 1 显著性检验，括号内为 *T* 统计量。

地区城镇化率回归系数为负且十分显著，说明城镇人口比重较高的地区所处的环境有利于学前教育财政投入效率的提高，城市与农村相比更容易吸引优质教育资源，财政投入无论是对于教育资源扩大还是教育质量的提高都会有较为明显的效果，投入效率相对较高。人口密度和人口受教育年限系数均为正，且通过显著性检验，说明人口密度大的地区和受教育水平高的地区所处环境不利于学前教育投入效率的提高，人口密度大的地区与居民受教育水平高的地区一般多为人口集中的城市，土地资源相对稀缺，而前期城市规划缺乏科学性，未预留教育用地，随着城镇化的快速推进势必会带来人口密度的继续增大，尤其是一些外来人口和高校毕业生集中的新建城区和街道，由于在城市总体规划上未提前对幼儿园的布局进行科学规划，新建幼儿园相对较为困难或者成本很高，有限的学前教育财政投入对于增加幼儿园数量方面效果可能并不明显，人口密度相对较小的农村地区，财政投入的增加对于增加幼儿园数量和吸纳在园幼儿方面效果相对更为明显。

财政分权度回归系数为正且十分显著，表明财政自给程度高的地区所处环境更有利于学前教育财政投入效率的提高，在目前的学前教育管理和投入体制下，地方政府承担了大部分学前教育投入责任，财政分权度高的地方政府，财政自给能力相对较强，对学前教育的重视程度也相对较高，能够从财政投入中分给学前教育的部分也相对较多，无论是地方财政投入资金还是中央专项转移支付资金使用效率相对较高；而财力自给能力差的地方政府由于财力不足也不愿承担学前教育支出责任，第一期"学前教育三年行动计划"中很多地区扩大学前教育资源的"校舍改建类"项目主要依靠中央财政支持，地方财政无力配套补助，也无法保障应有的后期投入，从而导致中央转移支付也未能达到应有的效果，财政资金使用效率较低。地区虚拟变量回归系数并不显著，说明东部地区与中、西部地区的区域环境差异对于政府学前教育财政投入效率提高关系不大。

根据投入松弛量的拟合值 $\hat{S}_{ik} = \alpha_i + \beta_i E_{ik}$，对学前教育财政投入初始投入变量按照 $x_{ik}^{adj} = x_{ik} + [\text{Max}^k \{\hat{S}_{ik}\} - \hat{S}_{ik}]$ 的调整公式进行调整，进而将调整后的学前教育财政投入数据与初始产出数据，利用 DEA 模型，最终再次得出四阶段 DEA 模型调整后的学前教育财政投入效率得分，具体见前文表 5-17 第（5）~（8）列所示。

与调整之前的效率值相比较，仅有 4 个省份达到有效，27 个省份都处于无效状态。大部分地区调整后的 VRS 纯技术效率得分都有不同程度的提高，表明在初始状态下，很多地区生产效率低下与不利的环境因素有关。其中西部地区增幅较大，说明西部地区学前教育财政投入在初始 DEA 模型下生产效率低下相较于东中部地区更大程度上归因于不利的环境因素，中部地区 VRS 平均得分反而略有下降。虽然调整后的 VRS 纯技术效率有效省份数量有所减少，从原来的 15 个减少到 11 个，但是各省之间 VRS 效率值差异有很大程度缩小，如北京、内蒙古、上海、陕西四个地区，初始 DEA 模型计算的 VRS 得分都非常低，与其他省份差异较大，但是调整后 VRS 值与其他省份之间差异明显缩小，说明如果不考虑环境因素，处于有利环境的省份 VRS 得分存在向上的偏误，反之处于不利环境下的省份，其 VRS 得分则存在明显向下偏误，通过环境变量的调整，各省份之间纯技术效率得分的偏误减少，VRS 效率得分差异有所缩小。除个别省份外，大部分地区调整后的规模效率得分均出现大幅度下降，规模效率的平均值从初始 DEA 模型下计算的 0.838 降至调整后的 0.611，下降了 0.227，东中西部地区规模效率平均值均出现了下降，其中西部地区下降幅度最大。规模效率有效省份的数量从 9 个降至 4 个，调整后除 5 个省份处于规模报酬不变外，其余 26 个省份均为规模报酬递增状态，无省份处于规模报酬递减状态，说明在控制了环境因素的情况下，绝大部分地区学前教育财政投入严重不足。由于调整后的规模效率出现了大幅度下降，从而导致各省份综合效率得分与调整前相比也有一定程度下降，从平均值来看，综合效率得分从初始 DEA 模型计算的 0.74 降至调整后的 0.546。

可见，利用四阶段 DEA 方法计算得出学前教育财政投入的 VRS 与规模效率值与初始 DEA 模型计算粗的效率值存在一定程度的差异。如果不控制环境因素，DEA 模型对各省份学前教育财政投入综合效率存在高估，其中对各决策单元的规模效率存在明显的高估。调整后的学前教育财政投入综合效率出现一定程度的下降，有效省份数量有所减少，所占比例从之前的 29.03% 降至 12.90%。与初始 DEA 模型计算效率值相比，东部和西部地区的 VRS 平均得分有所上升，中部地区 VRS 得分小幅下降；东中西部地区的平均规模效率得分均出现大幅下降，尤其是西部地区降幅最大。如果剔除环境变量对学前教育财政投入效率的影响，调整后的综合效率得分仅为 0.562，调整后绝大部分地区学前教育财政投入处于规模报酬递增阶段，没有省份处于规模报酬递减状态，说明我国地区学前教育财政投入未达到最优规模。综合效率评价结果表明，我国学前教育财政投入在扩大学前教育规模和提升学前教育质量方面未能达到其应有的效果，财政资金使用效率很低。

第四节　现行学前教育财政制度存在的问题

以上对我国学前教育财政制度运行绩效的分析可见，学前教育财政制度经过 2010 年以来的调整，已经取得了一定的进展，但仍存在一些问题，主要体现为财政投入总量不足、财政资源配置不公平以及财政资金使用效率偏低，现行制度安排还难以保障学前教育普及普惠发展目标的实现。

一、学前教育财政投入总量不足

从学前教育财政充足性评价可见，目前我国学前教育财政投入水平严重不足，远不能保障普及普惠的学前教育发展目标的实现。从投入角度看，学前教育财政投入无论与其他教育级次相比还是与其他国家相比，都处于较低水平。我国学前教育总经费以及财政性教育经费随着政府对学前教育重视程度的提高以及财政性教育投入整体水平的提高而快速增长。由于学前教育财政投入基数非常小，因此虽然增幅十分可观，但学前教育预算内教育经费在财政性教育总经费支出和财政支出中所占的比重却非常低。学前教育财政投入受到国家教育政策导向的影响较大，学前教育财政性经费在 2010 年之前规模基本无太大变化，2010 年以来在国家大力发展学前教育的背景下，学前教育预算内教育经费的规模与增速才开始出现大幅度提高。与非义务教育阶段的其他教育级次相比，学前教育在预算内教育总经费中所占份额明显偏低。与其他国家相比，无论是学前教育公共支出占国内生产总值的比重、占财政支出的比重还是占公共教育经费的比重都明显偏低。从结构上看，学前教育预算内事业费与基本建设支出均实现了快速增长，事业费支出占预算内教育经费支出的规模较大，预算内事业费中人员经费占比较大，公用经费的比重偏小，学前教育三年行动计划中，中央财政拨付大量专项资金用于学前教育校舍改造，公用经费比重有了大幅度提高。

从产出角度来看，学前教育财政投入目前并不能满足达到相应的规模与质量标准所需的水平。就学前教育发展规模来看，无论是从我国学前教育的规划目标，还是从与国外先进国家学前教育发展规模对比来看，我国学前教育的发展水平都有待提高。就质量而言，学前教育财政投入目前并不能满足达到相应的规模与质量标准所需要的水平，我国学前教育财政投入还需进一步增加。

二、学前教育财政资源配置不均衡

从制度运行的公平性来看，目前我国学前教育财政资源在地区之间、城乡之间以及不同性质的学前教育机构间配置都十分不均衡，难以保障学前教育公平。

就地区差异而言，无论是不同经济发展水平的省份之间，还是省内不同县（区）间，财政资源配置都存在较大差异。2011 年以来中央财政对中西部贫困地区学前教育的重点投入一定程度上缩小了东、中、西部区域之间的投入差异，但区域内部差异却逐年扩大。在三大区域内部，东部地区地方政府学前教育财政投入水平及其增长速度存在很大差异，导致东部地区区域内部差异较大，且呈继续扩大趋势。中央政府对西部地区贫困省份的重点投入一定程度上缩小了西部地区各省份之间的投入差异，西部地区组内差异相对较小；而中部地区处于一种整体的低水平，区域内部各省份投入水平普遍较低，远低于东部地区，甚至低于西部很多省份。整体上看，我国学前教育财政投入的省际差异问题仍十分凸显。就省内各区县而言，不同区县对学前教育的投入水平与投入政策差异较大。经济发展整体水平较高，财力相对较好的县（区），第一期学前教育三年行动计划实施以来，地方财政对学前教育投入增长较快，或通过新建公办幼儿园或通过逐步提高普惠性民办幼儿园补贴的方式，有效扩大了普惠性学前教育资源，入园难、入园贵问题有所缓解。经济发展水平相对较差的区（县），地方财力维持现有公办幼儿园正常运转尚且压力重重，地方本级财政无力新增公办幼儿园或者对民办幼儿园进行补贴，公办幼儿园数量不足，民办幼儿园几乎完全依靠收费维持，普惠性学前教育资源十分有限，"入园难""入园贵"问题依然十分严峻。在湖北省 J 区调研过程中，发现与公办幼儿园相比，该区民办幼儿园的办学质量参差不齐，尤其是在教师素质和教学质量上，除个别位于高档社区内的收费较贵的"贵族园"外，均与公办园存在一定差距．很多有办学资质的普惠性民办幼儿园在占地面积、办学规模、教学设备方面虽然已达到武汉市统一要求的标准，但教师素质和教学质量上难以保证，以本次调研的四所有资质的民办幼儿园为例，其教师中学历水平普遍较低，持有教师资格证的人数比例远低于公办幼儿园，在教学方式和内容上，很多幼儿教师没有经过系统的幼儿教育学习，并不能很好地运用武汉市建议使用的"活动包"进行教学。究其原因，民办幼儿园前期资金投入均来自私人，筹资成本较高，而收费标准虽有物价局审核，但除了个别高档社区中的幼儿园外，普惠性民办园的收费与公办园差距不大，没有充足的资金安排教师支出。并且教师素质和教学质量缺乏相关考核标准，在利益驱使下，民办幼儿园必然会雇佣素质较低的教师以节约成本。2011 年以来，一些经济发展水平较差的中西部贫困区（县）受益于第一期学前教育三年行动计划期间中央财政对中西部农村学前教育发展的支持政策，能够获得大量中央专项转移支付资金，地方政府通过利用中央专项转移支付资金兴建了一批乡镇中心幼儿园，公办幼儿园数量有所增加。但政府对普惠性民办幼儿园投入有限，在城镇人口聚居区，普惠性学前教育资源仍然较为紧缺，地方财政在保障现有普惠性学前教育资源运转方面压力较大，且学前教育发展质量令人担忧。

就城乡差异而言，近年来我国政府对农村学前教育的重视程度有所提高，在第一期学前教育三年行动计划中对农村学前教育的发展予以了重点支持，中央财政专项转移支付也重点向农村倾斜。从 2010 年开始实施国家农村学前教育推进项目；并要求地方各级政府应专门安排资金，"重点建设农村幼儿园。乡镇和大村独立建园，小村设分园或联合办园"。在 2012 年教育部颁布的《国家教育事业发展第十二个五年规划》中再次强调了要加大对农村学前教育的支持，提出中西部农村地区加大新建与改扩建乡镇中心幼儿园以及村幼儿园，尤其是加强人口较为集中的村幼儿园建设。这些措施在一定程度上增加了农村地区乡镇中心幼儿园的数量，农村幼儿园在园幼儿数与毛入园率有了一定程度的提高。但是鉴于农村学前教育积贫积弱的现状以及日益增长的农村学前教育需求，目前的投入水平远远不够，无论是从城乡学前教育发展的总体情况还是从城乡学前教育师资力量来看，学前教育的城乡差异尤其是学前教育发展质量上的差异问题仍然十分突出。第一期学前教育三年行动计划中，中央专项转移支付重点向中西部农村地区倾斜，农村学前教育经费投入水平，尤其是财政性经费投入水平有了一定的提高，但是单纯依靠专项投入的增加难以保障农村学前教育投入的连续性，也无法从根本上解决农村学前教育积贫积弱的现状。

此外，学前教育资源分配不公平还体现在同一管辖区内公办与民办幼儿园、示范园与普通幼儿园以及不同隶属主体的幼儿园之间。目前中国的教育机制下，资源分配的不均等是一种环环相扣的链条状态，学前教育作为教育的初始阶段，其财政投入分布不均衡不仅与教育公平原则相悖，而且直接影响后续教育阶段公平均衡目标的实现。如果从学前教育阶段重视资源分配尤其是公共资源配置的公平性，无疑可以在以更公平的方式和更有效率的途径实现学前教育普及普惠目标的同时，促进教育资源的整体公平。

三、学前教育财政资金使用效率偏低

从财政资金使用效率来看，我国学前教育财政资金整体使用效率偏低。有限的财政资金投入对于幼儿园数量的增加、在园幼儿规模的扩大以及学前教育质量的提高方面效果有限，学前教育财政资金未能达到应有的使用效果。前文各省份学前教育财政资金使用效率测算结果显示，初始效率得分有效省份的比重仅为 25.81%。相对而言，中东部地区学前教育财政资金综合效率的分较高，西部地区大部分省份综合效率得分较低。不同省份学前教育财政资金使用综合效率评价得分差异十分明显。平均而言，地方政府对于学前教育若能达到有效率的运作，或达到最优投入规模，可有效节约财政资金的投入。从纯技术效率得分来看，各地区的纯技术效率得分差异较大；从规模效率得分上看，仅有少数省份达到有效的规模水平，绝大部分地区政府学前教育投入的规模无效率是由于学前教育财政投入没能达到最优规模。各省份学前教育财政投入"纯技术效率"与"规模效率"之间并不存在明显的线性关系，很多地区两者存在明显差异。城镇人口比重较高的地区所处的环境有利于学前教育财政资金使用效率的提高。人口密度较大的地区和受教育水平高的地区所处环境并不利于学前教育资金使用效率的提高，人口密度相对较小的农村地区，财政投入的增加对于增加幼儿园数量和吸纳在园幼儿方面效果相对更为明显。财政自给程度高的地区所处环境更有利于学前教育财政投入效率的提高，而财力自给能力差的地方政府对于第一期"学前教育三年行动计划"中中央政府扩大学前教育资源的"校舍改建类"项目无力配套补助，无法保障应有的后期投入，从而导致中央转移支付也未能达到应有的效果。剔除环境因素影响后更为真实的学前教育财政资金使用效率出现一定程度的下降，达到效率有效的省份所占比例都出现了一定程度的下降。可见，整体上看我国学前教育财政资金使用效率偏低，未能达到有效扩大学前教育规模、提升学前教育质量的效果。

第六章

我国现行学前教育财政制度
存在问题的原因分析

由前文对我国现行学前教育财政制度的运行绩效评价可见，2010 年以来我国政府虽一再强调学前教育的重要性，也加大了对学前教育的投入力度，但现行学前教育财政制度还存在诸多问题，当前的制度安排难以保障学前教育财政投入的充足、公平与效率。按照新制度经济学的核心观点，制度运行绩效与制度的具体安排息息相关，本章基于现行学前教育财政制度安排对学前教育财政投入水平、投入公平性与投入效率的影响，从理论和实证两个层面分析当前我国学前教育财政制度存在问题的原因。

第一节　学前教育财政投入不足的成因

在当前"以县为主"的学前教育财政投入体制下，整体上学前教育财政支出责任主体以县（区）政府为主，部分省份省一级政府投入了少量的资金，中央财政主要对中西部农村地区以及学前教育薄弱环节以专项转移支付形式进行投入。也就是说学前教育可获得的财政投入主要来源于县（区）级政府投入，地区学前教育财政投入充足与否无外乎取决于地方政府的投入能力与投入动力。从制度角度分析现行制度安排对地方政府投入能力与投入动力的影响无疑可以更为深刻地探求当前我国学前教育财政投入不足的深层次原因。

一、地方财政困难与学前教育投入重心偏低

地方财力决定了地方政府对学前教育投入的能力，理论上，地方财力

越充裕，学前教育的财政投入水平也越高。在以县为主的学前教育财政体制下，学前教育财政投入水平与地方财力充裕程度密切相关，分税制改革以来地方财政困难与学前教育投入重心偏低是造成我国学前教育财政投入不足的重要原因。

（一）地方财力对学前教育财政投入充足性的影响

从我国财政体制的变迁来看，20世纪80年代以分权为导向的分级预算管理体制改革使地方政府成为独立的一级预算主体，允许地方政府在完成额定的上缴基数后可以支配剩余的税收收入。与原有财政体制相比，在提高地方政府自主性的同时，也严重削弱了中央财力，中央财政收入占财政收入的比重大幅下降。鉴于此，1994年我国开始实施分税制改革，明确划分不同层级政府的财政资源，按照税种划分各级政府的税收收入，中央对地方实施税收返还[①]。分级分税的预算管理体制极大地增加中央政府财力，财政收入占GDP的比重以及中央财政占财政收入的比重得到迅速提高，但同时也滋生出诸多问题，其中事权和可支配财力不匹配以及由此造成的地方财政困难更是十分凸显。

分税制较为清晰的界定了中央与地方的财权，但事权并没有得以合理划分，包括基础教育在内的公共支出责任几乎未做相应调整。从收入角度来看，中央财政集中了大部分主要税种税收收入[②]。营业税、资源税、城市维护建设税、房产税、印花税、城镇土地使用税、车船税、教育费附加等小税种归入地方所有。图6-1分税制实施前后地方政府财政收入的变化情况可见，地方政府财政收入占全国财政收入比重从1993年的78%降至1994年的44.3%，此后一直徘徊在45%左右，2010年以来略有回升，2014年该比重为54%。与之相应的，中央财政收入的比重则持续上升，从1994年开始一直徘徊在55%左右，直到2010年开始才略有下降。可见分税制改革改变了原有中央与地方政府间财政资源的分配格局。而且，这种格局使得原来属于县乡收入的部分企业税收按分税制规定划为中央收入，而权力主导型的制度设计与税收自利偏好倾向的共同作用下，省级政府自然会用相同的逻辑把本级财政承担的财权上收的压力向下级转移，因

---

　　① 税收返还基数在1993年的基础上以增值税和消费税的平均增长率1：0.3的系数确定的递增率递增，即下一年增加部分的30%留归地方政府，增值税和消费税平均年增长1%，中央财政对地方税收返还增加0.3%，中央净上划收入达不到1993年基数的，相应的扣减税收返还额。

　　② 通过分税制改革和2002年所得税收入分享改革中央财政集中了主要包括消费税、增值税收入的75%和所得税收入60%的税收收入。

此，分税制不仅改变了中央与省之间收入格局，其对省以下财政尤其是对县乡两级财政也产生了巨大的影响①。

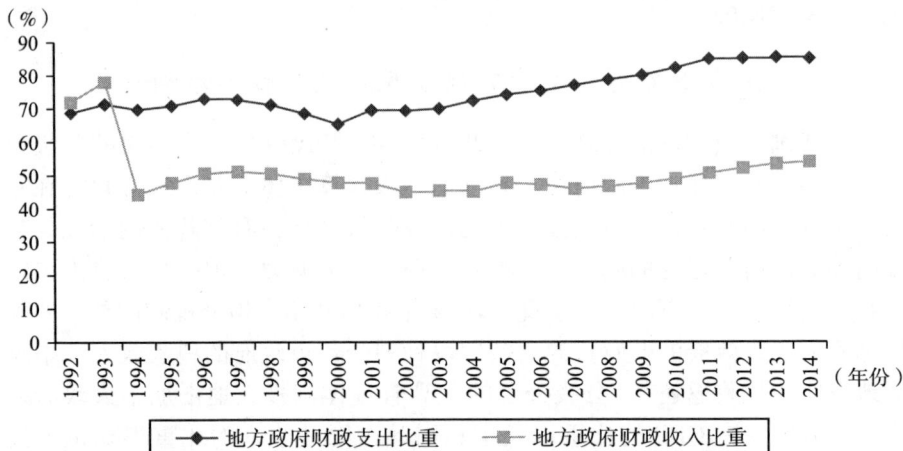

（%）

图6－1　地方政府财政收支变化（1992～2014年）
资料来源：国家统计局官方网站。

　　从支出角度来看，地方政府承担的事权责任并未随着收支格局的改变而变化，包括地方教育支出在内的地方行政管理费、文化、卫生等各项事业费支出均由地方财政负责②。从图6－1可见，分税制改革前后，地方财政支出占全国财政支出的比重并未随着地方财政收入的减少而减少，反而有所增加。1993年地方财政支出占全国财政支出的比重为71.3%，1995年该比重为70.8%，此后一直稳定在70%左右，2005年开始该比重逐年上升，2014年为85.1%，由此地方财政收支缺口持续拉大。在财力不足的情况下，地方政府支出必然是优先考虑维持性支出，从而导致教育支出增长困难。当然，在分级分税的预算管理体制下，地方政府财权与事权完全匹配并不现实，而且地方政府对于地方性公共事务一方面具有信息优势，另一方面方便管理具有效率优势，因此地方政府其承担较多地方性公共服务是合理的，但需要有规范的转移支付制度保障其可支配财力能够满

　　① 周飞舟：《分税制十年：制度及影响》，载于《中国社会科学》2006年第6期，第100～115页。
　　② 地方政府承担的支出主要包括地方行政管理费，公检法经费，民兵事业费，地方统筹安排的基本建设投资，地方企业的改造和新产品试制经费，地方安排的农业支出，城市维护和建设经费，地方文化、教育、卫生等各项事业费等支出。

足其对公共服务投入的需要，否则造成可支配财力不足以满足事权支出需要，从而导致地方政府由于缺乏投入能力而对地方公共服务投入不足。我国分税制改革以来，中央政府虽然也通过税收返还、转移支付等形式对地方财力缺口予以弥补，但是从现实情况来看，中央对地方转移支付并未明显缩小这种财政缺口。分税制实施之前，中央对地方的定额补助规模较小，以1993年为例，税收返还补助、专项补助、体制定额补助等各项补助合计约344亿元；分税制实施后，中央财政对地方的各项返还及转移支付也大幅度增加，分税制实施当年，中央对地方的税收返还补助、专项补助、体制定额补助等各项补助合计增至961亿元，2009年已达28563.79亿元①。中央对地方转移支付的增加虽然在一定程度上弥补了地方收支缺口，但与之相应的是需地方财政负担的支出项目和地方公共服务支出水平也不断提高，转移支付的增加不能足以补偿地方财政支出水平提高带来的财政压力。中央财政转移支付体系并未能够为地方政府提供诸多公共服务所需的支出给予充分支持②。随着分税制改革后地方尤其是县乡财力缺口的不断增加，地方政府对教育等公共服务的投入能力严重不足。而基础教育阶段不同教育级次由于其属性、特点以及上级政府对其投入约束不同，因而受地方财力的影响程度也有所差别。学前教育由于不属于义务教育，且定位模糊，缺乏制度保障，相对而言更易处于劣势地位，其投入水平受地方财力影响程度更大。

在地方财力不足的情况下，如果上级政府能够适当承担部分学前教育筹资责任，亦能缓解地方政府投入能力不足导致的学前教育财政投入总量不足问题。然而在财政分权的大背景下，教育分权体制也逐步强化，地方政府的教育财政负担随着投入重心的下移显得更为沉重。就学前教育而言，2010年之前，中央和省级政府对其投入十分有限，2010年以来我国政府虽然一再强调了中央和省级政府的学前教育发展责任，尤其是省级政府的统筹责任，明确规定省级政府应建立学前教育经费保障制度。但从实际情况来看，投入责任依然主要由县（区）或镇街承担，省级政府投入责任缺位，中央财政通过专项转移支付的投入方式缺乏连续性，学前教育投入重心偏低，强化了地方财政困难对学前教育投入充足性的影响，导致了

①　数据来源：中华人民共和国财政部官方网站，http：//www.mof.gov.cn/zhuantihuigu/czjbqk/cztz/201011/t20101101_345458.html。
②　黄佩华、理查德·M.伯德：《中国的财政体系：进行中的工作》，引自劳伦·勃兰特：《伟大的中国经济转型》，上海人民出版社2009年版。

我国学前教育投入一直处于较低水平。由此，可以得出基本判断，分税制改革后事权下移，财权上收导致地方政府对学前教育投入能力不足，作为非义务教育阶段的学前教育投入重心偏低，地方政府承担了主要投入责任，且缺乏投入硬性约束，因此对地方财力变化更为敏感。

（二）　实证检验

1. 模型构建与数据描述

基于以上分析，我们构建计量模型以验证地方财力以及现行制度安排下学前教育地方财力不足与投入重心偏低对学前教育财政投入充足性的影响，基本模型如下：

$$\ln eduf_{it} = \alpha_i + \beta_1 \ln finr_{it} + \beta_2 fde_{it} + \eta x_{it} + dum1_t + \varepsilon_{it} \qquad (6.1)$$

其中，α_i 为不随时间变化的个体效应，代表能够影响地方政府学前教育经费投入的不随时间变化的各种不可观测的因素，例如当地的教育观念、地理特征、传统习惯以及整体受教育程度等，这些随个体变化的截距项可以代表不同地区的这些不可观测因素的影响，以提高模型的准确性；β_1、β_2 为系数，η 为系数矩阵，ε 为随机扰动项；模型中的被解释变量为地区学前教育财政性经费（$eduf$），各解释变量说明如下：

（1）地区人均财政收入用（$finr$）表示，用以衡量地方政府财政投入水平，也是这里我们要考察的主要变量。

（2）教育财政制度环境变量（fde），这里用地方本级预算内教育财政支出/地方预算内教育总支出来反映一个地区教育领域的分权状况，是重点考察的另一主要变量，该指标值越大，表示地方政府承担的教育财政投入责任越大，教育投入重心越低。

（3）x_{it} 为一组包括各省人口密度（ped）、城乡收入差距（inr）、地区平均受教育年限（$year$）以及各地的产业结构（$indp$）的控制变量。其中，人口密度以各地区常住人口数与地区面积之比计算得出；城乡收入差异用各省的城乡人均收入比衡量；地区产业结构以第三产业占地区生产总值的比重作为替代变量；地区平均受教育年限计算方法为将小学、初中、高中及大专以上学历的受教育年限分别赋值为 6 年、9 年、12 年和 16 年，按照各教育阶段受教育人口占劳动人口的比重进行加权平均，即 $H_{it} = 6 \times H_1 + 9 \times H_2 + 12 \times H_3 + 16 \times H_4$，其中 H_1、H_2、H_3、H_4 分别代表小学、初中、高中和大专受教育劳动人口占劳动人口总数的比例。

（4）*dum*1 为虚拟变量，表示学前教育政策对学前教育财政投入充足性的影响。由于 2010 年开始我国政府开始对学前教育领域进行了一系列政策调整，因此 2010 年之前赋值为 0，2010 年之后赋值为 1。

这里对地区学前教育财政投入、地方财政收入以及人口密度取对数以便于观察变量间变动比率的变化，西藏缺失数据较多，不予考虑。各年份教育经费数据均来自《中国教育经费统计年鉴（2003～2014)》，其他控制变量数据来源于各年度《中国统计年鉴》《中国人口统计年鉴》以及国家统计局官方网站，需要说明的是由于《中国教育经费统计年鉴（2013）》未入库，为保证数据口径的一致性，对于 2012 年相关统计数据予以剔除，各变量描述性统计如表 6-1 所示。

表 6-1 　　　　　学前教育财政投入水平影响因素的变量描述性统计

变量	样本数	极小值	极大值	均值	标准差
eduf	330	1005.90	549510.80	53475.48	82847.79
finr	330	282.20	17310.21	2454.48	2752.99
edub	330	0.002256	0.082352	0.016571	0.013518
fde	330	0.540802	1.000000	0.929070	0.085378
ped	330	529	10644	4353.63	2623.55
inr	330	1.887616	5.120856	3.193809	0.641332
indp	330	0.653214	0.994276	0.876421	0.063349
year	330	5.97	11.84	8.32	0.971536
*dum*1	330	0.000000	1.000000	0.333333	0.471405

2. 面板数据的平稳性检验

为防止虚假回归或伪回归现象的出现，需要对面板数据的平稳性进行检验，这里分别采用 LLC、IPS、Fisher-ADF、Fisher-PP 四种方法对面板数据进行单位根检验，各变量的检验结果如表 6-2 所示。各个变量的一阶差分均不存在单位根，是平稳的一阶单整，即为 I（1），其线性组合可能存在协整关系。

表 6 - 2　　　　　　　　　　　面板数据单位根检验

方法	LLC	IPS	Fisher – ADF	Fisher – PP
lneduf	11. 13（1. 00）	14. 89（1. 00）	2. 24（1. 00）	1. 01（1. 00）
Δlneduf	- 13. 35（0. 00）	- 6. 83（0. 00）	145. 67（0. 00）	121. 26（0. 00）
lnfinr	0. 28（0. 61）	7. 55（1. 00）	18. 26（1. 00）	52. 12（0. 75）
Δlnfinr	- 12. 00（0. 00）	- 7. 93（0. 00）	172. 48（0. 00）	175. 62（0. 00）
fde	- 2. 47（0. 01）	2. 44（0. 99）	87. 27（0. 01）	62. 10（0. 40）
Δfde	- 19. 10（0. 00）	- 8. 52（0. 00）	185. 13（0. 00）	222. 45（0. 00）
lnped	- 5. 76（0. 00）	1. 40（0. 92）	56. 52（0. 60）	67. 78（0. 23）
Δlnped	- 8. 03（0. 00）	- 4. 80（0. 00）	120. 46（0. 00）	173. 78（0. 00）
inr	8. 95（1. 00）	6. 65（1. 00）	23. 55（1. 00）	21. 24（1. 00）
Δinr	- 18. 75（0. 00）	- 13. 55（0. 00）	274. 12（0. 00）	372. 16（0. 00）
indp	10. 33（1. 00）	7. 63（1. 00）	22. 81（1. 00）	22. 05（1. 00）
Δindp	- 18. 59（0. 00）	- 11. 66（0. 00）	228. 33（0. 00）	257. 51（0. 00）
year	- 0. 10（0. 50）	5. 19（1. 00）	18. 61（1. 00）	22. 50（1. 49）
Δyear	- 17. 55（0. 00）	- 11. 93（0. 00）	238. 72（0. 00）	323. 66（0. 00）

注：括号中的数据是统计量的伴随概率。

进一步对面板数据进行协整检验，选择比较常见的面板数据协整检验方法 Kao 检验和 Pedroni 检验，结果如表 6 - 3 所示。由检验结果可见，Pedroni 方法下的四个统计量都能够显著拒绝原假设；Kao 方法得出的结论是 ADF 统计量在 1% 的水平上显著。可以看出学前教育财政投入水平和地方财力以及其他解释变量间存在协整关系。

表 6 - 3　　　　　　　　　　　协整检验结果

方法	统计量	统计值（P 值）
Kao	ADF	- 5. 27（0. 0000）***
Pedroni	Panel PP	- 9. 45（0. 0000）***
	Panel ADF	- 2. 51（0. 0060）***
	Group PP	- 16. 93（0. 0000）***
	Group ADF	- 4. 10（0. 0023）***

注：*** 、** 分别代表 1% 和 5% 的显著性水平；括号内为统计量的 P 值。

3. 回归结果分析

在考虑基本计量模型经济含义的基础上，采用逐步回归法对模型进行回归，以更好地分析各个可能影响地区学前教育财政投入水平的变量的影响程度。面板数据的估计方法主要包括混合回归模型、固定效应模型和随机效应模型。首先，利用拉格朗日乘数检验所有回归模型均拒绝零假设，进一步对模型进行 *Hausman* 检验，根据每个回归模型的 *Hausman* 检验值确定其采取固定效应模型或者随机效应模型，EViews 7.0 软件得到的模型回归结果如表 6 – 4 所示。

表 6 – 4　　　　　地区学前教育财政投入水平影响因素回归结果

解释变量	模型（6.1）					
	结果 1	结果 2	结果 3	结果 4	结果 5	结果 6
c	-2.477666 (-1.117218)	-1.376437 (-0.434521)	0.149616 (0.049435)	$5.632027***$ (6.039808)	4.426367 (1.293619)	4.374002 (1.328906)
lnfinr	$1.213992***$ (37.62297)	$1.083038***$ (11.85310)	$0.965340***$ (10.77010)	$1.340640***$ (42.62848)	$1.146971***$ (12.67778)	$1.027439***$ (11.33654)
fdz				$-3.33706***$ (-3.200603)	$-0.378893***$ (-3.921249)	$-2.562568***$ (-3.026524)
lnped	$1.516018***$ (3.570040)	$1.453975***$ (2.936506)	$1.278363**$ (2.707730)		$0.953809*$ (1.912153)	$0.919344*$ (1.915789)
inr	$-0.693164**$ (-9.679732)	$-0.385101***$ (-3.095080)	$-0.126569***$ (-0.996592)		$-0.278770**$ (-2.244943)	-0.075826 (-0.597338)
indp		$0.152763*$ (1.683687)	0.067962 (0.729321)		$-3.342869*$ (-1.719379)	$-3.065494*$ (-1.68316)
year		-2.424574 (-1.223459)	-2.361794 (-1.252876)		0.155606 (1.656296)	0.079873 (0.870243)
dum1			$0.329138***$ (5.373820)			$0.291073***$ (4.723647)
观测数	330	330	330	330	330	330
Adjusted R^2	0.937907	0.937060	0.940770	0.912006	0.937907	0.931713
Hausman	0.0001	0.0000	0.01740	0.0002	0.0001	0.0000
模型类型	Fe	Fe	Fe	Fe	Fe	Fe

注：***、**、*分别表示通过1%、5%和10%的显著性检验，括号内为T统计量。

模型（6.1）回归结果显示，地方人均财政收入回归系数十分显著，说明地方政府财力是影响学前教育财政投入水平的关键因素，也印证了前文理论分析。在地方财力不足的情况下，地方政府倾向于通过挤压非刚性的学前教育投入来释放地方教育财政压力，作为非义务教育阶段的学前教育缺乏刚性投入约束，地方财力对其投入水平影响程度很大。此外，人口密度与学前教育投入水平正相关，由于人口密度较大地区往往是经济发展水平较高、城镇化水平较高的地区，地方财力相对充足，学前教育投入水平也相对较高。城乡收入比与学前教育财政投入水平反相关，城乡差距越大的地区，地方政府学前教育财政投入水平越低，由于目前地方政府的学前教育投入模式仍然是向城市倾斜，农村主要依赖于中央专项转移支付，城乡收入差距越大，相对而言贫困农村地区较低的学前教育财政投入水平整体上拉低了学前教育财政投入的总体水平。平均受教育年限与地方学前教育财政投入水平正相关，且十分显著，一方面，平均受教育年限长的地区，拥有素质更高的劳动力资源，经济发展水平也相对较高，财力相对充足；另一方面，这类地区教育整体发展水平更好，义务教育普及之后，居民对学前教育需求相对更为强烈，因此地方政府对学前教育投入水平也相对较高。地区产业结构对学前教育财政投入水平的影响并不显著。政策虚拟变量对地方学前教育财政投入水平有显著的促进作用，2010 年以来学前教育领域颁布的一系列政策进一步强化了地方政府学前教育财政责任，且学前教育三年行动计划的实施期间中央政府的部分专项转移支付要求地方在中央拨款的基础上予以配套，一定程度上对地方政府学前教育投入起到了一定的约束和引导作用。

在加入教育财政分权指标后，地方财力对学前教育财政投入水平的影响系数方向与大小均未出现大的变化，且仍十分显著，也印证了模型结果的稳健性。教育财政分权指标与地方学前教育财政投入水平呈负相关，且结果十分显著，说明地方政府公共投入的决策偏好和逻辑同样适用于教育内部，地方政府教育投入责任越由低层级的政府负担，教育内部分权化程度越高，对于缺乏投入刚性约束的学前教育投入水平就越低，进一步印证了前文理论分析的结论。

二、经济增长的政绩考核导向与地方政府激励不足

在财力既定情况下，学前教育财政投入水平则主要取决于地方政府对

学前教育投入的努力程度，即地方政府是否愿意在学前教育上多花钱。从前文我国学前教育财政投入的充足性评价可见，长期以来，地方财政性教育经费中分给学前教育的部分十分有限，地方政府对学前教育的投入意愿极低。即使在 2010 年之后，我国政府一再强调了学前教育的重要性，要求地方政府加大对学前教育的财政投入力度，财政性教育经费增量部分要向学前教育倾斜，但是从效果来看，学前教育在财政性教育经费中以及在财政支出中所占比例仍未得到大幅度提升。制度的主要功能之一即能够提供有效的激励机制，不同的制度安排会给地方政府带来不同的激励导向。我国学前教育财政投入不足与现行制度安排下地方政府学前教育投入激励不足密切相关。

（一）经济增长的政绩考核导向对地方政府投入动力的影响

传统的财政分权理论认为，相对于中央政府，地方政府拥有更大信息优势，在人口自由流动的前提下，居民可通过用脚投票机制促使地方政府提高公共物品供给水平与效率。但具体到我国，政治集权经济分权下的地方政府绩效考核机制和官员晋升制度作为中国式分权改革的一个重要特征，对我国分权体制的运行效果和地方政府的支出偏好产生了重要影响。很多学者认为由于我国并不具备西方财政分权模型的前提条件和政治体制，分权改革不仅没有带来更有效率的公共物品供给，反而对地方教育等公共服务水平产生了不利影响（乔宝云、范剑勇，2005；傅勇、张晏，2007；王世磊、张军，2008）。一方面，以经济增长为导向的绩效考核机制，使地方政府的目标集中于能为其带来好处的经济建设领域，对教育等公共服务支出动力不足。上级政府通过考察下一级政府辖区的经济发展相对绩效来考核地方官员是中国分权式改革中的重要机制[1]，这种单一的经济增长为导向的绩效考核机制使得地方政府面对地方财政压力与税收竞争，选择改变公共品支出结构，优先确保政府运转和对地方官员的政治前途有显著影响的基础设施建设，以促进经济增长（Li and Zhou，2005；周飞舟，2009）[2][3]，而对于教育等经济增长短期效应不明显的领域缺乏投入

---

① 王永钦、张晏、章元等：《中国的大国发展道路——论分权式改革的得失》，载于《经济研究》2007 年第 1 期，第 4～16 页。

② Li Hongbin and Zhou，Li An. Political Turnover and Economic Performance：the Incentive Role of Personnel Control in China，*Journal of Public Economics*，Vol. 89，（2005），pp. 1743－1762.

③ 周飞舟：《分税制十年：制度及影响》，载于《中国社会科学》，2006 年第 6 期，第 100～115 页。

动力。另一方面，我国垂直控制的行政管理体制下的官员晋升激励形成了地方政府自上而下的标尺竞争（张晏，2005）①，这与对下负责的政治体制产生了截然不同的激励导向。对下负责的政治体制下，地方政府在支出决策中需考虑居民意愿，为赢得选举从而更加关注地方教育等居民关注的公共服务。而我国地方政府主要是对上负责而非对下负责，上述自下而上的政治体系中为辖区供给公共品以换取选民支持的决策逻辑转化为获取中央政府政治上的支持而发展经济，从而形成了一种经济增长优先的支出激励导向②，在这种激励导向下，地方政府对教育的投入动力自然不足。早在 1993 年国务院印发的《中国教育改革和发展纲要》中就已正式提出，我国财政性教育经费支出占 GDP 的比例 20 世纪末要达到 4% 的目标，但实践中却一直到 2012 年该目标才得以实现。可见，如果缺乏恰当的制度设计和适度的干预，简单的财政分权并不能形成地方政府对教育投入的内生激励，要保障地方政府对教育的投入就需要通过完善制度与政策体系形成对教育投入的激励和硬性约束。

　　上述激励机制和地方政府对上负责的决策逻辑也一样适用于教育内部，不同教育级次的经济增长效应构成了地方政府教育内部投入偏好的内生决定因素；上级政府对地方政府各级次教育投入的考核机制构成了地方政府教育投入的"外在激励"，直接决定了地方财政对不同教育级次的投入努力程度。学前教育虽然可以通过提升人力资本带来经济增长，但一是由于其具有很强的外部性，二是其增长效应往往是滞后和隐性的，相对于其他教育级次而言学前教育收益滞后性的特征更为明显。而现有的学前教育财政制度安排又未能为地方政府投入学前教育提供外在激励，相较于其他教育级次，地方政府对学前教育的投入意愿更低。将视角集中于基础教育内部，对比学前教育与义务教育投入体制的改革过程，可以更为清晰地发现问题所在。20 世纪 80 年代中期，我国政府开始实施"分级管理，地方负责"的义务教育投入和管理体制，但由于县乡政府的责任划分不明确，事实上义务教育的投入责任主要由乡镇承担。分税制改革后，地方政府义务教育投入严重不足，滋生了拖欠中小学教师工资等社会问题，为化解这一难题，义务教育投入重心开始上移，实施"以县为主"的管理体

　　① 张晏：《标尺竞争在中国存在吗？对我国地方政府公共支出相关性的研究》，复旦大学工作论文，2005 年。
　　② 张晏、龚六堂：《分税制改革、财政分权与中国经济增长》，载于《经济学（季刊）》2006 年第 5 卷第 1 期，第 75～108 页。

制。在国务院《关于深化农村义务教育经费保障机制改革的通知》中，提出了"中央和地方分项目、按比例分担的农村义务教育经费"，并对具体分担比例予以明确，为保障地方政府义务教育投入提供了政策依据。"十一五"期间，我国提出了全面普及义务教育的目标，并在地方教育部门的政绩考核中予以明确体现，从制度上为地方政府投入义务教育提供了"外生"激励。

而对于学前教育，我国政府虽然提出了学前教育应实现"学前三年儿童受教育率55%，学前一年儿童受教育率80%，大中城市普及学前三年教育"的发展目标，但具体的发展策略却采取了"以公办幼儿园为骨干和示范，以社会力量兴办幼儿园为主体"。这一系列政策的直接后果是本就对学前教育缺乏投入动力的地方政府，更是采取了甩包袱的做法，直接将学前教育的投入责任推向市场。2010年以来，我国学前教育的发展虽然受到了前所未有的重视，财政投入也得到了快速增长，但从相对比重上看，学前教育仍然是各教育级次中地方政府投入比例最低的一级。从根本上来讲，经济增长的政绩考核导向下，学前教育长期未真正纳入地方政府事权，学前教育发展水平也没有在地方政府的绩效考核中得以体现，制度安排未能对地方政府学前教育投入形成有效激励，这是影响学前教育财政投入水平的另一关键因素。

（二）实证检验

以上理论分析可见，经济增长的政绩考核导向下，现行学前教育财政制度安排未能对地方政府学前教育投入形成有效激励，在各层级教育内部，地方政府更倾向于压缩学前教育支出，导致地方政府财政性教育经费中分给学前教育的部分十分有限。这里进一步构建计量模型对上述分析进行实证检验：

$$edub_{it} = \alpha_i + \beta_1 \ln fin_{it} + \beta_2 fde_{it} + \eta x_{it} + dmu1_t + \varepsilon_{it} \qquad (6.2)$$

模型（6.2）中解释变量为学前教育财政性经费/地方财政性教育总经费（edub），用以衡量地方政府学前教育投入努力程度，地方政府学前教育努力程度越高，意味着制度安排对地方政府学前教育投入的激励效果越好。其他控制变量与前文模型（6.1）相同，相关数据均来自2003～2014年《中国教育经费统计年鉴》与《中国统计年鉴》，解释变量（edub）的描述性统计见表6-1所示。对变量 edub 进行单位根检验显示，一阶差分均不存在单位根，为平稳的一阶单整，即为 I（1），利用 Kao 检验和 Pedroni

检验方法对模型（6.2）涉及变量进行协整检验，结果显示模型（6.2）存在显著的协整关系。用拉格朗日乘数检验所有回归模型均拒绝零假设，进一步根据回归模型的 *Hausman* 检验值确定选用固定效应或随机效应，利用 EViews 7.0 软件对模型进行回归，结果如表 6 - 5 所示：

表 6 - 5 地方政府学前教育投入努力程度的影响因素

解释变量	模型（6.2）			
	结果 1	结果 2	结果 3	结果 4
c	0.056228 （0.308487）	0.02813 （1.56034）	- 0.03788 （- 0.59764）	- 0.037017 （- 0.587603）
ln$finr$	0.012935 *** （2.35112）	0.00720 *** （11.84338）	0.00413 *** （2.40711）	0.00295 * （1.65278）
fdz		- 0.06950 *** （3.44830）	- 0.04854 *** （- 2.75095）	- 0.03975 *** （- 2.20712）
lnped			0.02309 *** （2.46364）	0.02252 *** （2.41654）
inr			- 0.01311 ** （- 8.27104）	- 0.01216 *** （- 7.42638）
$indp$			- 0.04297 （- 1.21088）	- 0.03708 （- 1.04817）
$year$			0.002929 * （1.65078）	0.00217 （1.13779）
$dum1$				0.00292 ** （2.14492）
观测数	330	330	330	330
Adjusted R^2	0.912006	0.72207	0.79622	0.79869
Hausman 检验	0.0002	0.0001	0.0000	0.0001
模型类型	Fe	Fe	Fe	Fe

注：*** 、** 、* 分别表示通过 1% 、5% 和 10% 的显著性检验，括号内为 T 统计量。

模型（6.2）回归结果显示，教育财政分权指标系数为负，且十分显著，说明在经济增长为主的政绩考核体系下，现行制度安排未能对学前教育投入形成有效激励，教育分权化程度越高，基层政府承担的支出责任越大，地方政府对缺乏硬性约束的学前教育缺乏投入动力，投入努力程度越低，学前教育投入充足性越是难以保障，与前文分析结论一致。地方财力与地方政府学前教育投入努力程度呈正相关，即越是财力雄厚的地区，对学前教育投入努力程度越高，究其原因，目前我国政府虽强调了地方政府应在学前教育的发展中起主导作用，但对于学前教育支出责任没有明确的划分，财力越雄厚的地区越有能力和意愿在保障义务教育刚性支出之后对学前教育进行投入，而财力薄弱的地区保障义务教育支出已有很大压力，对于支出责任模糊的学前教育投入努力程度自然相对较低。地区教育发展水平与地区人口密度回归系数均为正，且较为显著，人口密度大、教育发展整体水平较高的地区，经济发展水平与城镇化水平相对较高，地方政府在保障刚性教育支出后对学前教育投入努力程度也相对较高。学前教育政策哑变量系数为正且十分显著，说明 2010 年以来我国政府在学前教育领域的一系列政策安排提高了地方政府对学前教育投入的努力程度。

第二节　学前教育财政资源分布不均衡的成因

从学前教育财政投入的公平性分析可见，我国学前教育发展十分不均衡，学前教育发展的地区差异、城乡差异和不同性质幼儿园资源配置差异都十分凸显。目前中国的教育机制下，资源分配的不均等是一种环环相扣的链条状态，学前教育作为教育的初始阶段，其财政投入分布不均衡不仅与教育公平原则相悖，而且直接影响后续教育阶段公平均衡目标的实现。如果从学前教育阶段重视资源分配尤其是公共资源配置的公平性，无疑可以在以更公平的方式和更有效率的途径实现学前教育普及普惠目标的同时，促进教育资源的整体公平。制度安排决定了制度的绩效，本节从制度角度分析传统的福利化的供给模式与现行"以县为主"的投入体制对我国学前教育财政资源配置公平性的影响，以期更为深刻地探讨学前教育财政投入不均衡的原因。

一、地方自有财力差异与转移支付制度不规范

前文对学前教育财政投入地区差异的实证分析结果显示，我国学前教育投入地区差异十分凸显，不仅存在严重省际差异，省内各区县间投入差异也十分明显，2010 年以来中央政府重点向中西部农村地区倾斜的转移支

付政策虽然一定程度上缩小了学前教育财政投入的省际差异，东中西部三大区域间的投入差异也有缩小的趋势，但区域内部差距却呈扩大趋势。在以县为主的投入体制下，地方自有财力差异无疑是造成学前教育财政投入地区差异的主要原因。

（一）地方自有财力差异对学前教育财政投入差异的影响

理论上一个国家各地区经济发展水平越不平衡，地方财力和可支配收入越悬殊，地方财政对学前教育投入的差异就越大。可以说经济发展水平的差异以及由此造成的财力差异是地方学前教育财政投入地区差异的决定性因素。从各省财政收入的横向比较看，分权体制下各地区之间竞争中，东部地区在地理位置、政策支持方面都有着比较优越的先天优势，发达地区较低的工业税和较高的土地收益、更具吸引力的外资条件从而获得了更快的工业发展速度和更好的经济绩效，且这种优势不但具有自增强效应，以至于很难被落后地区赶上（Dumurger，2002；万广华、陆铭、陈钊，2005）[1][2]，且良好的竞争优势也使其更能获得财政分权带来的积极效应（张晏、龚六堂，2005）[3]，从而导致地区财力差异的持续扩大。地方财力差异的加剧无疑会导致地方财政对教育投入的差距拉大。尤其是对于学前教育，2010年之前，上级政府鲜有对县区财政的学前教育专项转移支付，学前教育财政投入几乎全部依靠地方财力，发达地区在完成普及义务教育之后，地方政府不仅有能力在学前教育上花钱，而且这些地区地方政府一来为吸引高层次人才更乐于提供更好的公共服务水平，二来发达地区女性就业水平较高，居民对学前教育的需求更为强烈，这些都使得经济越发达的地方政府，其学前教育努力程度也越高；而经济欠发达地区，保障义务教育基本投入，完成普九任务已经十分吃力，即使普及了义务教育也需要提高质量，同时欠发达地区生产力水平较低，女性就业率不高，也远远没有认识到学前教育的重要性，这些决定了欠发达地区既无财力也没有强烈意愿增加学前教育财政投入，也就是经济越落后的地方政府，对没有硬性投入约束的学前教育的投入努力程度越低，一定程度上也强化了财力差异

---

① Dumurger, S., Jeffrey D. Sachs, Wing T. Woo, *Geography, Economic Policyand Regional Development in China*, Asian Economic Papers, Vol. 1, (2002), pp. 146 – 197.

② 万广华、陆铭、陈钊：《全球化与地区间收入差距：来自中国的证据》，载于《中国社会科学》2005年第3期、第17～26页。

③ 张晏、龚六堂：《分税制改革、财政分权与中国经济增长》，载于《经济学（季刊）》2005年第5卷第1期、第75～108页。

导致的后果,造成 2010 年之前学前教育省际差异持续扩大。

2010 年学前教育三年行动计划实施以来,在"区县为主、省级统筹"的投入机制下,虽然中央政府 2010 年以来各项政策文件中都要求地方重视学前教育发展,增加学前教育投入,但由于没有相应的标准与约束,因此地方自有财力差异依然是学前教育投入差异的决定因素,财力差异也进一步影响了地方政府对学前教育投入的努力程度。尤其是东部地区内部,地方财力和投入意愿差别很大,导致区域内部投入水平差异很大,如北京、上海地区,财力雄厚,地方政府历来对学前教育发展又十分重视,地方政府对学前教育的投入基数大、增速快,2007 年上海地区学前教育生均经费为 12247.27 元,生均预算内经费为 8193.02 元,2013 年生均经费增至 21376.63 元,生均预算内经费增至 15519.26 元,生均经费增幅 75%,生均预算内经费增幅高达 89%,地方政府对学前教育财政投入的增长速度高于家庭的投入增速。而同属东部地区的河北、江苏等省份却与之相反,以江苏省为例,2007 年江苏地区学前教育生均经费为 2962.38 元,生均预算内经费为 1378.87 元,2013 年生均经费增至 7149.03 元,生均预算内经费增至 2289.32 元,生均经费增幅 141%,生均预算内经费增幅却仅有 66%,地方政府对学前教育财政投入的增长速度远低于家庭的投入增速。可以看出,学前教育支出责任划分不清晰以及投入软约束使得 2010 年以来中央专项带动的地方学前教育财政投入的增加并未起到缩小地区差异的作用,财力较为雄厚的地区,投入基数大、增速快,地方财力薄弱的地区对学前教育不仅投入基数小,而且增速也低于高投入省份,一些中西部贫困地区,地方财政几乎没有任何追加投入,学前教育的财政资金全部源自中央补贴,形成"马太效应"[1],使区域差异尤其是三大地区区域内部投入差异持续扩大。

我们利用 1995~2013 年我国学前教育生均经费基尼系数($GINI$)以及学前教育生均预算内经费基尼系数($GINI_f$)描述学前教育经费投入的地区差异,用地方人均财政收入的变异系数($VFINR$)反映地方政府自有财力差异;用地方学前教育经费公共支出与总财政支出比值的变异系数 $VRGE_t$ 反映地方政府对学前教育投入努力程度的省际差异,基尼系数计算方法前文已有分析,此处不再赘述。对学前教育生均经费基尼系数、学前教育生均预算内经费基尼系数以及地方政府财力差异程度和地方政府学前

---

[1] 幼儿园地方财政投入的"马太效应",即财力越雄厚的地区,中央专项转移支付增加带动的地方财政追加投入越多;财力越薄弱的地区,地方财政追加投入越少。

教育投入努力程度差异等指标做 Pearson 线性相关分析，结果如表 6 - 6 所示。

表 6 - 6　　　　　　　　　　　相关性分析结果

	GINI		$GINI_f$	
	rp	p	rp	p
VFINR	0. 558808	0. 016	0. 331482	0. 013
$VRGE_t$	0. 443946	0. 045	0. 239297	0. 046

由表 6 - 6 中的数据相关性分析结果可见，学前教育生均经费基尼系数（GINI）与地方政府财力差异（VFINR）以及地方政府学前教育投入努力程度差异呈现显著的正相关性 $rp > 0$，$p < 0.05$；学前教育生均预算内经费基尼系数（$GINI_f$）与地方政府财力差异以及地方政府学前教育投入努力程度差异也呈现显著的正相关性 $rp > 0$，$p < 0.05$。可见地区财力差异与地方政府对学前教育投入努力程度差异显著影响了学前教育投入水平的公平性。地方自有财力差异是造成学前教育财政投入地区差异的主要原因。

（二）转移支付制度不规范

分级分税的预算管理体制下，地方自有财力由于经济发展水平不同存在一定程度的差异，由此导致地方政府的教育投入能力与投入意愿有所差别。如果能够通过规范的转移支付制度调节，亦能起到均衡差异的作用，达到较好的均等化效果。但目前我国并未形成规范的转移支付制度，从整体效果来看，我国转移支付制度调节作用有限，未能真正起到均衡地区自有财力差异的作用，从而弥补以县区为主的投入体制下，地方财力不均造成的地区间学前教育投入差异。

就学前教育而言，从规范角度，中央学前教育的专项转移支付应达到两个目标：一是缩小学前教育发展水平的地区差异；二是通过财政配套的方式引导地方政府增加学前教育的财政投入。然而就整体效果而言，中央学前教育转移支付并没有达到较好的促进公平的作用。对于第一个目标，2010 年开始中央政府通过各种专项转移支付的形式，投入大量资金重点支持欠发达地区学前教育发展。第一期学前教育三年行动计划中的四大类七个重点项目中，补贴比例和补贴标准都向中西部地区倾斜。中央财政对学前教育的专项投入项目尤其是对于中西部欠发达地区学前教育发展的重点投入，不仅对中西部农村扩大学前教育资源起到了较大的作用，而且一定程度上缩小了经济发展水平相对落后的地区与发达地区之间的差距，中西部地区学前教育总体投入水平有了较快增长，学前教育生均经费水平与东部地区差距在逐步缩小。尤其是西部地区由于人口规模相对较小，适龄儿童人数远小于东部和中部地区，因此中央对西部地区转移支付的增加反映在生均经费上更为明显。2010 年以后西部地区学前教育生均经费平均水平与东中部地区平均水平的差距明显缩小，部分年份西部地区学前教育平均生均经费水平甚至超过中部地区。就促进学前教育公平的效果而言，中央专项资金的确发挥了一定的作用，一定程度上缩小了省际学前教育财政投入差异和中西部地区与东部地区的组间差异。但由于中央转移支付主要针对中西部农村地区投入，因此对于中西部地区与东部地区之间的整体差异有明显缩小作用，但区域内部尤其是东部地区各省份之间的投入依然依赖于地方财政投入，东中西部区域内差异并未明显缩小。

对于第二个目标，中央学前教育财政专项资金对地方政府尤其是财力薄弱地区地方财政投入的引导作用不明显。主要表现在两个方面：一是中央要求的地方配套资金财力薄弱地区无力配套导致中央财政资金的效果未充分发挥。第一期三年行动计划中，要求享受中央专项补助的地区省县两级政府对于中央每一个专项按一定比例进行配套，但实际调查发现，部分省份省级财政虽有配套，但并没有严格按照配套的比例来执行，县级财政基本上没有配套。此外，在农村地区，要求每个乡镇兴办一所中心幼儿园，但兴办中心幼儿园的数量多、规模大，中央专项资金投入少，"撒胡椒面"式的投入使不少工程成为"半拉子工程"，无法投入使用，导致中央财政资金在增加学前教育入园机会上的效果尚未凸显出来。二是投入软约束下，财力雄厚的地区地方财政学前教育投入水平大幅增加，财力薄弱地区依然投入较少，即使按照相同比例增加，由于投入基数不同，地区差异依然严重。就省对县（区）而言，目前财力相对较好的省份，省对县学前教育有少量投入，部分通过纳入一般性转移支付的形式拨付各市县统筹使用，部分通过专项转移支付的形式针对性的对县（区）进行奖补，数额十分有限。财力薄弱的地区，省级财政基本没有任何针对学前教育的转移支付项目，一些省份将基础教育阶段的部分专项转移支付如贫困生补贴范围扩展至学前教育阶段。从整体上来看，一方面，由于转移支付的数额有限，并不能起到太大的调节作用，另一方面，由于学前教育于义务教育相比缺乏投入约束与激励，县区政府并不会从增加一般性转移支付中拿出更大比例财政资金投入学前教育，因此无论是哪种形式，省对县学前教育领域的转移支付都没有起到缩小省内县区间学前教育投入差异的作用。

二、多头管理办学体制与重点支持的投入导向

目前我国学前教育财政资源分配不公的另一重要原因即多头管理办学体制与重点支持的投入导向，由此造成了不同性质的幼儿园、示范园与普通园之间以及不同办园主体的公办幼儿园之间财政投入水平的巨大差异。

（一）多头管理办学体制

多头管理的办学体制源于长期以来我国学前教育福利化的供给方式，计划经济时期，学前教育机构的投入来源依据办学体制而定，教育部门所办幼儿园经费列入地方预算内教育事业费，机关企事业单位学前教育机构的支出，作为企事业单位的福利支出，以基本建设投资、福利费、工会经费以及行政管理和事业费等形式列支。在当时的经济社会条件下，一来家庭对学前教育需求并不强烈，二来公办（包括机关事业单位办）幼儿园占绝对比重，这些幼儿园均能通过直接或间接的途径获得财政支持，因此财政资金也惠及了大部分入园家庭。经济体制转型中，企业办幼儿园在企业去社会化改革中大量关停，事业单位办园部分得以保留，仍获得大量财政拨款，教师纳入事业单位编制。在学前教育的各种政策和法规文件中，虽明确规定了各级教育行政部门对各类学前教育机构的领导和管理职责，但实际工作中多数区（县）幼教管理部门依据"谁审批、谁管理、谁负责"的原则只管理教育部门办园，原事业单位办幼儿园、部分集体单位办幼儿园在企事业单位改革后仍未纳入地方教育部门进行统一管理。从调研情况来看，大部分市属机关办幼儿园已改革到位，下划至其隶属区域教育行政部门统一管理，但大部分地区省属机关办幼儿园仍未进行改革，归入所在区教育部门统一管理。事业单位办幼儿园经费一般通过单位预算获得财政隐性拨款，办园条件相对较好，但在具体招生中，很多是机关事业单位办园仅对内部招生或者通过对非内部生源收取大量赞助费的形式盈利，在管理上也仍然作为单位的组成部分由单位进行直接管理，这不仅造成了学前教育管理上的不统一，而且一定程度上形成了新的不公平，使得有限的学前教育资源并未真正起到"普惠"的作用。

（二）重点支持的投入导向

除了多头管理的办学体制，目前学前教育重点支持的投入导向也造成了不同性质幼儿园以及公办幼儿园内部资源分布的不均衡。就公办幼儿园内部而言，示范幼儿园、县直机关幼儿园获得的财政投入远高于普通公办幼儿园，也就是说有限的学前财政资金中大部分被集中投向极少数示范幼儿园和县直机关园、省直机关园，这种重点支持的资金投入政策导致两极分化越来越严重，很多示范幼儿园、省直县直机关幼儿园硬件设施向豪华化发展，而这些幼儿园多优先招收内部子弟，即使面向社会公开招生，由于供求严重失衡自然成为众多家庭争抢的对象。部分示范园、机关园采取划片招生，导致周边房价飞涨，催生出类似于义务教育阶段的"学区房"现象；部分示范园机关园则变相收取高额赞助费，这无疑都使有限的学前教育财政资金最终归宿出现了偏移，学前教育的公益性更加弱化。目前我国政府对学前教育投入目标已从早期单纯的"示范"作用转向以构建普及普惠的学前教育公共服务体系为目的，财政对公办幼儿园投入导向也应以提供基本的有质量的学前教育服务，满足普通大众学前需求为目标，在总投入水平有限的前提下，公共资源应更多地起到保底的功能，最先惠及的应是中低收入家庭，而目前不同办学体制与办学主体的幼儿园财政投入的巨大差异不仅导致学前教育财政投入不公平，也不利于普惠性学前教育发展目标的实现。

第三节　学前教育财政资金使用效率偏低的成因

在投入一定的情况下，如果能够提高资金使用效率，可使有限的财政资金起到更好地扩大学前教育资源作用，这里结合第一、第二期学前教育三年行动计划财政资金使用中存在的问题，分析当前学前教育财政资金的分配方式对资金使用效率的影响，以期更为深刻地探求学前教育财政资金使用效率偏低的原因。

一、学前教育财政资金分配方式不合理

在当前我国经济发展条件和学前教育发展水平下，财政对学前教育进

行投入的目的有二：一是扩大学前教育资源，提高普及率，满足人民群众对学前教育的需求；二是保障基本的学前教育发展质量。在总体财政投入资金有限的情况下，学前教育财政资金应首先起到保基本的作用，主要目的应为扩大基本质量的学前教育资源，提供更多入园机会以满足人民群众基本的教育需求，实现普及普惠，解决"入园难""入园贵"问题。评价学前教育财政投入效率高低自然应以能否用高效的方式实现这一目标为标准，然而目前我国学前教育财政资金的分配方式却并未有效达到这一目标。

（一）倾斜化的财政资金分配方式

理想的有效率的政府与市场分担的学前教育投入机制，政府应负责保障最基本的学前教育需求，而更高层次的、多样化的学前教育需求由市场去满足，这一机制的实现必须以享受到政府补贴的、保证基本质量的普惠学前教育资源（包括公办和民办学前教育）数量上能够大致满足当前大部分家庭的基本学前教育需求为前提，否则就会出现普惠性的低收费的学前教育资源不足以满足家庭对学前教育的基本需求，大部分家庭享受不到政府补贴，被迫选择高收费幼儿园的入园贵现象，也难以达到"家庭可在公办、民办幼儿园之间自由选择"的目的。

首先，从我国现实情况来看，大部分地区公办幼儿园数量很少，在幼儿园总数中所占比重也非常低，很多县区公办幼儿园数量还不足幼儿园总数的10%，仅仅依靠公办幼儿园根本无法满足家庭的基本入园需求，大部分普通居民家庭的基本入园需求仍要依靠民办幼儿园满足。如果财政投入范围仅涵盖公办幼儿园，那么大量的就读于民办幼儿园的家庭根本无法享受到财政补贴的好处，政府对学前教育的财政投入只惠及了一小部分家庭，对于普及普惠目标的实现效果并不明显。很多公办幼儿园对于户籍、赞助费、居住证以及父母缴纳三金等方面的要求将大部分流动人口子女、城镇中低收入家庭子女拒之门外。杨菊花（2015）等人利用2013年"流动人口社会融合调查"数据证实流动儿童由于受到户籍制度和教育制度的双重排斥，就读公立幼儿园的比例大大低于户籍儿童，相同条件下流动儿童进入公立幼儿园的概率仅为户籍儿童的38%。在公办园需求远大于供给的状况下，越是来自弱势家庭的幼儿越容易被排除在公办幼儿园之外。而从效率角度来看，对弱势家庭投入保障其享受基本质量的学前教育无疑更有效率，更能有效提高学前教育普及率。

其次，如前文所述，目前我国有限的学前教育公共资源，在公办幼儿园内部，大部分公共资源集中分配给了示范幼儿园、县直机关园、省直机关园。这种倾斜化集中化的投入模式不仅不利于公平，更会造成效率损失。学前教育由于自身特点和教育对象的特殊性存在合理规模，在财力有限的前提下，集中投入少量优质园，不仅会使受益群体局限于能进入此类幼儿园的社会优势阶层，对于流动人口儿童、偏远农村儿童、城镇低收入家庭儿童等入园率较低群体而言，受益水平得不到任何提高，而且影响了财政对其他普惠性幼儿园的投入水平，既不利于整体教育质量的提高，也不利于教育机会的增加。很多得到财政重点扶持的示范园一味增加硬件设施投入，向豪华化发展，反而造成资源的浪费。

按照庇古福利经济学的观点，增加社会的经济福利可通过收入均等化实现，高收入者货币的边际效用低于低收入者，当通过累进税与再分配途径把富人阶级的钱转移到穷人身上时，会得到更有效率和更高的社会福利水平。从这一观点出发，反观当前学前教育领域，在目前投入能力还不足以提供整体更高水平的学前教育资源，保障所有公民享受高质量的学前教育资源时，更有效的投入方式无疑是保基本，将公共资源用于提供最基本的学前教育资源，保障最基本的教育需求，一来可以实现有限的公共投入更好地扩大学前教育资源，实现普及目标；二来大部分家庭的孩子都能够享受到公共资源的好处，更好地实现普惠。从更深层次的角度来讲，如果能够保障社会大部分家庭享受到基本有质量的学前教育资源，从学前教育阶段就减少家庭背景对于获取优质教育资源方面的优势和特权，增加的公共教育投入更多地用于了中低收入家庭。那么在资源有限的前提下，不仅获得了更大程度的福利水平的提升，有限的公共投入可以更有效率地实现扩大学前教育资源、提高学前教育普及率的目标，而且可以减少家庭背景对初始教育阶段的影响，弱化社会分层在初始教育阶段愈演愈烈对整个社会阶级固化和社会资源流动性减弱带来的效率损失。在 2015 年 7 月参与课题调研过程中发现，作为流动人口聚居的广东深圳，其公办幼儿园的数量并不多，广东省的很多地区如顺德、佛山，公办幼儿园所占比例都低于很多中西部城市，但其在扩大学前资源与提高质量、解决入园贵问题上近两年却收到了很好的效果。调研中我们发现广东省很多经济发展水平较好的区县，对幼儿园机构采取管办分离，统一补贴的方法，无论是公办还是民办幼儿园，首先一律纳入地方教育部门管理，在分配财政资金的时候，对于符合普惠性幼儿园收费标准和质量要求的一律按照一定比例的生均公用经费标准进行补贴，公办幼儿园与民办幼儿园收费与质量差距并不大，很多普惠性民办幼儿园因为管理更有效率收费也相对合理反而比公办幼儿园更具吸引力，避免了因倾斜化的集中投向公办幼儿园和少数示范园和的资源分配方式所造成的园际差异过大，也提高了资源使用效率。

（二）民办幼儿园投入方式低效率

目前学前教育公共资源配置方式的不合理不仅体现在对公办幼儿园倾斜化集中化的投入模式造成的低效率，对于民办幼儿园，十分有限的奖补资金的投入方式也没有起到应有的激励效果。

首先，财政对民办幼儿园奖补资金整体水平较低，政府有限的学前教育财政投入大量投向了公办幼儿园尤其是少数示范园机关园，对民办幼儿园投入本就十分有限，又有很多附加条件，能够获得政府奖补资金的民办幼儿园数量很少，对民办幼儿园的吸引力不大。以调研的 H 省 T 县为例，2012 年该县教育局从中央拨付的奖补资金中拿出 28 万元给予年检合格的幼儿园 5000 元到 15000 元不等的奖补，奖补资金的分配按评估等级与幼儿园规模两个标准进行分配，使得该项资金主要补给公办幼儿园和发展较好的城镇民办幼儿园，农村民办幼儿园获得奖补资金的很少且落实不到位。另一方面，各地近两年都制定保证用地、税费减免等方面的优惠政策，但这些政策对规模较小的民办园尤其是农村幼儿园的激励作用不大，对开办已久的民办幼儿园教育成本的减负作用也不显著，新开办的民办园由于信息不对称、政府宣传不到位，申请享受这些优惠政策的民办园也寥寥无几。

其次，在民办幼儿园内部，大部分地区采取的竞争性分配奖补资金的办法，对于达标的民办幼儿园或者在评级中达到一定等级的优质民办幼儿园予以奖励，这种资金分配方式对于办园基础较好、硬件设施配置到位的民办幼儿园有一定的激励效果，能够起到"扶强"的作用。但是那些条件较差急需要政府扶持的幼儿园却得不到财政的支持，对于这些基础薄弱的民办幼儿园，和一些没有达到标准的所谓的无证民办幼儿园，起不到应有的激励作用，即使其通过自身努力达到了相应的基本办园标准，其仍然得不到任何财政补助，财政资金没有起到"助弱"的作用。调研中我们发现调研县区中央鼓励幼儿园发展的奖补资金主要用于幼儿园购买教学设施，幼儿园可根据购买教学设施的发票领取奖补资金，奖补资金的分配方式单一，依据各类幼儿园的办学规模和资质统一分配，如一类幼儿园每年奖补 15000 元，三类幼儿园每年奖补 5000 元，这种类似平均分配的奖补方式导致奖补资金未起到激励幼儿园自身增加投入、提高办学质量的作用，资金使用缺乏效率，而且在实践中越是资质好的幼儿园奖补力度越大，资质差一些的幼儿园更需要中央资金的扶植反而奖补的越少，一定程度上也偏离了公平的目标。尤其是一些无证幼儿园，地方教育部门一再要求整改，却达不到相应的效果，而这些未达标幼儿园又解决了周边大部分适龄幼儿的入园问题，对于弥补财政投入不到位公办幼儿园缺乏导致的入园难问题起到了一定的作用，往往难以取缔，在实践中这部分幼儿园往往维持低投入－低收费－低质量现状。

可见，现行制度安排下民办幼儿园财政补贴资金使用效率偏低，财政资金对民办幼儿园的补贴方式，对办学条件较差的普惠性民办幼儿园的激励作用十分有限，单纯地奖励优质民办幼儿园的投入方式对于入园机会的增加、学前教育整体质量的提高和我国学前教育普及普惠目标的实现作用有限。

二、学前教育财政资金评价监管体系不健全

在财政资金总量一定的情况下，如果能够在明确监管与问责主体的基础上，建立完善的地方学前教育发展与学前教育财政资金评价与监管体系，可以有效地提高财政资金使用效率，更好地实现普及普惠的学前教育发展目标。从国际经验来看，各国政府对于学前教育资金使用效率都十分重视，建立了完善的学前教育财政资金使用效果评价体系，学前教育财政资金分配根据评价结果而定，并根据评价结果对地方政府进行奖惩。当前我国学前教育财政资金使用效率偏低与评价监管评价体系不健全直接相关。

首先，学前教育财政资金使用效果缺乏应有的重视。目前我国学前教育相关政策文件中，多强调各级政府要加大投入，提高学前教育财政性经费所占比重，但对于资金使用效果并未给予相应的关注，也缺乏系统的评价与监管体系，这种重过程、轻结果的导向往往只要求财政投入数量的增加，却忽视了财政资金最终使用效果。实践中很多地方政府受利益驱动产生短视效应，并未考虑学前教育财政资金尤其是上级政府的专项转移支付如何有效使用，仅仅以争取更多的中央财政资金为目的，有限的财政资金未能因地制宜地达到提高本地普惠性学前教育资源的作用。其次，省级政府监管责任不细化，缺乏实施细则，监管责任落实难。2012年教育部颁布的《学前教育督导评估暂行办法》中，要求省级政府每年7月底之前报送

省学前教育发展状况监测统计表和学前教育自评报告单，并要求省级政府建立学前教育发展督导评估与年度监测制度，负责监测统计所辖市、县学前教育发展状况和督导检查学前教育三年行动计划情况。但从实际调研情况来看，由于缺乏相应的实施细则，省级政府并未承担起对县区学前教育财政资金使用的主要监管责任。再次，评价体系不科学。目前《学前教育督导评估暂行办法中》涉及的学前教育督导内容主要有政府职责、经费投入、园所建设、队伍建设、规范管理、发展水平六大项，下设二级指标体系，分别赋予相应的分数。但由于指标体系涉及不科学，实践中未能真正起到应有的评价与监督作用，进而真正提高资金使用效率。具体而言，一是评价内容不细化、不具体。如"园所建设"下设的二级指标"扩大普惠性学前教育资源"，"提供广覆盖、保基本的学前教育公共服务""大力发展公办幼儿园"以及"队伍建设"下设的二级指标"切实维护幼儿教师合法权益"，内容十分笼统，执行中起不到应有的评价效果。二是评价对象不明确、不客观，无法真正评价财政资金使用效果。很多指标如"队伍建设"下设的二级指标"合理确定幼儿教师生师比"、以及"发展水平"一级指标下设的二级指标"取得幼儿教育资格证的教师数占比明显提高"，"依法落实幼儿教师地位和待遇"，评价对象不明确，实践中很多地方只统计公办幼儿园或示范幼儿园的生师比、取得教师资格证教师比例以及教师待遇，而公办幼儿园或师范幼儿园数量在本地幼儿园总数中不足1/3，甚至只有几所，根本不足以代表地区学前教育真正师资水平。三是缺乏量化标准。如"发展水平"评价内容下设的二级指标"城乡公办园所占比例及广覆盖程度明显提高"，"入园难"问题得到有效缓解，"学前教育财政投入占比明显提高"，"社会对学前教育满意度明显提高"等，实施中由于缺乏量化标准，往往形同虚设。目前很多国际组织如联合国教科文组织、经济合作与发展组织（OECD）等国际组织在其公布的教育研究报告中，所设计的教育统计评价指标侧重点虽各有不同，但内容都十分细化、具体、可量化。我国学前教育财政资金使用效果评价体系缺乏可操作性，无法据此进行科学评价，更无从进行问责和奖惩。最后，缺乏问责与奖惩制度。财政资金使用效果未纳入地方政府的政绩考核体系，上级政府对学前教育的奖补资金也未与地方学前教育发展情况以及地方学前教育发展水平的提高程度挂钩，无法起到督促地方政府重视财政资金使用效果的作用。

三、学前教育机构布局规划不科学

学前教育财政资金使用效率偏低不仅由于公共资源的分配方式不合理，还与目前学前教育布局规划不科学密切相关。如果做到科学规划、合理布局，有限的学前教育投入可以最大限度起到扩大学前教育资源，提高入园率的作用。第一期学前教育三年行动计划中，中央财政对学前教育的资金拨付除了用于校舍的改扩建之外，大部分用于新建城镇中心幼儿园上，中央政府按照项目规划给予相应的专项拨款，地方政府为争取中央配套资金大规模兴建中心幼儿园，但由于在幼儿园的布局上缺乏科学性与前瞻性，导致幼儿园的发展不能与本区域对学前教育资源的需求变动相匹配，从而影响了财政资金使用效率，引发了一系列新的问题。首先，目前镇一级的中心幼儿园布局多按照区域现有适龄儿童分布进行规划，一般每个镇都兴建一所规模较大的中心幼儿园，乡镇大规模兴建中心幼儿园，这些中心幼儿园建成后将吸纳附近区域的适龄幼儿，势必会造成中央财政投入挤出一部分私人投入，这与政府鼓励民办学前教育、公办与民办并举的发展的初衷相悖，也造成了社会资源的浪费。其次，对于人口较为分散的农村，目前兴建的中心幼儿园布局上未考虑农村人口的流动趋势，缺乏前瞻性。很多人口密集度小的农村一般是两个村联合规划兴建一所中心幼儿园，以满足当前适龄幼儿入学的需要，但是随着城镇化的深入和农村人口流动性的增强，未来农村适龄幼儿可能会大量减少，如果没有统一标准对幼儿园进行科学规划，只考虑当前人口的分布状况而不考虑未来人口结构的变动和人口流动带来的影响，势必造成公共资源的浪费。因此在中心幼儿园的布局上，需统筹规划，合理布局，既要解决当前适龄儿童的入学问题，又要考虑城镇化过程中人口流动所带来的影响。最后，对于较为发达的城市，城市规划缺乏科学性，未预留教育用地。城镇化的快速推进势必会带来城市人口密度的增大，尤其是一些外来人口和高校毕业生集中的新建城区和街道，未来对幼儿园的需求也会随之增加，如果在城市总体规划上，未提前对幼儿园的布局进行科学规划，学前教育的发展势必无法满足城市新增适龄幼儿的需求，从而产生新的"入园难"问题，当对优质学前教育需求不断增加而供给无法保证，又将催生新的"入园贵"问题。目前很多城市对于人口特别密集的新城区，现有学前教育资源根本无法满足新增需求，地方政府在建立中心幼儿园分园的同时，通过鼓励和引导社会力量兴建民办幼儿园来补充。但政策的实施过程中由于在城市前期规划时对教育用地的考虑不够充分，导致一些人口密集、适龄幼儿较多的街道即使想开办中心幼儿园的分园，也很难找到符合幼儿园办学标准要求的场地，这一问题也同样阻碍了该区域民办幼儿园的发展，因选址困难该区域民办幼儿园数量较少，很多已经投入使用的民办幼儿园也因人均占地面积、人均建筑面积以及活动场地不达标等原因无法取得办园资格证，该区域的适龄幼儿要么选择在较远的其他街道或社区入园，要么只能就读于附近的这些无证幼儿园，而街道内距离近又有办学资质的幼儿园几乎成了幼儿家长争抢的对象，产生了新的"入园难"问题，类似的情况在很多城市的新建城区十分突出。

合理的学前教育机构布局可以避免造成教育资源的浪费。我国学前教育规划布局不科学导致的公共资源使用效率低下既有主观上的原因，也有客观上的限制。就主观原因而言，在第一期学前教育三年行动计划中，中央政府对学前教育拨付的专项资金，将资金分配与幼儿园的规划建设绑在一起，要求地方政府要先制定幼儿园建设布局规划，中央政府再根据规划给予相应的财政支持，这样容易导致地方政府产生短视效应，尽力规划较多的幼儿园布点以争取更多的中央财政资金。除了地方政府具有短视效应，辖区居民考虑到自身的利益和幼儿入园的便利，也容易产生短视效应，他们通过夸大自身对学前教育的需求以争取地方政府规划更多的幼儿园布点。就客观原因来说，县级政府规划知识能力的欠缺，省级政府统筹规划责任缺位。学前教育规划布局的主要责任由县级政府承担，具体的规划事项由县教育局执行，但是县教育局并没有设立专门的机构和配备专门的人员，学前教育的规划事项主要由基础教育部门的人员兼职承担，其人员素质往往达不到科学布局规划所需的能力和技术。他们虽然熟悉教育管理工作，但不是专业的规划人员，缺乏人口预测和设计规划方面的专业知识与技术，也欠缺财务管理知识或进行财务分析的能力，很难掌握好学前教育财力资源的约束和弹性，难以在有效分配学前教育财政经费的前提下科学规划幼儿园布局。合理的幼儿园规划布局需要综合考虑教育质量、教育成本、地理环境和人口分布及其动态变化等多种因素，并结合地方政府财政供给能力，确定幼儿园布点的数量和投入的重点，这不是静态的预测，而是动态的规划，既需要专业的理论知识，也需要相应的技术手段，通过建模测算来制定出科学的布局规划。目前，县级教育部门的人员都不具备这些能力和技术水平，仅仅依靠县级教育部门往往难以实现。在国家教育事业发展十二五规划中，已强调了省级政府应承担学前统筹规划职能，制定本区域学前教育发展规划，但实际执行过程中，省级政府的规划职能往往形同虚设，未能真正起到统筹规划的职能。布局规划的不科学直接导致了有限的学前教育公共资源未能有效起到扩大学前教育资源，提高学前教育普及率的作用。

第七章

美国与日本学前教育财政
制度安排与启示

构建公平有效的学前教育财政制度既需要加强理论研究，也需要借鉴国际经验。美国20世纪以来学前教育取得了前所未有的发展，无论是学前教育入园率等外在规模还是学前教育内在质量都处于世界领先地位；而日本战后学前教育发展迅速，其教育行政管理体制与我国更为接近，文化传统也较为相似。因此我们选择了美国和日本作为典型案例，介绍美日两国现行的学前教育财政制度安排，重点考察两国学前教育事权在各级政府间的划分以及学前教育支出责任的界定，并对其进行比较与分析，总结一些带有共性的做法，以期对我国学前教育财政制度改革提供有益参考。

第一节　美国学前教育财政制度安排

19世纪后半叶，美国的学前教育获得了初步的发展，但这一时期政府对学前教育的重要性认识不足，对其几乎不加干预，学前教育发展缓慢①。20世纪60年代以来，政府对学前教育的认识从单纯将学前教育视为一种增进社会福利的手段，转变为认识到学前教育是一种具有高回报率的投资，对个人的发展和国家前途有重要影响，学前教育逐步上升到国家战略的高度，并通过《提前开端法》《儿童保育与发展整体拨款法》等法律法规保障政府对学前教育的干预和投入，美国的学前教育在质量与规模方面都得到了快速发展，入园率一直呈上升趋势，虽然2014年以来受经济衰退影响，美国各州对学前教育项目资助水平略有下降，但学前教育整

①　霍力岩：《学前比较教育学》，北京师范大学出版社1995年版。

体发展水平仍处于世界前列。政府的有效干预是 20 世纪 60 年代以来美国学前教育的高质快速发展的重要原因。这里我们重点从学前教育事权划分与支出责任的划分等方面对美国学前教育财政制度进行总结，探索美国政府干预学前教育的特点。

一、美国政府间学前教育事权划分

作为联邦制国家的代表，美国学前教育事业的管理责任，主要不在联邦政府，而是实行以州为主体，联邦、州和学区共同负责的管理体制①。

联邦政府目前主要通过联邦教育部（Department of Education）负责学前教育，部分与早期保育和儿童发展相关的项目由联邦卫生与公共服务部（Department of Health and Human Services）辅助实施②。联邦政府主要负责颁布与学前教育相关的法律，从整体上明确学前教育在国家发展战略中的定位，确定学前教育发展总体目标，制定学前教育发展的整体指导政策，颁布学前教育事业的相关法律如《提前开端法》《不让一个儿童落后法》等，用法律形式明确学前教育的性质和地位、确定全国学前教育的发展重点，实施全国性的学前教育项目如"提前开端项目"等，制定政策指导和引导各州提升学前教育发展质量，督促各州建立统一学前教育问责制度。联邦政府还负责对各州学前教育资源进行统筹协调，整合各州学前教育资源、避免州与州之间学前教育管理重叠、交叉的现象，提高资源整体利用效率。

州与地方政府作为管理学前教育的主体，主要负责学前教育发展目标的细化、地方学前教育发展计划的制订，学前教育机构的举办，大型学前教育项目的具体实施以及学前教育财政拨款的利用等方面。州政府在学前教育领域的职能主要包括：（1）负责学前教育项目的具体实施，对学前教育财政拨款的使用方式、筛选标准进行细化与明确，并对资金的服务对象、服务内容等方面进行更为具体的规定以保障学前教育项目的顺利实施。（2）州政府还负责学前教育经费的划拨与管理。美国学前教育公共经费包括州立学前教育项目经费均由州教育行政部门划拨到学区，再由学区进行资金分流和具体分配；联邦政府实施的大型全国性学前教育项目所下

---

① 美国的学前教育事业由联邦教育部、各州教委、学区委员会实施三级管理。

② 刘昊：《美国学前教育发展中联邦和州政府的责任分化》，载于《外国教育研究》2013年第 7 期，第 45 ~ 50 页。

拨的项目经费，也大都由州政府负责具体的管理和执行①。（3）根据本地区实际情况，制定地区学前教育课程指导大纲，对学前教育阶段的教育内容和教育目标做出更为详尽的规定。（4）制订本地学前教育专业规范与各项质量标准，具体而言，各州教育委员会依据地方学前教育发展实践对学前教育质量的相关标准做出明确规定，包括学前教育师生比例、学前教育阶段班级规模、师资标准、教育水平、教育服务时间和内容等。（5）州政府还负责制定相应的学前教育考核与评级标准，对学前教育机构进行考核和评价，并将评价结果予以公布，以起到监督的作用。近年来美国政府为进一步提升学前教育质量，保障学前教育公共资源使用效果，构建了以州政府为主体的学前教育质量评级、激励与问责体系，其目的在于通过评级以及一系列支持措施，促进学前教育机构提升教育质量，同时增加学前教育机构质量信息对家长的透明度。学前教育质量评价体系对于评价内容、评价对象与评价方式都做出了具体而细化的规定，评价结果与财政补贴挂钩，并根据评价结果实施问责机制。就评价内容而言，各州评估的内容虽有所区别，但都十分全面细化。对于反映学前教育基本质量的评价内容多采取了能够量化的评价指标，如班级规模、师生比、教师教育水平和培训情况等，在此基础上，很多州还进一步将学前教育课程所包含的发展领域、师生互动状况等对于教育过程质量的评价纳入评价体系。就评价方式而言，大部分州都采取学前教育机构自评和政府主管部门统一评级两种方式，并要求将评价结果向家长和社会公示，使评级结果成为家长选择幼教机构的重要衡量标准。为保证评价体系能够真正起到提高学前教育质量、保障资金使用效果的作用，各州均针对评价结果采取一定的财政激励措施并实施问责机制。目前美国大部分州都在质量评级与促进系统中实行"分级补贴"，即学前教育机构获得的财政补贴与其评级的结果挂钩，并根据各学区表现，进行相应的奖励。各州教育委员会还根据联邦政府的要求，将问责机制划分为不同等级：州级问责、学区问责、学校问责、班级问责。问责的内容包括财务问责、学校监护问责、幼儿发展问责等，并提出相应的支持和激励措施。

学区是美国最基层的教育行政单位，美国目前的近2万个学区一般都设有教育委员会，主要负责对学区学前教育事业进行直接管理。具体来说，学

---

① 美国联邦政府在"提前开端"计划外实施的"儿童养护与发展基金"，以及针对贫困幼儿的"贫困家庭临时资助"项目，项目资金均由州政府直接负责，州政府拥有项目资金的使用和分配权，可直接决定资金的使用途径和方式。

区主要有六项基本管理职能：（1）根据州颁布的学前教育大纲具体制定本学区学前教育教学内容和教学计划；（2）依据学前教育各项标准，具体审批学区内各类学前教育机构；（3）学前教育机构的日常管理，包括管理学前教育机构人事、购买教材与教具、提供校车、维修校舍等；（4）通过征收财产税为学区学前教育发展筹集资金；（5）编制学区学前教育经费预算；（6）学区还需配合州在学区内实施问责制度，对于学区内表现差的幼教机构，由学区施以惩罚，惩罚的具体方式有干预、协助等，对于学区内表现好、进步较大的幼教机构给予相应的奖励。

二、美国政府间学前教育支出责任的划分

学前教育作为准公共品，在美国不属于义务教育范畴，学前教育成本由政府和市场分担，相对而言美国各级政府学前教育支出责任划分较为明确。从总体上看，美国政府对学前教育的投入力度是不断加大的①。2014年以来受经济衰退的影响，美国州政府对学前教育项目的生均经费资助标准略有下降，但整体上看学前教育的政府分担比例仍然很高，2011年美国学前教育财政经费占国内生产总值的比重约为0.4%，学前教育公共经费投入占学前教育总经费的比重约为70%左右②。从学前教育办学主体来看，美国学前教育机构主要分为公立和私立两种。当前美国国民小学普遍设立一到两年的公立学前教育。其中，4岁儿童学习段称幼儿园教育（Pre-Kindergarten）：5岁儿童学习段称学前班教育（Kindergarten）。部分州4岁儿童可以接受免费学前教育，但所有州均要求5岁儿童必须接受学前教育，且就读公立学校予以免费。美国基础教育中常提到的"K-12"教育就是指自Kindergarten至12年级高中毕业的国民教育。此类设在公立学校内的学前教育多纳入正规国民教育（Public Education）学制，其经费主要由学区财产税负担。五岁以下儿童通常在日托中心、儿童教育中心或者托儿所等学前教育机构接受教育，分为0~3岁和3~5岁两个阶段。在这两个阶段的学前教育中，不论是私立学校还是公立学校都不实行免费教育，学费主要由幼儿家庭承担，但存在不同程度的优惠方式。美国所有州公立学校内的学前教育纳入正规国民教育（Public Education）学制，其经费主

---

① 2011年美国学前教育公共经费占公共教育总经费的比重为20%，而2004年该比重仅为2.9%。

② 数据来源：《Education at a Glance 2014：OECD Indicators》，OECD Publishing，2014.

要由学区财产税负担。美国五岁及以上儿童必须接受学前教育，且就读公立学校予以免费，五岁以下儿童通常在日托中心、儿童教育中心或者托儿所等学前教育机构接受教育，学费由幼儿家庭和政府分担。

就学前教育各级政府支出责任划分而言，美国联邦、州和学区三级政府支出责任划分相对明确，逐步形成了以州为主体，三级政府共同分担的学前教育财政制度。具体来看，联邦政府主要通过立法拨款承担对学前教育的投资责任，并通过为具体学前教育项目拨款引导州政府的财政资金流向。联邦政府对大型学前教育项目的投入多通过联邦教育部和卫生与公共服务部完成（Department of Health and Human Services），联邦教育部主要负责对早期教育为目的的大型项目投入①。健康与人类服务部主要负责与婴幼儿保育和早期发展相关的项目实施，如《提前开端法》涉及的财政资助项目，拨款比例，项目实施标准，具体实施方式等。教育部主要颁布与学前教育相关的法律并实施有关项目，如2002年颁布《不让一个孩子掉队法》（No Child Left Behind Act），其中"一号条款"（Title I）设立"早期阅读"项目（Early Reading）和"公平教育起点"项目（Even Start），并对拨款目的、经费使用以及项目管理进行了详细规定。2008年，该法案用于"早期阅读"项目的经费是1.1亿美元，2010年用于"公平教育起点"项目的经费是6600万美元。健康与人类服务部主要颁布与婴幼儿保育和早期发展相关的法律并实施有关项目，如现在实施的《提前开端法》（Head Start Act），该法有22个条款，具体包括实施该法的目的，财政资助项目，拨款比例，项目实施标准，具体实施方式等。再比如《儿童保育与发展固定拨款法》（Child Care and Development Block Grant Act），该法下设"儿童保育和发展基金"（Child Care and Development Fund），由联邦卫生和公共服务部的儿童家庭管理局（The Administration for Children and Families，ACF）管理。该局将"儿童保育和发展基金"发放给州政府，州政府在执行时享有较高自主权。联邦政府资金主要下拨给州政府，由州政府进行统筹使用与管理，联邦政府通过规定资金获取资格，引导资金向

---

① 以依据联邦政府《不让一个孩子掉队法》实施的"早期阅读"项目（Early Reading）和"公平教育起点"项目（Even Start）为例，其中联邦政府2008年用于"早期阅读"项目的经费是1.1亿美元，2010年用于"公平教育起点"项目的经费是6600万美元，且联邦教育部对拨款目的、经费使用以及项目管理均进行了详细规定。

弱势地区和家庭倾斜，起到均衡和公平的作用①。由于联邦政府用于学前教育专项资金越来越多，为确保这些资金能达到预期目标，联邦政府还聘请各类教育研究和评估机构定期或不定期对用于学前教育的各项专项资金使用效果进行评估，并将评估结果与后续的资金支持挂钩。

州一级政府作为学前教育的投资主体，承担了学前教育的主要支出责任，州政府主要从三个方面对学前教育进行投入：一是对州立学前教育项目进行拨款，近年来，美国各州政府均设立了以州为主要服务对象的学前教育项目②，也有越来越多的州提出了"普及学前教育"（universal pre-kindergarten）运动，与之相应，州政府在联邦投入的基础上对学前教育项目投入的资金也持续增加。二是延伸提前开端计划等联邦学前教育项目，除专门的州立教育项目外，各州政府对学前教育的投入还包括用州政府资金来延伸"提前开端"计划、经由卫生和福利渠道投资等，成为学前教育事业的主要资金来源。三是利用公式拨款平衡学区的财力，除了对州立学前教育项目进行投入和对联邦学前教育项目追加投入外，州政府还对学区进行公式拨款，其经费一般由教育行政部门划拨到学区，然后由学区分流资金、筛选服务对象。美国 5 岁以上儿童在公立学前教育机构接受免费学前教育所需经费，除州政府公式拨款外，主要由学区财产税负担，学区还同时负责管理联邦和州用于本学区各项学前教育专项资金。

单就政府对私立学前教育机构的投入而言，美国政府将私立学前教育机构视为学前教育系统的重要组成部分，不仅在质量上私立幼儿园与公立幼儿园采用相同的质量标准要求，并按照质量要求对私立幼儿园进行严格监管，而且通过各种方式对私立幼儿园进行财政补贴，补贴资金主要来自联邦和州政府。其中州政府主要通过直接给予私立学前教育机构税费减免的方式支持私立学前教育机构发展，当前美国私立学前教育机构大部分是非营利性质的，可享受州政府给予的免税优惠。近年来，美国部分州政府已开始将财政补贴范围从非营利性质的私立学前教育机构扩展至营利性质私立学前教育机构，对于合格认证的营利学前教育机构也给予相应的资助。除直接给予减免税优惠和财政补贴外，州政府和联邦政府还采用针对需求方的补贴政策，共同向幼儿家庭发放教育券，教育券的发放数额与家

---

① 美国联邦政府对学前教育的三大投资，即"提前开端"计划、贫困家庭临时资助与儿童养护与发展基金，均未事先确定配额，直接视受助对象的家庭经济状况而定，有利于在整体上达到相对均衡。

② 美国目前越来越多的州提出了"普及学前教育"（universal pre-kindergarten）运动，州立学前教育项目所覆盖的幼儿人数已经超过"提前开端"计划等联邦政府学前教育项目。

庭收入情况挂钩，通过这种方式对弱势儿童家庭进行重点资助，促进了教育公平的同时，增加私立学前教育机构的生源，间接支持了私立学前教育机构的发展。

第二节　日本学前教育财政制度安排

日本的学前教育起步较早，从 1876 年第一所幼儿园创办至今已有一百四十多年的历史，早期日本的学前教育以政府投入为主，带有福利性质，这一阶段的学前教育机构以公立幼儿园与由基督教会创办的幼儿园为主，很少有私人涉及，资金主要来源于财政拨款和社会捐赠，直到 20 世纪 30 年代后才逐步有私人介入。二战时期，大量学前教育机构倒闭，日本的学前教育发展出现了停滞。战后日本政府采取了一系列措施缓和社会矛盾，发展学前教育就成为政府增进社会福利的一项重要措施之一。日本政府战后实行了四次幼儿教育振兴计划，极大地促进了日本学前教育的发展。目前日本学前教育的发展规模与质量均处于世界前列，尤其是近年来日本政府在解决待入园儿童问题上实施的一系列财政政策收到了很好的效果。日本的教育行政制度为中央与地方合作制，其教育行政管理模式与我国更为接近，文化传统也较为相似。因此，日本学前教育发展中政府有效干预的经验，对我国学前教育财政制度的完善无疑具有重要借鉴意义。

一、日本政府间学前教育事权划分

日本的学前教育机构主要有保育所和幼儿园两类。保育所依据《儿童福利法》设置，由厚生劳动省管理，带有儿童福利性质，保育所分为公立和私立，公立的保育所一般由县或市町村一级的基层政府设立，私立的保育所可由各类法人（包括社会福利法人、社团财团法人和宗教法人等）设立。保育所主要负责 0~6 岁入小学前因父母就业等原因缺乏保育的儿童的托管，儿童在保育所时间每天大于 8 小时，一般只有父母双方均就业的家庭持市町村负责人提供的证明进行申请方能入所。幼儿园依据文部科学省颁布的《学校教育法》设立，由文部科学省管理，依据《学校教育法》纳入学校教育体系，分为国立、公立和私立三类，其主要任务是对 3 岁至入学前幼儿进行学前教育。近年来，日本国立幼儿园几乎没有增长，公立幼儿园数量甚至有所下降，私立幼儿园数量呈上升趋势。由于保育所和幼儿园分属不同的管理部门，且在教育职能上有重复的部分，日本政府一直试图将"托、幼"一体化，以便对学前教育机构进行统一管理。2015 年开始，日本政府开始新建一批集保育所与幼儿园功能于一身的儿童认定园，并鼓励原有托幼机构也向认定园转变，以更好地实行托幼一体化。

　　日本的学前教育行政管理系统实行中央领导下的地方分权管理。学前教育由中央与地方教育行政系统共同管理，但各有侧重。中央一级的学前教育行政管理机构主要是文部科学省及其下属的中央教育审议会、初等幼儿教育科等，地方一级的学前教育行政管理机构主要包括都道府县和市町村两级教育委员会。从机构设置上看，学前教育事业有独立的机构进行管理，文部科学省下设初中等教育局幼儿教育课，都道府县教育委员会设幼稚园主管部，专门负责幼儿教育的管理，都道府县还设有专门的私立学校主管部，共同负责私立幼儿园的相关事务。

　　就各级政府事权划分而言，文部科学省在学前教育领域主要有两大职责：一是制定学前教育的各项全国统一标准，并整体规划学前教育的发展；二是协调各地方学前教育行政管理机构。具体来说，文部科学省负责对学前教育机构的办学条件、设施设备、师资要求、教育内容、改革方向等进行统一规划，制定统一的全国最低标准，并依据各种教育审议会议提出的建议对政策进行修订。也就是说，制定各项全国统一的基本标准，并以法律法规的形式保障其顺利实施，是日本中央政府在学前教育领域承担的主要职责。在办学标准方面，日本政府于 1956 年颁布实施了《幼儿园设置基准》（以下简称《基准》），并于 2002 年 4 月修改沿用至今。《基准》是日本设立幼儿园的最低标准，无论是国立、公立还是私立幼儿园，其设置标准均应在最低标准之上。《基准》对幼儿园的班级编制、幼儿园的建筑与活动场地面积、教师配备、教育设施的配置等方面都做出了详细而明确的规定。如要求幼儿园班级编制每班不超过 35 人，幼儿园园舍和运动场面积根据班级数而定，园舍面积最低不得少于 180 平方米，两个班不低于 320 平方米，两个班级以上者，每多一个班级在 320 平方米的基础上增加 100 平方米[①]。幼儿园运动场地的面积一个班级者不低于 330 平方米，两个班级者不低于 360 平方米，三个班级不低于 400 平方米，以后每

---

　　① ［日］加藤繁美，戦後学校体系における幼稚園の位置—学校教育法幼稚園目的規定の成立を中心に，山梨大学教育学部研究報告第三十九号，1989 年。

增加一个班级增加 80 平方米①。在幼儿园教学方式和内容方面，文部科学省 1998 年颁布并与 2008 年重新修订了《幼儿园教育要领》，规定幼儿教育应依托环境进行，日常教育应以游戏为主导，并根据不同儿童的特点进行指导②，并进一步将学前教育的教学内容分为健康、人际关系、环境、言语和表现五个领域③。在学前教育师资要求方面，为了提高和保障教师的素质，日本政府通过《教育职员许可法》（1949）、《教育职员许可法施行规则》（1949），以及 1988 年颁布的《教育公务员特例法》三部法律对学前教育教师资格以及教师进修等方面做出了详细要求。明确规定幼儿园教师无论就职于公立或私立幼儿园，均需具备由都道府县教育委员会授予的幼儿园教师资格证书。教师资格证书既可以在文部大臣认定的培训机构学完规定的课程和学分直接获得，也可通过在职教育经考试合格后获得。普通教师资格证分为专修资格证书、一种资格证书、二种资格证书，不同的资格证书对学历和修习的科目都有相应的要求。2008 年 6 月日本政府最新修订的《教育职员许可法》对幼儿园教师资格证的最低标准予以重新确定，具体如表 7 - 1 所示④。

表 7 - 1　　　　　　　　日本幼儿园教师资格获得的最低条件

类别	资格证书	学位要求	学科专业科目	一般教职科目	教职专业科目
幼儿教师	专修资格证书	硕士学位	6	35	34
	一种资格证书	学士学位	6	35	10
	二种资格证书	短期大学学士学位	4	27	

资料来源：日本文部科学省官方网站。

在幼儿园的保健、饮食安全等方面，日本政府也颁布了相应的法律对幼儿园的日常运营进行规范。如对学校环境卫生标准和保健指导等方面做出具体规定的《学校保健安全法》，对学校供食的管理者资质和食品标准、国家补助等进行划定的《学校给食法》等。日本政府战后还通过颁布和实

---

①　[日] 文部科学省：《幼儿园教育要领》，http：//www. mext. go. jp/a_menu/01_b. htm。
②　李季湄：《从日本幼儿园教育大纲的修订看日本幼教的发展趋势》，载于《学前教育研究》2000 年第 5 期，第 69～72 页。
③　年智英：《终身学习型职业发展：日本教师资格标准述评》，载于《比较教育研究》2011 年第 8 期，第 37 页。
④　文部科学省 "教育職員免許法及び教育公務員特例法の一部を改正する法律（平成 19 年法律第 98 号）"，http//www. mext. go. jp/b_menu/hakusho/nc/07081707. htm。

施《私立学校法》（1947）、《日本私立学校振兴助成法》（1970）、《日本私立学校振兴财团法》（1975）和《日本私立学校振兴·共济事业团法》（1997）等一系列法律对日本私立幼儿园的性质、登记注册手续、政府财政投入等方面做出了专门的规定，并对私立幼儿园在办学标准、教学内容、师资要求以及日常管理方面和公立幼儿园统一要求。这些法律条款给予私立幼儿园与公立幼儿园一样的国民待遇，使私立幼儿园成为日本学前教育的重要组成部分。

中央政府除制定各项学前教育标准外，还负责监管并协调地方各级学前教育行政管理机构，以及负责国立幼儿园的设置与运营（日本有数量极少的设在国立大学的教育系里的国立幼儿园，2012 年占 0.37%）。文部科学省作为中央一级的教育行政管理机构，也负责将家庭、社区、社会团体等的提议、报告以及其他有关省厅、知事和市镇村长的政策建议进行汇总，依据这些报告和建议进行调研，并根据调研结果对现行政策进行修订。

都道府县一级教育委员会主要依据中央制定的教育政策，结合地区的实际情况，在国际统一最低标准的基础上，结合实际情况对本地区幼儿园的办学条件、基础设施，师资配备等方面提出更高的要求，制定本地区学前教育发展的具体标准和细则，同时负责都道府县立幼儿园的人事、经费、设施设备、教育教学、课程内容和教师进修等具体事宜，指导、协调和监督市町村一级教育委员会的运行。各都道府县还附设私立学校审议会对所在区域的私立幼教机构的设置进行审批，对其日常运营进行监管、对私立幼儿园进行资助（日本的公立幼儿园大部分附设在地方公立小学里，私立幼儿园多依附社区设立）。市町村一级的教育委员会及其事务局在教育行政方面的职权与都道府县教育委员会相似，只是管理范围相对缩小，即主要负责设置和管理市町村立幼教机构，幼儿园的经费、设施设备、教育教学、课程内容和教师进修等具体事宜，任免市町村立学校教职员等。

二、日本政府间学前教育支出责任的划分

就支出责任而言，日本的学前教育非义务教育，不同性质的幼教机构的经费由政府和家庭共同分担。一般来说，小孩就读于国立和公立幼儿园，家庭负担的经费比就读于私立幼儿园明显要低，但两者的差距在逐渐缩小。2010 年开始，为了减少就读于私立幼儿园家庭的负担，缩小公立与私立幼儿园入园费用的差距，促进教育公平，日本政府对进入私立幼儿园

家庭提高了入园补贴，这种入园补贴几乎涵盖了日本大部分进入私立幼儿园的家庭，私立幼儿园经费中政府分担的比例逐步增加，公立与私立幼儿园家庭负担经费的差距进一步缩小。

从日本学前教育财政投入总量来看，近年来日本政府加大了学前教育的财政支持力度，学前教育经费在学校教育总经费中所占比重呈不断增长的态势，但日本的学前教育公共投入在 OECD 成员国中并不算高，2011 年日本政府对学前教育的财政支出（含财政拨付的儿童福利支出）占财政支出总额的 0.8%，与 OECD 成员国的平均水平 1.1% 还有较大的差距①。鉴于此，日本政府 2012 年 8 月颁布了《儿童及育儿援助法律》，主旨在于提高幼儿能够享受到的保育教育水平。以该项法律为依据，2015 年 4 月开始日本政府开始在全国推行"儿童与儿童援助新制度"，从扩充幼儿教育机构的数量和提高幼保机构质量两个方面支持学前教育事业的发展，预计从上调 10% 的消费税中每年拿出 7000 亿日元左右推进该项新制度。2015 年预算投入 4844 亿日元用于推行"儿童与儿童援助新制度"。该项目的主要目的如下：一是在于普及集幼儿园与保育所优点于一身的"认定儿童园"，增加保育场所的数量，以解决目前日本幼儿园的供求矛盾；二是从数量上扩充援助数量，以需要援助的所有家庭都尽可能地能够利用为目标；三是提高各地区幼儿教育机构的数量和促进幼教机构改进教育质量，从而提高儿童期幼儿教育和保育的水平。

就中央一级和地方两级政府对学前教育的投入责任划分而言，各级政府均有明确的分工。对于国立和公立幼教机构，中央一级政府主要负责少数国立幼儿园的日常运营经费开支，并通过转移支付的形式对都道府县负责的学前教育进行补助，各地区补助的标准和力度，依据经济发展水平不同会有所区别。都道府县与市町村则主要负责所在辖区公立幼儿园和保育所的公用经费开支。由于日本大部分公立幼儿园均属市町村一级，因此公立幼儿园公用经费主要由市町村一级政府承担。就学前教育人员经费而言，日本公立幼儿园教师与公立小学、中学教职员相同，身份是市町村的公务员，按照公务员编制与待遇，薪酬由都道府县财政按"县财政负担教职员制度"负担，其中约 1/3～1/2 来源于中央转移支付。从整体上看，中央政府对幼儿保育教育事业的投入在逐年增加，尤其是 2012 年以来有大幅度提高。2014 年日本内阁府对幼儿保育方面的投入已达 6248 亿日元，2015 年预算投入 7067 亿日元②，

---

① 数据来源：《Education at a Glance 2014：OECD Indicators》，OECD Publishing，2014.
② 数据来源：日本文部科学省官方网站，http：//www. mext. go. jp/a_menu/01_b. htm。

主要用于以下几个方面：（1）幼儿教育新制度的实施。（2）待入园儿童加速解决计划的推行。（3）其他保育事业的推进，包括推行新制度所需的其他费用以及幼儿保育教育方面的调研调查费用等。

对于私立幼教机构，由于日本政府将私立幼儿园视为学前教育体系的重要组成部分，在经费投入方面，政府不仅对私立幼儿园设施设备进行补贴，而且针对进入私立幼儿园的家庭也有入园补贴，因此，最终进入私立幼儿园的家庭负担与进入公立幼儿园的家庭负担的差距并不大。由于日本目前私立幼儿园数量较多，据文部科学省的统计，2012 年日本共有幼儿园13170 所，其中国立幼儿园 49 所，占 0.37%，公立幼儿园 4924 所，占37.39%，私立幼儿园 8197 所，占 62.24%，因此对私立幼儿园的财政补贴是日本学前教育公共投入中的重要组成部分。日本对私立幼儿园的财政支持方式主要有三种，资金同样采取了按照不同支持项目中央与地方政府分担的模式。一是对私人建立的学校只要不从事营利活动，均免缴国家税。二是对私立幼教机构进行财政补贴，对私立幼儿园的补贴主要用于其日常运营如设施装备、教职员工工资和福利等方面，补贴所需资金由中央负担 1/2 或者 1/3，都道府负担 1/3 或 1/4，如私立幼儿园的硬件设施设备达到政府要求的标准，政府给予 1/3 左右的补贴，所需资金由私立幼儿园提出申请，都道府县的私立学校主管部门报请文部科学省审批后直接拨付私立幼儿园。对私立保育所的经费补贴力度则更大，私立保育所的运营费（含职工工资福利、出差学习等项费用）一半都来源于政府财政补贴，这类补贴所需资金中央财政约负担 1/2，都道府县与市町村当局分别约负担 1/4。三是针对私立幼儿园入学儿童的幼儿园入园补贴。2015 年该项针对幼儿入园的补贴预算总额达 401.88 亿日元，所需资金中央政府、都道府县和市町村一级政府各自分担 1/3。按照 2014 年的最新补贴标准，依照家庭收入高低分为四个阶层进行补贴，具体补贴标准如表 7 - 2 所示。

表 7 - 2　　　　　　　　　日本私立幼儿园入园补贴标准　　　　　　　　单位：日元

收入等级	政府补贴额	家庭承担保育费上限
最低生活保障家庭	308000/年	0 日元
年收入约 270 万以下家庭	9100/月，272000/年	3000/月，合 36000/年
年收入约 360 万以下家庭	115200/年	192800/年
年收入约 680 万以下家庭	62200/年	245800/年

资料来源：日本文部科学省官方网站。

日本政府在对进入私立幼儿园的入园补贴的基础上，还有针对低收入家庭幼儿的特殊补贴，这些措施很大程度上减轻了进入私立幼儿园家庭的负担，对于缓解日本近年来的待入园儿童问题起了很大作用，使得进入私立幼儿园的家庭最终负担的费用与公立幼儿园的差距逐步缩小。

第三节　美国与日本学前教育财政制度的共性与启示

通过以上对美国和日本学前教育财政制度的考察，可以发现，由于两国行政管理体制与财政体制有所不同，其在具体的学前教育财政制度安排上存在一定的差异，政府间学前教育事权与支出责任的分担形式也有所区别，但透过这些差异仍能总结出一些共性，这对于我国学前教育财政制度改革具有重要借鉴意义。

一、政府在学前教育发展中起到主导作用

学前教育作为一项重要的投资，不仅会影响经济增长，也会影响一国收入分配，其重要性已为世界各国政府所认识。从美国和日本政府对于学前教育的定位来看，两国都将学前教育规定为基础教育的组成部分，将其纳入了国民教育体系，并以基本立法的形式予以明确。虽然两国政府干预学前教育的具体方式有所不同，政府在学前教育成本中的分担比例也有所差别，但政府无一例外在学前教育发展中都起到了主导作用。政府主导学前教育的发展主要体现在三个方面：一是政府对学前教育的财政投入上；二是政府实施多种措施保障学前教育公平上；三是政府作为学前教育的管理主体，以政府为主导构建全国性的学前教育质量标准。美国政府对学前教育项目投入大量资金，学前教育财政性经费占学前教育总经费的比重持续提高，一方面确保 5 岁以上适龄幼儿就读于公立幼儿园享受免费的学前教育，通过全国性的学前教育项目提高适龄幼儿入园率。另一方面对处境不利儿童进行重点干预，保证其享受高质量的学前教育，保障学前教育公平，如联邦政府实施的"儿童养护与发展基金"（Child Care & Development Fund）和"贫困家庭临时资助"（Temporary Assistance for Needy Family）项目，均为重点保障不利处境幼儿公平的享受学前教育服务。此外以

州政府为主体制定了学前教育课程内容、大纲以及各项具体标准，美国各州在其相关法规中颁布有关合格学前教育机构类型和标准的具体规定。在入职标准上，除州政府制定的学前教育教师最低职业准入资格标准，还按照其从事的项目和岗位的不同，对幼儿教师的专业素质制定了更加具体的要求，并在此基础上以州政府为主体构建完善系统的评价、激励和问责体系，由联邦政府予以监督指导，保障和提高学前教育发展质量。

此外，文部科学省对学前教育发展涉及的各个方面均制定统一的全国标准，无论是在办学标准，教学内容、学前教育师资要求、幼儿园的保健、饮食安全以及日常管理等方面都做出了详细而具体的规定。都道府县一级教育委员会主要依据中央制定的教育政策，结合地区的实际情况，在国际统一最低标准的基础上，结合实际情况对本地区幼儿园的办学条件、基础设施，师资配备等方面提出更高的要求，公立和私立幼儿园均需符合标准，无论何种性质的幼儿园均纳入各级教育部门统一进行管理。可见，两国虽然具体实施方式有所区别，但政府均作为学前教育的管理主体和投入主体，在学前教育发展中都起到了主导作用。

二、完善的学前教育法律法规体系

教育法律和法规是发展学前教育最强有力的保障。纵观美国和日本两国，重视学前教育立法，以法律法规的形式为学前教育发展提供财力保障，并保证学前教育各项质量标准落到实处，是美国和日本政府在发展学前教育事业上的一大特点。

美国政府不仅通过联邦立法明确学前教育的性质和地位，将其上升到国家战略的高度，而且各级政府对学前教育的管理责任和投入责任均通过立法予以明确，同时根据各种项目立法明确联邦和州政府具体筹集资金的责任，通过立法确保政府对处境不利儿童重点投入，保障弱势儿童能够得到全面健康的发展。涉及学前教育教师权益和教育质量的各方面规定，如学前教育课程发展指导框架、课程内容、学前教育教师资质、福利待遇、进修与培训、学前教育质量监控等均由各州政府通过制定相关教育法规予以保障。可以说，完善的学前教育法律法规体系对美国学前教育的快速发展起到了十分重要的作用。日本涉及学前教育发展的各项统一而细化的标准，也均以法律法规的形式保证了其执行力度。如明确幼儿园地位与性质的《学校教育法》、规定学前教育教师资格教师进修的《教育职员许可法》《教育职员许可法施行规则》和《教育公务员特例法》，对幼儿园的日常运营进行规范的《学校保健安全法》《学校给食法》，对私立幼儿园进行支持和规范的《私立学校法》（1947）、《日本私立学校振兴助成法》（1970）、《日本私立学校振兴财团法》（1975）和《日本私立学校振兴·共济事业团法》（1997）等。而我国当前还未建立起完善的学前教育质量保障制度体系，涉及幼儿教育的相关文件如《幼儿园教育指导纲要（试行)》《3~6岁儿童学习与发展指南》《幼儿园工作规程》《托儿所、幼儿园卫生保健管理办法》《中小学幼儿园安全管理办法》《托儿所、幼儿园建筑设计规范》以及《国家发展改革委教育部财政部关于印发〈幼儿园收费管理暂行办法〉的通知》等均未上升到法律的高度，难以保证其执行力度，未能为我国学前教育质量的提高提供有效保障。

三、相对清晰的中央与地方政府学前教育事权划分

就事权划分而言，如前所述，美国和日本各级政府之间学前教育事权划分都是十分明确的。美国联邦政府主要通过法律形式确立全国学前教育发展目标，明确学前教育在国家发展战略中的定位，进而引导、统筹和协调各州政府和学区对学前教育的管理。按照宪法的规定，美国的州政府作为学前教育管理的责任主体，具体负责州学前教育各项标准的制定，并协同联邦政府构建学前教育质量评级、激励与问责体系。学区是学前教育具体管理者和各项政策的具体执行者，主要负责学前教育各项具体事务。日本政府对幼儿教育机构的审批、管理责任划分也较为明晰，不同性质的幼儿教育机构隶属不同级别的教育主管部门的专设机构，这避免了由于隶属关系不明确以及无专门部门负责所造成的责任主体缺失和管理混乱。中央政府主要制定各项学前教育标准以及监管并协调地方各级学前教育行政管理机构，都道府县一级教育委员会主要结合地区的实际情况，在国家统一最低标准的基础上，结合实际情况对本地区幼儿园的办学条件提出更高的要求，制定本地区学前教育发展的具体标准和细则，同时指导、协调和监督市町村一级教育委员会的运行以及对所在区域的私立幼教机构的设置进行审批和监管。市町村一级的教育委员会及其事务局管理范围相对缩小，主要负责幼教机构，幼儿园的经费、设施设备、教育教学、课程内容和教师进修、教员任免等具体事务。反观我国当前的学前教育发展，各级政府

学前教育事权划分不清，横向事权存在交叉重叠，隶属关系不同的学前教育机构并未完全纳入教育部门统一管理。学前教育纵向事权尤其是省和区县政府之间事权划分模糊，县区政府的事权责任不明确，权责不对等，缺乏细化的考核标准，但在具体管理中，又缺乏一定的自主权；部分事权虽划分明确，但缺乏实施细则，难以落实。

四、各级政府共同分担的筹资机制

从学前教育筹资体制来看，虽然各级政府分担比例和分担模式有所不同，但美国和日本学前教育均采取了各级政府共同分担的投资机制。就美国而言，美国联邦政府主要通过具体项目对学前教育进行资助，其目标有二：一是帮助处境不利家庭接受学前教育，实行个人早期教育公平；二是通过竞争性项目资金分配引导各州按照联邦要求发展学前教育。州政府是学前教育投资主体，不仅需要投入资金对联邦学前教育项目经费进行配套，以扩大项目的受益范围，而且还需按公式拨款平衡各学区学前教育财力并与学区共同负责公立学校中 5 岁儿童的学前教育。学区主要是用财产税为 5 岁儿童接受一年免费的学前教育提供资金支持。就日本而言，无论是公立还是私立幼教机构，各级政府的分担比例都十分明确。对于公立幼教机构，中央一级政府主要负责少数国立幼儿园的日常运营经费开支，并通过转移支付的形式对都道府县负责的学前教育进行补助。都道府县与市町村则主要负责所在辖区公立幼儿园和保育所的公用经费开支。对于人员经费，日本公立幼儿园教师薪酬由都道府县财政按"县财政负担教职员制度"负担，其中约 1/2 到 1/3 来源于中央转移支付。对于私立幼教机构，日本政府也采取了按照不同项目中央与地方按比例承担的方式。其中对私立幼教机构进行财政补贴所需资金，由中央负担 1/2 或者 1/3，都道府负担 1/3 或 1/4，私立保育所的运营费补贴中央财政约负担 1/2，都道府县与市町村当局分别约负担 1/4。对私立幼儿园入学儿童的幼儿园入园补贴中央政府、都道府县和市町村一级政府各自分担 1/3。可见各级政府分担比例十分明确，为学前教育发展提供了有力的资金保障。而我国财政对学前教育支出责任不明确，缺乏各级政府共同分担的筹资机制，中央政府转移支付为主，地方政府学前教育投入随意性大，且缺乏硬性约束，难以为学前教育发展提供资金保障。

五、大力支持私立学前教育

学前教育不属于义务教育的范畴，单一依靠公办学前教育机构的发展势必无法满足日益增长的需求。日美两国私立幼儿园都占有一定比重，其中日本私立幼儿园数量约占 65% 左右。日美两国政府均将私立幼教机构视为学前教育体系的重要组成部分，私立幼儿园与公立幼儿园一并纳入学前教育系统，由各级教育行政部门统一管理，并通过税收优惠和财政补贴等方式鼓励社会主体对私立教育进行投入，财政补贴的方式多样化且有针对性，同时也注重对私立幼儿园的规范和监管。就美国而言，美国除了 5 岁及以上儿童进公立幼儿园可接受一年免费学前教育外，0~4 岁孩子无论进入公立还是私立幼儿园在大部分州均需要交费。美国各级政府一致认为私立学前教育机构也是学前教育系统的重要组成部分，并对私立幼儿园进行财政补贴，补贴资金主要来自联邦和州政府。补贴的方式一是通过州政府直接给予私立学前教育机构税费减免的方式支持私立学前教育机构发展，二是州政府与联邦政府共同通过向幼儿家庭发放教育券的间接资助方式支持私立学前教育机构的发展。日本目前私立幼儿园数量占 60% 以上，与我国十分相似，日本政府通过法律条款给予私立幼儿园与公立幼儿园一样的国民待遇，使私立幼儿园成为日本学前教育的重要组成部分。对于私立幼教机构，日本政府对主要通过税费减免、私立幼教机构财政补贴，以及针对私立幼儿园入园家庭的入园补贴三种方式予以支持。

而我国当前对民办幼儿园财政支持力度不够，有限的财政资源多局限于扶植公办园、优质园和试点园，大量的民办学前教育机构特别是农村的民办幼儿园无法获得政府补贴。公立和私立幼儿园在教育质量和收费方面都存在巨大差异，由于公办幼儿园数量十分有限，对于大部分普通家庭而言，只能进入收费偏高质量又难以保障的民办幼儿园，学前教育财政投入偏离了公平的目标。我国目前私立幼儿园规模和数量都与日本极为相似，借鉴其支持私立幼儿园方面的经验，对于缩小我国学前教育发展中公办与民办幼儿园园际差异，提升学前教育整体质量，促进学前教育的公平发展都有重要意义。

第八章

公共财政框架下我国学前教育
财政制度的重构

    制度安排决定了制度运行绩效，现行学前教育财政投入在充足性、公平性以及有效性方面存在的诸多问题，归根结底在于学前教育财政制度的不完善，无法从根本上为实现普及普惠学前教育公共服务体系提供制度保障，从而解决学前教育供求矛盾，满足广大人民群众日益增长的学前教育需求。本章立足于当前我国政府对于学前教育的公共服务定位，针对现行学前教育财政制度中存在的问题，借鉴国际经验，结合我国财政体制改革的进程，对如何构建公共财政框架下规范的学前教育财政制度进行探讨。

第一节　我国学前教育财政制度改革的整体思路

    作为一项具体的制度安排，学前教育财政制度改革一方面受制于国家对学前教育定位，另一方面不能脱离其赖以存在的制度环境。随着我国经济发展水平和居民收入水平的提高，人民群众对学前教育的规模和质量都提出了更高的要求，我国政府对学前教育的定位发生了根本性的转变，而政府职能的转变与财税体制改革的深入推进，使学前教育财政体制改革的制度环境也发生了根本性的变化。学前教育财政制度改革的整体思路需在明确学前教育定位的基础上，结合我国财政体制改革进程予以选择。

一、我国学前教育财政体制改革的制度环境

    学前教育财政制度改革目标与改革思路的确定及政府对学前教育的定位密切相关。长期以来，我国政府对学前教育的重视程度不高，没有认识

到学前教育对个人成长和社会发展的重要性，甚至认为学前教育仅仅起到了看护幼儿，提高妇女劳动参与率的作用。在这种观念下，财政对学前教育的直接投入仅限于少数地方政府办园，各集体企事业单位兴办幼儿园以解决本单位职工家庭子女入园问题，学前教育具有明显的福利特征。改革开放以来，随着市场经济体制改革的深入，我国财政制度开始以"放权让利"为主调的改革，企、事业单位去社会化和政府部门机构的改革随之展开，计划经济条件下形成的依附型幼儿教育财政投入机制迅速崩溃，学前教育事业被逐步推向了市场，政府责任严重缺位，由此滋生了诸多社会问题。近年来我国政府已越来越认识到学前教育不仅是一种具有较高收益率的人力资本投资，而且对儿童的成长和后续教育阶段的学习都有较大的影响，儿童接受良好的学前教育可以很大程度地提高后续教育阶段投入的收益水平。而随着居民收入水平的提高和受教育水平的整体提升，家庭和社会对学前教育的重视程度日益提高，长期以来的福利定位下的学前教育供给与投入模式无法满足日益强烈的学前教育的需求，学前教育领域供求矛盾十分突出，"入园难""入园贵"问题凸显。鉴于此，2010 年国务院《若干意见》中明确提出要"构建覆盖城乡、布局合理的学前教育公共服务体系"，2012 年 6 月教育部颁布的《规划》中进一步强调，要通过完善学前教育体制机制，"构建学前教育公共服务体系"。可见，我国政府对学前教育的定位已发生了根本性转变，从原有的将其视为一种"社会福利"到当前明确将其纳入公共服务体系。作为一种公共服务，就要求政府对学前教育干预不能简单依靠专项转移支付提高投入水平，而需通过相应的制度安排为其提供的长效投入保障机制。

　　学前教育财政制度作为国家财政制度的组成部分，其改革思路和目标模式必然受制于我国财政体制的改革进程。改革开放以来我国财政体制改革经历了"分灶吃饭""划分税种、核定收支、分级包干""地方包干"以及 1994 年分税制改革，已初步建立了与市场经济体制相适应的公共财政体制。公共财政的核心即分级分税的预算管理体制，一级财政、一级预算，在明确各级政府事权的基础上划分各级政府的支出责任，按照分税制划分各级政府的收入，对预算收支的横向和纵向失衡通过转移支付制度予以调节。具体而言，市场经济条件下，须首先将财政干预的范围界定于市场失灵的领域，在此基础上明确划分各级政府应承担的事权与支出责任，由于分级分税财政管理体制要为资源配置和流动所需的全国统一大市场创造条件，而且中央财政需有财力进行区域间的财力再分配以矫正资源配置的外部性和缩小区域间的公共服务差距，从而会出现事权与地方财力不匹配的情况（项怀诚，1994；倪红日，2012）①②，对此可通过转移支付制度弥补地方财力缺口，使各级政府承担的事权与最终可支配财力相匹配。党的十八大以来进一步明确了公共财政体制的改革方向，要求合理界定中央与地方的事权和支出责任，健全财政转移支付制度，建立事权和支出责任相适应的财政制度。我国财政体制的改革方向构成了学前教育财政改革的制度环境，学前教育作为一种具体的制度安排，其改革也应遵循财政体制改革的总体方向，符合与市场经济相适应的公共财政体制改革的总体要求，在明确学前教育政府作用的合理边界的基础上，通过进一步细化学前教育事权，合理划分学前教育支出责任，完善转移支付制度，建立与我国公共财政体制改革进程相适应的规范的学前教育财政保障制度。

二、我国学前教育财政制度改革的目标与思路

前面理论分析已表明，学前教育不仅仅是一项能使儿童得到更好照顾和提高妇女劳动参与率的福利事业，而且是一种既能带来个人收益又能产生社会收益的重要投资。已有的经验研究证实，对于个人来说，接受良好的学前教育能提高整个基础教育阶段的学业成绩和减少违纪行为，进而能带来更高的收入和社会地位。对于国家来说，学前教育是一项重要的人力资本积累，良好的学前教育能促进经济增长和收入分配的公平。前面的理论分析还表明，由于学前教育投资的外部性，机构与受教育者的信息不对称，以及办学前教育的高成本和规模不经济，完全由市场供给达不到社会最优水平，同时市场也不能保障适龄幼儿接受学前教育的基本权利，因此，学前教育是一项重要的社会公益性事业。基于学前教育对个人和国家的重要作用，以及学前教育的公益性的性质，发达国家也早已把学前教育视为一个独立的教育阶段和国民教育的重要组成部分，并将其纳入了公共服务体系。

我国学前教育发展中出现的诸多问题，从根本上讲，是由于各级政府尤其是地方政府对学前教育地位和性质认识不足，而长期将其作为一项社

---

① 项怀诚：《财政分税制》，载中央财经领导小组办公室主编：《当前几项重大经济体制改革》，人民出版社1994年版。
② 倪红日、张亮：《基本公共服务均等化与财政管理体制改革研究》，载于《管理世界》2012年第9期，第7~18页。

会福利事业来对待。对此，国务院应出台正式文件而不是指导性的意见明确和落实学前教育的地位和性质，要明确指出学前教育是基础教育的基础，是国民教育的重要组成部分，是一项重要社会的公益性事业，正式将学前教育纳入公共服务体系，确立学前教育就是政府的一项重要事权，要求必须设置专门管理学前教育的机构和配备相应的管理人员编制，其所需财政经费应在财政预算中进行单列，唯有这样才能确保学前教育的地位和性质的认识真正落到实处。

结合我国政府对学前教育定位的转变以及当前我国财政体制改革进程，目前我国学前教育财政制度改革的目标应为改变作为社会福利的学前教育投入与供给模式，构建与公共财政体制相适应的政府间事权划分清晰、政府与市场以及政府间支出责任界定明确的学前教育财政保障制度，从而为真正将学前教育纳入公共服务体系，实现普及普惠的学前教育发展目标提供财力保障。实现这一目标，既需要政府高度重视，发挥政府在学前教育发展中的主导作用，又要考虑到我国当前学前教育基础薄弱、历史欠账太多的现实，循序渐进、逐步推进。鉴于此，结合前文理论分析，借鉴国际经验，目前我国学前教育财政制度改革的整体思路为：

一是坚持政府主导，循序渐进，公办与民办并举的发展思路。学前教育作为准公共物品，完全由市场供给在效率和公平两方面的缺失，需要政府起到主导作用，切实承担其发展学前教育的责任，这种责任既包括管理责任，也包括筹资责任。对于管理责任而言，无论是理论还是在实践层面上，都认为学前教育是公益性事业，应纳入公共服务体系，不管什么样性质的学前教育机构，办学主体是谁，都应服从政府的管理、业务上的指导和办学行为的监督。就学前教育筹资责任来说，到目前为止在国家层面上它们并没有明确提出要实行免费的学前教育。在我国，关于政府承担学前教育筹资责任的大小，目前主要有两种观点：一种观点要求将义务教育年限延长至学前教育，呼吁政府实行免费的学前教育；另一种观点则是主张建立政府主导、社会参与、成本由家庭和政府共同分担的筹资机制。前面的现状分析已表明，我国学前教育发展基础薄弱，历史欠账太多；政府的财力虽有大幅增长但算不上雄厚，加之其他级次教育的政策法律要求政府"刚性"支出的项目多，完全依靠财政投入实现学前教育的普及不切实际，即使像美日发达国家，发展学前教育100多年，至今学前教育也没有完全免费。因此，我国发展学前教育，应坚持政府管理，公办和民办并举，也就是"两条腿走路"的发展思路，一方面，政府应切实承担起学前教育的全部管理责任；另一方面，在未来较长一段时间内，不反对有条件地方可以实行免费，但在国家层面上应明确规定我国学前教育为非义务教育，成本实行政府与家庭共同分担。

二是坚持有质量、保基本、均等化的发展方向。考虑到我国现阶段经济发展水平和财力水平，公共服务均等化改革的大背景以及我国学前教育的发展水平，学前教育作为公共服务，政府对其投入一方面应坚持基本的质量标准。任何教育改革和教育政策的推行，若忽视教育质量就没有什么实际意义，学前教育也不例外。过分追求速度，而不考虑质量，会为以后带来沉重的财政负担，这一点"普九"教训极其深刻，1986～2000年九年义务教育基本普及阶段，由于只重速度而未坚持基本的质量标准，致使办学条件简陋，危房多，教育质量差，后期为解决这些遗留问题，中央和地方花了巨额财力。因此，要吸取"普九"的教训，在扩大资源的同时注重质量要求，坚持发展有基本质量的学前教育。另一方面，目前我国学前教育的发展主要问题仍在于普及问题，主要目标为让人民群众享受普及普惠的学前教育服务，因此其发展导向应从过去政府集中投入少数公办幼儿园，起到示范作用，转变为为人民群众提供普及普惠的学前教育公共服务，基于目前财力有限，而学前教育历史欠账太多的实际情况，政府投入学前教育的重点应为扩大资源，政府投入应保障基本质量的学前教育入园机会的增加。

三是坚持城乡统筹、政策区别对待的改革思路。考虑到我国学前教育城乡差异大的现状以及城乡人口流动特点，现阶段学前教育应坚持城乡统筹、政策区别对待的发展思路。普及九年义务教育过程中，由于实施了城乡有别的财政投入制度，农村实行"以乡镇管理为主、乡镇办初中和村办小学"的管理和办学体制和"农民集资、学生缴费和财政拨款"多元的筹资模式，城市则采用了区级政府管理和财政拨款为主的财政管理体制，导致地区和城乡义务教育发展水平的巨大差异。因此，在学前教育普及过程中，从一开始就要坚持城乡统筹，在政策设计上致力于缩小城乡差异。所谓城乡统筹和政策区别对待，是指政府在学前教育发展速度和质量上要保持城乡基本一致，以确保学前教育的基本公平，要做到这一点，在政策设计上就需要区别对待，即在城镇化快速推进的背景下，城镇因大量人口流入导致学前教育机构供给严重不足，急需大量财政投入解决硬件设施，即多建中心幼儿园。农村人口密度小，人口流出快，大量新建中心幼儿园会因生源不足而废弃，造成资源浪费。因此，农村可因地制宜，充分利用废弃小学、村委会活动场所和村文化馆等解决幼教机构的短缺问题，而将财政投入重点花在引进合格师资和教学用具上，以确保农村儿童享受有一定质量的学前教育。

第二节 公共财政框架下我国学前教育事权的合理划分

从教育财政制度的构成要素上看，构建合理的学前教育财政制度需重点解决以下问题：一是在明晰政府与市场作用边界的基础上，合理划分中央与地方政府学前教育事权；二是构建政府与市场以及各级政府合理分担的学前教育成本分担机制。党的十八届三中全会提出，要建立事权与支出责任相适应的制度。只有各级政府间事权划分合理化，支出责任才可能合理化，因此，明确市场与政府的责任边界，进一步合理划分各级政府事权无疑是构建学前教育财政制度需解决的首要问题。

一、公共财政框架下我国学前教育政府责任的合理边界

学前教育领域事权，可以理解为各级政府在学前教育公共服务供给中承担的职责和权限。现阶段合理划分学前教育事权理论上应首先明确该领域政府的职责范畴，即政府应不应该介入以及介入程度，在此基础上，将应由政府承担的学前教育职责在各级政府间按照相应的原则进行划分。

前文理论分析表明，学前教育单纯由市场提供存在效率与公平的缺失，政府理应介入，承担一定的责任；从实践角度来看，世界各国政府都将学前教育作为本国教育发展战略的重要组成部分，对学前教育的财政投入力度不断加大。我国政府也逐步认识到学前教育的作用与地位，目前已将学前教育纳入教育公共服务体系，规定政府应承担学前教育发展的主导责任。因此，应首先明确的是学前教育作为国民教育体系的组成部分，无论何种性质的学前教育机构，办园主体是谁，均应统一纳入教育部门进行管理，并对其进行业务上的指导和办园行为的监督，也就是说政府应承担起学前教育的全部管理责任。但同时需要注意的是，学前教育作为一种准公共物品，不同国家政府虽然均对学前教育进行介入，但介入程度各有不同，一般而言，经济发达的人口小国，如法国实行了免费的学前教育，而像美国和日本这样经济发达的人口大国，虽然发展学前教育较早，但政府

对学前教育投入规模是随着财力增长而逐步加大的，到目前为止在国家层面上它们并没有明确提出要实行免费的学前教育。考虑到我国目前的经济发展水平，以及政府财力增速近年来逐步放缓的现实情况，目前尚不具备将学前教育纳入义务教育的条件。且近年来我国人口增长速度虽然放缓，但人口基数庞大，再加上人口政策的调整，学前教育适龄人口规模短期内并不会大幅减少，普及学前教育压力依然较大，扩大学前教育资源仍是政府介入学前教育发展的主要目的。因此，学前教育作为一种公共服务，财政介入的目标应为社会公众提供基本的、在不同阶段具有不同标准的、最终大致均等的公共物品和公共服务。鉴于此，目前学前教育政府的责任边界应予以明确，即政府应以"保基本，扩范围，有质量"为原则，着眼于提供符合国家各项基本标准的有质量的学前教育公共服务，多样化、高要求的学前教育服务应由市场提供。

二、公共财政框架下我国政府间学前教育事权的合理划分

在界定学前教育发展政府责任边界的基础上，需进一步明确学前教育事权在中央、省以及市县三级政府间的划分。就学前教育领域政府应承担的事权内涵来看，大体上可划分为两大类，一是学前教育宏观决策权，二是学前教育公共服务的具体执行管理权。对于宏观决策权，无论是从理论分析的角度，还是从世界各国的经验来看，都应由中央政府负责，以保障学前教育发展质量、提高学前教育发展水平；对于学前教育的具体执行管理权，均由地方政府负责，且对于地方两级政府（日本的都道府县和市町村，美国的州与学区）各自承担的学前教育责任也都做出了明确的划分。我国目前虽提出了学前教育"地方主导、省级统筹"的发展思路，但在具体事权划分上尤其是省与县区政府之间的责任划分上并不明晰，横向事权仍有交叉重叠，部分事权虽划分明确，但缺乏实施细则，也无相应的约束和问责机制，难以保障各项事权落到实处，因此在借鉴国际经验的基础上，结合我国财政体制改革进程，针对目前学前教育事权划分中存在的问题，提出以下改革建议：

对于中央政府而言，其承担的学前教育宏观决策权应进一步明确和细化。从国际经验来看，美国和日本学前教育发展过程中，中央政府对于学前教育的发展目标、宏观规划、各项办学标准、教育内容和质量考核标准都制定了详尽而统一的要求，并以法律法规的形式保障其落实，有效保证了本国学前教育的发展质量。而我国学前教育发展的质量保障政策体系不

完善，未建立起学前教育发展的标准以及评价、监督与问责机制。当前我国学前教育发展的相关政策内容不全面，一些重要的问题未得到落实和明确，如对民办幼儿园发展的相关要求和管理没有明确的规定。涉及学前教育的制度规范大量地分散在其他法律法规中，缺乏系统性，实践中往往是哪些方面出现问题就针对哪些方面出台相应的政策规定，头痛医头，脚痛医脚，缺乏全局性与前瞻性。对学前教育的办学标准、师资要求与培训、日常管理等方面没有针对性的统一的标准，即使有相关的规定也多为地方性的规范和政策，随意性较大。很多内容和规定较为陈旧，没有及时修订，与实际脱节，不能与经济发展和社会对学前教育的需求同步，在很多方面缺乏具体的实施细则。再加上执行过程中没有相应的评价监督和问责机制，直接导致学前教育发展质量得不到保障，如教育部颁布的《国家教育事业发展第十二个五年规划》中虽明确了地方政府应加强学前教育师资队伍建设，但由于缺乏相应的实施细则，以至于省和县区政府目前仅承担了学前教育的部分培训职能，地区学前教育的师资管理、职称评聘以及城乡学前教育师资质量均衡等均无据可依。因此，中央政府在学前教育领域的宏观决策权应进一步明确细化。中央政府应从四个方面承担宏观决策职责：一是负责构建系统的学前教育各项办学标准、师资标准，教育教学大纲、教学计划，为学前教育发展提供更为全面统一的各项基本标准。二是对于学前教育发展的重要方面制定相应的实施细则，为地方政府执行管理职责提供依据。针对目前学前教育发展重点，应首先在教育部《幼儿园教师专业标准（试行）》（2011）的基础上，制定学前教育教师管理办法细则（包括学前教育阶段教师的评聘、职称晋升、待遇福利等方面的基本管理办法的实施细则）以保障学前教育师资质量，其次是制订民办幼儿园管理办法实施细则，为各地民办幼儿园发展和管理提供政策依据。三是制订更加细化的全国学前教育整体发展目标和发展规划。四是建立相应的地方政府学前教育发展考核与问责机制，监管和协调地方政府学前教育的发展。

就省级政府而言，从国际经验来看，日本的都道府县一级政府和美国的州政府都在学前教育发展中承担了重要职责，美国州政府作为学前教育管理的责任主体，不仅具体负责学前教育各项实施标准的制定，还协同联邦政府共同构建学前教育质量评级、激励与问责体系，负责对学区进行监管、协调和问责。日本都道府县一级教育委员会主要结合地区的实际情况，在国际统一最低标准的基础上，对本地区幼儿园的办学条件、基础设施，师资配备等方面提出更高的要求，制定本地区学前教育发展的具体标准和细则。同时指导、协调和监督市町村一级教育委员会的运行以及对所在区域的私立幼教机构的设置进行审批和监管。德国有联邦、州、地方三级政府，州政府也承担了重要的教育发展责任，各州均设立有教育部，对各级教育进行督察，州政府遵循国家宪法和基本法的原则，通过财政和立法对学校实行自治管理，行使监督权，负责教师工资。地方负责基建支出和行政费用。俄罗斯是联邦制国家，有联邦（即联邦教育部）、联邦主体（即州、边疆区、市教育厅）和地方（即市、区教育局）三级教育管理机构。联邦教育管理机构负责宏观管理，包括教育政策、发展规划与国家统一教育标准制定，以及学校与教师评价办法的制定、职业教育的管理等事权。联邦主体教育管理机构负责贯彻落实联邦法规在本地区的实施，确定学校办学标准及管理办法。

我国虽然在相关政策文件中，强调了省级政府应承担统筹责任，制定本省学前教育发展规划，但实际执行中，省级政府的规划作用往往形同虚设，未能真正起到统筹职能。因此，应对省级政府的职责予以强化，明确省级政府应承担如下职责：一是在国家标准的基础上负责制定和本省实际相符合的学前教育各项执行标准。二是制定本地区学前教育师资管理和民办幼儿园发展与管理具体办法。三是切实承担起学前教育的统筹与指导责任，包括统筹本省学前教育发展规划，统筹安排学前教育师资编制、师资质量以及均衡本省城乡和区域间学前教育发展水平。四是对下辖区县学前教育发展进行考核和问责。

就县区政府而言，县区政府作为学前教育事权的执行主体，承担着学前教育的主要管理职能，其承担的学前教育事权重在落实。这就需要在保证其管理职责的执行有据可依的基础上，配备相应的管理人员，并赋予其一定的自主权保障其具体管理职能的落实。但从目前我国学前教育行政管理机构设置上，大部分地区没有专门设置学前教育管理机构或专门管理人员，学前教育的管理一般放入基础教育科由专管义务教育的人员兼管，没有足够的能力履行相应的事权，如调研中发现广东省 S 区 300 多所幼儿园 8 万多在园幼儿均由基教科负责义务教育的人员监管，导致对保教保育工作的日常指导和管理重视不足，兼管学前教育的人员往往身兼数职，既无精力也没有能力对区域内学前教育机构进行全面管理与监督，更无法对幼儿园尤其是民办幼儿园提供应有的业务指导与帮助，工作无法做深、做细、做实。而在具体履行管理责任的过程中，县区政府发展学前教育的目标十分笼统，没有细化的考核标准，又缺乏一定的自主权，如学前教育教师的编制问题，目前学前教育教师招聘、日常管理由区县政府负责，但区县政府在教师编制核定上没有相应的自主权，公办幼儿园学前教育教师缺编现象非常严重，尤其是在乡镇农村地区的中心幼儿园，教师增加数量跟不上幼儿园建设速度，基层政府学前教育职责难以落实。因此，对于县区政府，一是需要配备专门的学前教育管理人员保障事权的履行；二是在细化考核标准的基础上，赋予县区政府一定的自主权，将学前教育具体决策权适当下放，允许地方政府在上级主管部门宏观控制的框架、标准和要求内，自己根据当地情况执行决策，目标导向，权责对等，以便因地制宜实现本地区学前教育发展目标。

第三节　公共财政框架下我国学前教育成本分担机制的构建

重构学前教育财政制度，为实现普及普惠学前教育公共服务体系提供制度保障，需在明确政府责任边界以及各级政府事权责任的基础上，进一步构建合理的学前教育成本分担机制，明确各级政府支出责任。目前我国学前教育领域的各项政策文件中，虽明确提出了要加大学前教育财政投入，建立以政府为主体的成本分担模式，但缺乏具体的实施细则，学前教育成本究竟应该由政府分担多大比例，各级政府间如何进行分担是学前教育财政制度改革的关键问题。

一、学前教育成本的构成与测算

学前教育成本分担，即学前教育成本应由谁承担及如何承担的问题。这一问题的解决，首先需要明确学前教育成本构成并对其进行科学测算。

（一）学前教育成本的界定

经济学意义上成本是指生产一种产品所需的费用。教育成本则指"培养学生所耗费的社会劳动，包括物化劳动和活劳动，其货币表现为培养学生由社会和受教育者个人直接和间接支付的全部费用"①。对于教育成本

---

① 顾明远主编：《教育大辞典》第 6 卷，上海教育出版社 1992 年版，第 293 页。

的内涵不同学者从不同角度给予了不同的界定，舒尔茨（Schulze，1963）提出教育的全部要素成本可分为提供教育服务的成本和学生上学时间的机会成本[①]。科恩（Cohn，1989）认为教育成本分为学校提供教育服务的直接成本和包括学生上学放弃的收入、学校的税款减免以及用于教育的资产损失的收入等间接成本[②]。曾满超（1993）提出教育成本由社会成本和个人成本两类构成。社会成本由经常性费用和资本费用两项，经常性费用包括人员工资、保险费和教材、教具用品及维修、学生福利费等，资本费包括教学楼、仪器、土地等。教育的个人成本由个人直接成本和间接成本二项构成[③]。刘鸿明、吴润（2006）将教育成本分为社会成本和个人成本，社会成本和个人成本又各自分为实际成本和机会成本[④]。就教育成本的构成而言，肖玉秀（1996）将教育成本项目分为直接费用、辅助费和管理费用三大项[⑤]。袁连生（2000）根据教育成本项目的设置要求，设计了工资、公务费、业务费、修缮费与折旧费五个教育成本项目[⑥]。张曾莲（2012）提出可将学前教育成本分为经常性成本和固定成本，其中经常性成本又分为人员成本和公共成本[⑦]。基于这里研究教育成本的目的重在衡量学前教育活动实际支付的成本，并据此探讨政府与社会以及各级政府间对不同学前教育成本项目的分担比例与分担方案，因此需明确以下两点：一是学前教育成本分担主要针对为学前教育活动所实际支付的可计量的成本的分担问题，所以这里仅限于考虑学前教育的直接成本，即实际支出成本，机会成本由于无法量化，又并非对教育的实际支付费用，故而不予考虑。二是这里核算学前教育成本主要目的是为政府提供合理成本分担方案，因此成本项目既要结合目前我国政府教育经费统计项目现状，又要结合学前教育成本特点，即要体现出学前教育活动中涉及的所有支出项目，又不能过于繁杂。基于以上考虑，借鉴现有关于教育成本的研究成果，我

---

① T. W. Schulze, *The Economic Value of Education*, New York: Columbia University Press, 1963, pp. 20 – 37.

② E. Cohn. The Economic of Education. Oxford: Program press, 1989, pp. 210 – 239.

③ 曾满超、郭胜乾：《发展中国家的个人教育成本与社会教育成本》，载于《教育与经济》1993 年第 3 期，第 61 ~ 64 页。

④ 刘鸿明、吴润：《教育成本的界定及分类》，载于《理论导刊》2006 年第 9 期，第 77 ~ 79 页。

⑤ 肖玉秀：《关于高等院校人才成本核算的设想》，载于《教育财会研究》1996 年第 4 期，第 40 ~ 44 页。

⑥ 袁连生：《教育成本计量探讨》，载于《北京师范大学学报（人文社会科学版）》2000 年第 1 期，第 17 ~ 22 页。

⑦ 张曾莲：《当前学前教育成本核算存在的主要问题及其解决》，载于《学前教育研究》2012 年第 9 期，第 12 ~ 17 页。

们将学前教育成本分为以下几个部分：（1）人员经费：主要包括学前教育机构教师、教辅、行政和后勤人员的工资、津贴奖金以及社会保险费等项目。（2）公务费：主要包括幼儿园办公费用、水电费、差旅费、租金等用于教学管理的日常费用开支。（3）业务费：主要包括幼儿园教师培训费用，教具玩具购置费、图书资料费，以及园舍或教具玩具设备等的日常修缮费，其中对于幼儿园大型教学活动用教育玩具等固定资产的购置和修缮，应区分收益性与资本性支出，使用周期小于一年的收益性教育玩具支出计入当年业务费用，在一年以上的大型教具玩具购置和数额较大的修缮费用，应予以摊销。（4）折旧费：指幼儿园教学活动所用的设施设备以及建筑物等的分摊折旧费用。其中，公务费和业务费均可归于公用经费。

（二）学前教育成本测算

合理的学前教育成本分担机制的构建需以科学的成本测算为前提。教育成本测算应在设计成本指标体系的基础上，选择一定的估算方法，目前估算教育成本的主要方法有成本函数法、问卷调查法、专家判断法等。考虑到目前我国学前教育质量标准不完善，学前教育财务制度并不健全，因此，这里我们借鉴美国全国大专院校行政事务官员理事会提出的（National Association of College and University Business Office Associations，NACU-BO）学生成本计算的指标体系，结合学前教育成本构成以及目前我国学前教育财务制度提供信息量的可及程度，设计相关成本指标体系，采用问卷调查法和专家判断法相结合，在现有条件下，尝试提供一种可行的地区学前教育成本测算方法。

NACUBO特别委员会所设计的成本核算体系包括学校基本信息（即学生人数和收费价格）、学校成本数据（具体分为教学与学生服务费用、机构与社区费用、学生经济资助三个部分）、成本汇总（包括总成本和生均成本）与设施及资本成本分摊数据四个部分。NACUBO的学校成本核算设计内容对于没有任何会计记账和财务报表经验的人而言也较容易理解，便于使会计账务和报表并不完善的学前教育机构也能够提供关于年度各种成本的有用信息。鉴于目前我国学前教育财务制度参照中小学财务制度执行，未明确要求进行成本核算，故成本核算的项目并不完整，并未设置折旧科目，且本书我们的研究目的重在为构建科学的成本分担机制提供所需条件，学前教育预算内事业费投入主要包括人员经费与公用经费，基建和大型改扩建项目均反映在基本建设支出中，而基本建设支出多发生于幼儿园新建和改扩建时期，因此这里重点核算幼儿园经常性成本。此外，很多幼儿园将设施成本数据直接计入了公务或业务费，因此对于 NACUBO 成本计量方法涉及的资本成本分担数据不予考虑，对于其涉及的设施成本分摊数据项目则按照设施类型并入成本数据中进行核算。借鉴 NACUBO 学校成本计量方法，结合实际情况，最终确定测算学前教育成本主要涉及学校基本信息、学校成本数据与成本汇总三个方面（具体如表 8－1 所示）。其中学校成本数据主要考虑教学与学生服务费用，即学前教育机构公务费与业务费。笔者利用参与财政部课题机会选取中部 H 省 J 县作为典型地区。首先选取了该县不同地域、不同性质的 80 所典型幼儿园作为样本，对典型幼儿园成本进行了问卷调查，并对县教育局基教科、县财政局、县统计局等单位进行了调研。在利用调查问卷法获得幼儿园基本成本数据的基础上，进一步借鉴德尔斐专家判断法，通过征询专家意见，结合专家判断对各类性质幼儿园成本进行更为准确的调整，尝试为目前学前教育会计制度下学前教育成本核算提供一种可行的方法，为学前教育合理成本分担机制的构建提供条件。

表8－1　　　　　各类学前教育机构年度成本核算指标体系

项目	内容	指标
学校信息	在园幼儿数	小班人数
		中班人数
		大班人数
	收费价格	保教费
		餐费营养费
		其他费用（保险费、交通费、校服费等）
学校成本数据	业务费	培训费
		教育玩具购置费
		日常修缮费
	公务费	租金
		办公费
		水电费
		其他费用

项目	内容	指标
学校成本数据	人员经费	人员工资
		人员保险费
		其他福利费
成本汇总	总成本	成本数据加总
	生均成本	总成本/在园幼儿数

以调研典型县为例，利用调查问卷法对 80 个样本机构进行学前教育成本调查，最终得到成本信息较为全面的有效样本 67 个（调查问卷具体内容见附录 A1、A2）。考虑到目前不同类型学前教育机构成本差异较大，且学前教育政府责任边界为提供符合基本质量标准的普惠性学前教育机构，因此甄选调研典型样本学校时，涵盖城区、中心乡镇和农村的各类公办幼儿园和普惠性民办幼儿园，对于高端贵族幼儿园以及不符合基本质量标准的无证幼儿园不予考虑。

按照"公办幼儿园"和"普惠性民办幼儿园"进行分类，每一类幼儿园根据其所在区域分为城镇和乡村两种，样本幼儿园中各类幼儿园数量汇总见表 8 - 2。进一步对典型县 67 个有效样本幼儿园的成本数据进行分类整理，统计出生均成本、生均人员经费和生均公用经费（见附录 A3）。需要说明的是，由于目前我国学前教育财务制度很不健全，很多民办幼儿园包括部分公办幼儿园账务处理并不规范，且现行学前教育会计制度采用的是收付实现制，而成本测算的是维持当年幼儿园正常运行的真实成本。因此对于样本幼儿园中以下两项对成本影响较大的项目在核算时进行了调整：一是对于大型修缮费和资本性玩具教具购置费，绝大部分幼儿园目前并未予以摊销，而是采取了一次性计入当年成本的办法，这就造成了固定资产购置当年或者幼儿园新建年份成本虚高，与同区域同类型幼儿园生均成本悬殊。二是民办幼儿园的租金在公用经费中占有相当大的比重，计入当年成本的租金应为该年度的租金，但部分幼儿园采取一次性支付 5 年或者 10 年租金的支付办法，在账务处理时，幼儿园把本年度支付的租金均计入当年公用经费，造成了部分幼儿园公用经费与实际不符。因此，对于大型教具玩具购置费和租金，在核算成本时均按照其实际使用年限进行了摊销。另外对于个别国有企业、事业单位办幼儿园也计入公办幼儿园。

表 8 - 2 典型县幼儿园样本描述

学校类型		公办幼儿园	所占比重（%）	普惠性民办幼儿园	所占比重（%）
区域	城区	8	12	14	21
	中心乡镇	8	12	23	34
	农村	3	5	11	16

从典型县幼儿园成本数据统计得出生均成本均值，具体成本统计数据见附录 A3。该调研县公办幼儿园城区生均人员经费平均值为 3378.3 元，中心乡镇为 2018.00 元、农村为 1347.23 元；普惠性民办幼儿园城区、中心乡镇和农村生均人员成本均值分别为 2475.02 元、1808.93 元、865.07元。公办幼儿园城区生均公用经费平均值为 1369.91 元，中心乡镇为612.97 元、农村为 300.05 元；普惠性民办幼儿园城区、中心乡镇和农村生均公用成本分别为 1215.54 元、850.88 元、397.57 元。最终得出生均成本均值分别为：公办幼儿园城区 4748.22 元，中心城镇 2630.96 元，农村 1647.27 元；民办幼儿园城区 3648.68 元，中心乡镇 2656.91 元，农村1262.63 元。从成本项目的构成来看，由于城区、中心乡镇与农村以及公民办学前教育教师工资差异，人员经费城区大于中心乡镇，中心乡镇普遍高于农村，公办幼儿园工资水平普遍高于民办幼儿园；而除少部分中心乡镇和农村幼儿园利用废旧中小学校舍无须支付租金外，大部分民办幼儿园土地均为租用，租金成本在公用经费中占很大比重，因此民办幼儿园公用经费普遍高于公办幼儿园。

为更准确地核算典型县幼儿园运行的实际成本，避免调研中由于会计账目不完善以及人为虚报造成的误差，进一步对该县幼儿园生均成本各项指标的平均值向 10 位专家进行咨询，10 位专家包括 1 位县主管学前教育的基教科科长和 4 位主管乡镇幼儿园的乡镇中心学校校长、2 位幼儿园园长以及 3 位公办幼儿园财务人员。对于各位专家一致认为合理的生均成本项目按照样本幼儿园实际成本均值计，对于专家认为过高或过低的成本项目由专家重新预测并对重新预测值对原成本均值进行调整，第一轮发放问卷 10 份，收回问卷 8 份，其中有效问卷 8 份，专家积极系数为 80%。第二轮发放问卷 8 份，收回有效问卷 8 份，专家积极系数为 100%。在判断生均成本是否合理时，N1、N2、N3 和 N4 分别表示回答"偏高""合理""基本合理""偏低"的专家人数，选择 N1、N2、N3 和 N4 中最大值所对应的选项作为该项目的专家意见（幼儿园成本专家意见问卷及统计结果附录 A4）。对于城区、中心乡镇和农村公办幼儿园生均人员经费和生均公用经费 8 为专家均认为合理或者基本合理。但对于普惠性民办幼儿园成本项目 8 位专家第一轮征询意见并不一致，大部分专家认为中心城镇民办幼儿园生均人员经费偏高，该项目 N1 = 7，N2 = 0，N3 = 1，N4 = 0；中心乡镇民办幼儿园生均公用经费也偏高，该项目 N1 = 5，N2 = 2，N3 = 1，N4 = 0。在第一轮征询结果的基础上，针对第一轮征询结果不合理的项目由专家进行预测并调整，调整后中心城镇民办幼儿园生均人员成本均值为 1700 元，生均公用经费调整均值为 760 元，将调整后的民办幼儿园生均人员成本向 8 位专家进行第二次问卷征询意见，结果基本一致。

由此可以得到更为准确的典型县学前教育生均成本数值，通过该方法可以在现有学前教育会计核算制度并不健全与目前我国幼儿园成本项目并不完善的现实条件下，寻求一种可行而相对有效的学前教育成本核算方法，为学前教育合理成本分担机制构建提供基本条件。

二、政府与市场学前教育成本分担

在以上核算学前教育成本及其构成的基础上，需进一步将学前教育成本在政府与家庭间（受教育者）进行合理分担，从而确定政府承担学前教育成本的份额。

（一）政府学前教育成本分担水平的影响因素

实践中不同国家不同教育级次，政府和家庭对教育成本所承担的份额是不一样的，对于学前教育来说，不同国家介入程度差异较大。前文对我国学前教育财政投入水平以及与 OECD 国家对比分析可见，OECD 国家学前教育经费中政府分担比例平均水平约为 80%，我国目前学前教育经费中政府分担比例较低，公办幼儿园平均水平约为 50%，民办幼儿园政府分担比例平均水平不足 3%。考虑到我国目前民办幼儿园数量占比较大，因此学前教育成本中政府的整体分担比例十分有限，与 OECD 国家差距较大。

一般来说，政府对学前教育成本的分担份额主要受以下三个方面因素制约：一是一国经济发展水平以及由此决定的政府财力水平；二是一国人口规模与人口结构；三是一国政府对学前教育的定位。就我国而言，一方面，从经济发展水平来看，目前我国经济已由高速增长转入中高速增长，国内生产总值增速逐步回落，受经济增速回落的影响，增值税、营业税、企业所得税等主体税种增幅相应减小，再加上房地产市场调整以及营改增等政策的影响，我国财政收入增速也开始放缓。根据财政部公布数据，2015 年全国一般公共预算收入增长 8.4%，增速持续下滑，其中，地方一般公共预算收入增长 9.4%，较 2014 年增速回落至个位数后进一步下降 0.5 个百分点。从我国人口规模和人口结构来看，我国人口基数较大，再加上近年来人口政策的调整，未来学前教育阶段适龄幼儿数量并不会大幅减少，普及学前教育压力仍然较大。从投入基础来看，我国学前教育财政投入历史欠账太多，底子十分薄弱，如果要达到 OECD 国家的平均水平，在我国目前的经济发展状况和人口规模下，政府财力恐难以承受。但另一方面，我国目前已将学前教育定位为公共服务，学前教育经费中政府分担份额如果继续停留在福利定位下的投入水平，将无法为真正将学前教育纳入公共服务体系提供财力保障。因此，应立足我国经济发展水平与国情，逐步增加投入、提高学前教育成本中政府分担比重。

（二）学前教育成本的政府的合理分担比例

对于学前教育成本政府与私人的合理分担比例，不同国家差距较大，至今也没有一致的看法，即使在 OECD 内部各个国家间，由于财政体制、经济发展水平以及人口规模的差异，政府分担份额也大相径庭。由于 OECD 很多国家学前教育成本中社会分担了一定比例，因此即使财政性经费在学前教育成本中所占比重与其他国家相比较低，但最终家庭承担的学前教育成本份额也并不高。而我国目前社会对学前教育的投入十分有限，学前教育成本主要由家庭和政府承担，因此这里我们依据 OECD 以及金砖四国中的俄罗斯和巴西等国家学前教育成本中家庭分担比例，按照高中低三个层次予以分类，家庭分担比例较高的国家约为 35% ~ 40% 之间（韩国和澳大利亚、日本三个国家），中等水平国家家庭分担比例约为 20% ~ 30% 之间（如冰岛、美国），家庭分担比例较低的国家约为 0 ~ 10% 之间，平均水平为 20% 左右[①]。但值得注意的是，这一分担比例为政府对学前教育成本的整体分担水平，涵盖了公办幼儿园和民办幼儿园，例如日本民办幼儿园数量较大，日本政府对学前教育的投入不仅包括公办幼儿园，对民办幼儿园人员经费、公用经费也都按照相应的比例予以补贴，并且通过对

---

① 数据来源：根据各年度《Education at a Glance：OECD Indicators》，OECD Publishing，提供数据计算整理得出。

民办幼儿园幼儿发放入园补贴的方式分担学前教育成本。

因此，借鉴国际经验，结合我国国情，可将我国学前教育政府分担比例设定为三个层次，分阶段逐步推进。第一层次，达到 OECD 国家最低水平，政府分担比例约为 60% 左右，达到这一水平对于目前公办幼儿园尤其是教办园、示范园来说并不困难，某些示范幼儿园政府投入已经超过这一水平。但是鉴于我国公办幼儿园数量占比较低，民办幼儿园中政府分担比例又十分有限，因此整体上要达到这一分担比例还需通过新增教育经费向学前教育倾斜，逐步增加普通公办园数量以及提高民办幼儿园财政补贴水平的方式实现。第二层次，达到 OECD 国家中等层次投入水平，学前教育政府分担比例达到 70% 左右，这也是已有研究成果中很多学者认为应该达到的政府分担比例（李宏堡、王海英，2015），基本解决入园难入园贵问题。第三层次，达到 OECD 国家平均水平，政府分担比例约为 80% 左右。此外，由于我国不同区域在经济发展、居民收入水平、政府财力等方面存在巨大的差异，形成固定分担比例并不适宜，应在提高政府整体投入水平的基础上，形成具有地域差异性与补偿性的成本分担模式。总之，政府对学前教育成本的分担水平不仅依赖于政府对学前教育定位与重视程度，还受制于我国经济发展以及政府财力水平，且考虑到我国学前教育发展现状，一方面，政府承担学前教育成本份额的提高不可能一蹴而就，而应根据国情逐步推进；另一方面，不同地区间成本分担比例不能采取"一刀切"的方式，而应依据地区实际情况有所差异。

三、政府间合理学前教育成本分担机制的构建

在核算学前教育成本，确定政府分担责任的基础上，基本就可以测算出县级学前教育的公共成本与财力需求，对于学前教育公共成本如何在多级政府间分担，还需构建合理的政府间学前教育成本分担机制，并通过完善学前教育转移支付制度以保障其实现。

（一）合理划分政府间学前教育支出责任

政府间合理学前教育成本分担机制的构建，实质上就是学前教育公共支出责任如何在各级政府间进行划分的问题。按照事权与支出责任相适应的要求，县级政府是学前教育事权的责任主体，相应地也是学前教育支出的责任主体，即县级政府必须将学前教育纳入财政预算，并实行预算单

列，但这并不等于纳入县级财政预算的学前教育经费均来自县级政府本级的自有财力。若完全由县本级自有财力承担全部学前教育的公共成本，理论上，学前教育空间外部性会导致县级财政支出的激励不足。就现实而言，县级财政普遍困难，且义务教育刚性支出较大，没有能力承担学前教育发展所需公共经费。因此，必须构建合理的学前教育成本分担机制，确定中央、省和县级政府的学前教育支出责任。

考虑到目前我国学前教育的发展现状以及我国经济发展水平，借鉴国际经验，政府间学前教育公共支出责任的划分方式可采取以下两种模式。

一是可参照日本经验，分项目按比例分担。

对于公办幼儿园，由于公用经费在学前教育生均事业费中占比较小，且学前教育并非义务教育，部分公用经费可来源于学费收入，因此对于学前教育公用经费可依据本地区学前教育生均公用成本制定相应的生均拨款标准，由县区政府承担，财力薄弱的地区上级财政可通过一般性转移支付的形式予以补贴。人员经费在学前教育生均成本中占有较大比重，目前公办幼儿园人员经费主要由县区承担。一方面，县区财政压力过大，不愿增加教师编制，以至于学前教育师资紧缺；另一方面，各省教师工资实际水平差别较大，且人员经费可根据在园幼儿数与标准师生比匡算，因此学前教育人员经费可由省级政府统筹，省和区县政府按照一定比例承担（具体分担比例可根据各省财力状况有所差别），同时要求公办幼儿园承担应有的社会责任，优先保障中低收入家庭幼儿入园。基本建设支出主要依据实际而定，且变数较大，中央财政与省级财政可通过专项转移支付形式对县区基建支出进行配套补贴，支持和鼓励地方新建和改扩建公办幼儿园。

以前期调研的中部 H 省 J 县为例，J 县 2014 年底在园幼儿 24000 人，其中公办幼儿园在园幼儿 5380 人，占全县在园幼儿总数的 21.48%。普惠性民办幼儿园在园幼儿 5900 人，占全县在园幼儿总数的 23.56%。该县大部分公办幼儿园位于中心城镇，调研中发现新建中心幼儿园基础设施均符合国家基本要求，而部分农村幼儿园基础设施并不达标，城市部分示范幼儿园和事业单位园硬件设施和人员工资高于国家基本标准，因此这里按照城镇中心幼儿园与普惠性民办幼儿园公用经费和人员经费的平均水平作为该县学前教育各项经费补贴基本标准。按照前文测算的该县生均公用经费标准，且该县公办幼儿园在园幼儿数提高至 50% 左右，如不考虑基本建设支出，要达到政府分担 60% 的目标分担比例，公用经费共需财政资金约494 万元。人员经费按照目前国家对学前教育生师比的要求以及当地教师基本工资 1200 元匡算，共需财政资金约 1920 万元。按照上述分担方案，县级政府需对学前教育投入为公用经费 494 万元，人员经费 1920 万元由县和省级财政按照一定比例分担，具体分担比例需根据两级政府可支配财力进一步测算。同时，如果该区普惠性民办幼儿园在园人数达到 40%，基本解决入园难入园贵问题，对于普惠性民办幼儿园按照公用经费补贴标准进行补贴，那么共需资金约 395 万元，所需资金可参照日本经验按照一定比例在中央、省、区县三级政府进行承担。J 县 2012 年全县财政教育总投入为 26768 万元，但对学前教育财政性总投入约占全县教育财政总支出的比重为 4.5% 左右，约 1204 万元（含基建支出），按照上述分担方案 J 县县本级财政对学前教育投入应有所增加，省级财政对学前教育投入需大幅度提高，对县区和省级财政有一定压力，县区新增教育支出需向学前教育倾斜，同时需通过一般性转移支付增加县区与省级政府可支配财力。

二是参照美国经验，目标导向，依据所需资金与地方政府本级财力差额补贴。

具体而言，首先确定地区学前教育发展目标，制定本地区普惠性学前教育资源的覆盖范围与各项标准，核定地区学前教育事业费（包括人员经费和公用经费）以及政府与家庭的合理分担比例。根据地区学前教育生均事业费与政府的分担比例确定学前教育年度生均财政拨款标准，由政府承担的学前教育事业费（包括人员经费与公用经费）均由县区政府直接负责，省级政府通过核算县标准学前教育事业费财政支出和与县（区）政府可用于学前教育的可支配财力，差额部分由省级政府按照一定比例，通过转移支付形式对学前教育进行投入，中央政府主要采用一般性转移支付形式均衡各省财力，辅之以专项补贴的形式促进学前教育公平，激励并引导地方政府发展学前教育符合中央的政策要求。具体来说，

首先测算学前教育标准财政支出：

县（区）学前教育维持性标准财政支出 = $\sum$（学前教育阶段各学校学生数 × 生均教育财政事业费基本标准）

生均学前教育财政事业费基本标准 = 生均人员标准支出 + 生均公用经费标准支出

其次测算学前教育标准财政收入，县学前教育标准财政收入由县本级可支配标准财政收入即县级政府财政能力和县级政府学前教育财政支出努力程度共同确定，具体如下：

县（区）标准学前教育财政收入 = 县本级可支配标准财政收入 × 县

（区）级政府学前教育财政努力程度（即县区可支配标准财政收入中能够用于学前教育的比重）

其中，县区本级可支配标准财政收入为县区本级财政自有收入与上级政府的税收返还和无条件转移支付。县区级政府学前教育财政支出努力程度表示县区本级可支配标准财政收入中用于学前教育的财政支出的非最大化比重。由于县区级政府除教育外还承担了其他基本公共服务，其可支配财政收入还需对其他支出项目进行投入，因此，县区政府可支配标准财政收入中用于学前教育的比例既需要借鉴发达国家经验，又需要结合我国国情以及不同地区经济发展状况予以确定。我国当前学前教育财政投入在财政性教育经费中所占的比重十分有限，2011～2013 年第一个学前教育三年行动计划中中央政府学前教育专项转移支付大幅增加的情况下，学前教育财政性经费占财政性教育总经费的比重也仅达到了 2013 年的 3.5% 左右。从实际调研情况来看，很多省份尤其是西部地区学前教育在财政性教育经费中的比重不足 2%，与 OECD 国家的 8.5% 左右的平均水平仍有较大差距。相对而言，财政性教育经费中分给学前教育的部分在各级次教育中是最低的，且我国学前教育历史欠账太多，还需大量投入弥补长期投入不足形成的差距。因此，要想保障有基本质量的学前教育普及率达到国家中长期教育规划所提出的目标，学前教育在财政支出和财政性教育经费中的比重需大幅提高。我国政府在相关文件中也已明确提出增量教育经费要向学前教育倾斜。鉴于此，可通过财政性教育总经费增加部分优先投入学前教育的方式，将县可支配标准财政收入中能够用于学前教育的非最大化比重即学前教育地方政府努力程度系数与财政性教育经费占财政支出比重挂钩，学前教育财政投入占财政性教育总经费的比重应首先达到 OECD 国家中较低档次 6% 左右，逐步提高到 OECD 国家的平均水平 8.5% 左右，最后达到较高水平 10% 左右。

如不考虑激励因素，那么按照县学前教育标准财政支出与学前教育标准财政收入之间的差额确定的转移支付数额即县所需的学前教育一般性转移支付：

县（区）一般性转移支付额 = 县（区）标准学前教育财政支出 - 县（区）标准学前教育财政收入 = 县（区）学前教育标准财政支出 - 县（区）标准可支配财政收入 × 县（区）学前教育财政努力程度

最后还需完善学前教育绩效考核和评价体系，由省级政府根据地方政府学前教育目标完成情况进行考核、监督和奖惩。

从实践情况来看，分项目、按比例的分担方案与目前我国义务教育财政拨款方式较为相似，可操作性较强，我国东、中部省份的部分地区已做出了有益尝试，并收到了较好的效果。但由于省级财政统筹支出责任缺位，县级财力有限，政府在学前教育公用经费中的整体分担比例较低，且仅限于公办幼儿园，只有少部分财力相对雄厚的地区涵盖了普惠性民办幼儿园。鉴于目前我国公办幼儿园所占比重很低，如果仅限于对公办幼儿园进行生均公用经费补贴，不能从根本上解决"入园难""入园贵"问题，因此学前成本分担方案的实施应涵盖所有普惠性幼儿园，在强化省与中央财政投入责任的同时，通过完善政策体系保障各级政府的投入责任的落实。

（二）改变中央学前教育专项转移支付方式

第一期学前教育三年行动计划中，中央财政对学前教育的投入形式主要是通过各类专项转移支付，从规范角度来看，中央用于学前教育的专项补助财政资金应达到两个目标：一是缩小学前教育发展水平的地区差异；二是引导地方政府增加学前教育的财政投入。但从第一期学前教育三年行动计划的实施效果来看，中央专项补助公平效果有限，引导作用不显著，使用效率不高。

首先，就中央学前教育财政专项资金对地方政府财政投入的引导作用而言，政策设计要求中央和地方按一定比例对四大类七个项目进行补助，然而在实践中，省级财政对项目有一定的补助，但并没有严格按照要求的比例来执行，县级财政基本上没有补助，中央财政专向转移支付对引导和激励地方财政学前教育投入效果有限。其次，就缩小地区间学前教育发展水平差异、促进学前教育公平的效果而言，中央专项资金的确发挥了一定的作用，但中央专项资金毕竟有限，补助到各个项目的资金规模并不大，在实践中，中央对学前教育校舍改造类专项转移支付很大部分用于在每个乡镇办一所中心幼儿园，兴办中心幼儿园的数量多、规模大，不仅没有突出投入重点，集中解决一些偏远地区适龄幼儿入园难的问题，而且造成不少工程因缺乏后续资金支持无法投入使用，中央财政资金在增加学前教育入园机会上的效果尚未凸显出来。如实地调研中发现的少数民族地区的贵州省 R 县，省级和县级财力都十分薄弱，该县扩大学前教育资源的"校舍改建类"项目主要依靠中央财政支持，省级财政只补助了少量资金，县级财政无力补助，导致在建幼儿园建设周期长，后期建设资金难以落实到位，加之幼师编制少、师资配备不到位，入园率未得到显著改善。最后，从国际经验上看，大部分国家为促进教育公平，保障贫困家庭幼儿也能享受到有质量的学前教育，都有较为完善的针对处境不利家庭幼儿的专项补贴，而我国目前没有针对贫困幼儿家庭的专项补贴，部分地区仅从国家助学金中分出极少部分拨给学前教育，无法真正起到公平的作用。

因此中央对学前教育的财政支持政策应在促进教育公平的基础上，以目标和绩效为导向，充分激励和引导地方政府大力发展学前教育。中央政府可以借鉴美国联邦政府的做法，通过学前教育专向转移支付支持全国学前教育发展，以促进学前教育公平、激励地方政府增加学前教育投入，并引导地方政府发展学前教育符合中央的政策要求。对于第一个目标可以针对贫困县基建投资给予一次性专项补助，也可以给贫困家庭的适龄儿童发放学前教育教育券，以解决幼儿家庭的经济困难问题。对于第二个目标既可以对愿意多增加支出的省份进行奖励或补贴，也可以采用竞争性的资金分配，即对致力于学前教育改革且符合中央学前教育发展政策要求的省份进行竞争性分配。要确保上述分担机制成功运行，还必须要求中央对省、省对县通过一般性转移支付确保政府间财力的纵向平衡，逐步建立起一个因素考虑全面、公式设计合理的学前教育一般性转移支付制度。此外，对已实施近三年的中央专项项目也应根据政策效果做出适当调整，逐步将投入重心从"重资源扩张"转向"保质量提高"，通过奖补方式引导地方为贫困落后地区的农村幼儿园配备充足的教学设施和设备，确保新建和改扩建幼儿园的有效教学。

（三）完善对民办学前教育的财政支持政策

对于民办学前教育，应根据其在一国学前教育发展中的作用确定财政对其投入方式，如果一国公办幼儿园已能够满足本国居民绝大部分基本质量的入园需求，民办幼儿园定位于满足少数高标准、多样化的学前教育需求，那么财政对于民办幼儿园给予少量财政补贴和优惠政策，主要起到激励和引导作用即可。然而如果政府办学前教育远不能满足居民基本质量的学前教育入园需求，民办幼儿园是作为公办幼儿园的重要补充，起到了满足居民基本入园需求的作用，那么政府对满足基本质量学前教育需求的民办幼儿园应视同公办幼儿园，分担部分学前教育成本，以真正实现学前教育成本在家庭与政府间的合理分担。

目前我国公办幼儿园数量在幼儿园总数中所占比例十分有限，整体上看公办幼儿园数量约占30%～40%左右，民办幼儿园数量约占幼儿园总数的60%～70%左右，调研中东部省份的一些区县，民办幼儿园数量甚至占到90%以上。在民办幼儿园数量和在园幼儿数占大部分比重的情况下，如果政府财政投入仅涵盖公办幼儿园，那么政府在学前教育成本中的整体分担比例将十分有限，难以实现真正意义上的家庭与政府合理分担学前教育成本，学前教育普及普惠的目标也无从实现。从国际经验上看，发达国家对学前教育的投入也都涵盖了各种性质的学前教育机构。结合我国目前公办与民办学前教育发展状况，单纯通过目前的对民办幼儿园进行奖励或少量财政补贴的方式根本无法实现真正意义上的学前教育成本合理分担，因此对于民办幼儿园应按照其定位与作用进行区分。对于定位于满足高标准、多样化需求的高端幼儿园，政府承担监管责任的同时通过税收优惠政策引导其发展方向。对于满足居民基本入园需求的，作为政府办幼儿园重要补充的普惠性民办幼儿园，不仅应继续完善税收优惠、优先保障用地等优惠政策，还应加大财政对普惠性民办幼儿园的投入力度，分担普惠性民办幼儿园的部分运营成本。具体而言，可参照国际经验，由县区政府核定本地区普惠性民办幼儿园的收费和建设标准，一方面，对符合普惠性标准的民办幼儿园视同公办幼儿园按照统一生均公用经费标准进行补贴；另一方面，可借鉴日本政府对私立幼儿园的财政支持政策，对普惠性民办幼儿园入园幼儿实行幼儿入园补贴，所需资金由中央、省和区县政府分担，从而扩大受益范围，从实质上提高学前教育成本中政府分担份额，解决入园难、入园贵问题。同时，对于办学质量较好或愿意增加投入的普惠性民办幼儿园进行奖励，奖补共行，从而真正实现普及普惠的学前教育发展目标。

第四节　相关配套措施

学前教育事业的发展作为政府的一项重要事权，不仅需要明确各级政府的事权责任，在此基础上构建合理的政府与市场以及各级政府间学前教育成本分担机制，还需要制定相应的配套措施，保障学前教育发展质量以及各项事权的落实。

一、加快学前教育立法保障事权落实

从国际经验来看，世界各国都越来越重视学前教育立法，以法律法规的形式为各级政府履行学前教育发展职能提供保障。美国政府不仅通过联邦立法明确学前教育的性质和地位，而且通过立法明确划分各级政府对学前教育的管理责任和筹资责任，通过各州制定的教育法规保障了教师的权利和教育质量的提高。日本也以法律法规的形式保证学前教育各项标准的执行力度。如明确幼儿园地位与性质的《学校教育法》、规定学前教育教师资格与教师进修的《教育职员许可法》《教育职员许可法施行规则》《教育公务员特例法》，对私立幼儿园进行支持和规范的《日本私立学校振兴助成法》（1970）、《日本私立学校振兴财团法》（1975）和《日本私立学校振兴·共济事业团法》（1997）等。我国目前学前教育立法层次较低，针对学前教育发展的较为全面的规范仅有国家教委 1989 年颁布的《幼儿园管理条例》和 1996 年正式实行的《幼儿园工作规程》，其他的涉及幼儿教育的相关政策中指导、规划性的政策文件占很大比例，如 2003 年发布的《关于幼儿教育改革与发展的指导意见》、2007 年教育部发布的《国家教育事业发展"十一五"规划纲要》、2010 年教育部发布的《规划纲要》和国务院颁布的《若干意见》等，这些指导、规划性的意见一般较为宏观和宽泛，且均未上升到法律的高度，在《教育法》所规定的四个独立学段中，唯有学前教育没有单独立法，由于没有全国性的学前教育法律，使我国学前教育缺乏应有的地位和法律保障，在实际执行过程中对地方政府和学前教育机构的约束力不强。因此，借鉴发达国家经验，我国应加快《学前教育法》立法进程，在教育基本法律中明确学前教育性质和地位，并依据《学前教育法》实施科学管理，通过法律法规对多级政府共同行使的学前教育事权做出明确界定，避免上推下卸，保障我国学前教育各项事权的落实。

二、健全学前教育各项质量标准

完善的学前教育质量标准不仅能够确保学前教育发展有据可依，而且质量标准与办学成本密切相关，不同的基本质量标准决定了幼儿园的办学成本的高低，进而影响政府对学前教育成本分担的水平。从日本和美国等发达国家学前教育发展的经验上看，要规范学前教育的办学行为，切实提高学前教育的质量，必须要有完善的学前教育法律政策体系，全面的学前教育质量标准是学前教育健康发展的重要保证，日本政府对幼儿园的办学标准、教学内容，教师标准及进修以及校舍安全卫生标准等方面均制定有详细的规定，并以法律形式保障其实施；美国各州在颁布合格学前教育机构类型和标准的基础之上，还以州政府为主导构建了学前教育质量评级、激励与问责体系，通过定期评估与审查，督促学前教育机构提升教育质量。而我国当前学前教育缺乏系统的质量标准体系，目前涉及学前教育各项质量标准的规定，如教育部《幼儿园教职工配备标准（暂行）》（2013）、教育部《幼儿园教育纲要（试行）》（2001），教育部《3～6岁儿童学习与发展指南》（2012）、教育部《学前教育督导评估暂行办法》（2012）等，存在立法层级不高、政策不全面、内容与实际脱节和操作性不强等问题，学前教育的发展还需完善办学标准、师资标准、安全卫生等各项标准体系确保学前教育发展有据可依。具体而言，在学前教育的办学标准上，鉴于我国各地经济发展水平不同，城乡差异较大，应按照统一与灵活相结合、城市与农村有差别的原则，在中央制定的统一办学标准的基础上，根据地区经济发展水平，允许地方政府根据地区实际因地制宜地制定不低于国家统一标准的城乡分类的地方办学标准。在学前教育教学目的、教学内容、日常管理等方面，应根据社会的发展和对学前教育的要求及时进行修订。在学前教育师资标准与培训方面，加大学前教育教师职业教育的支持力度，使之与大学的学前教育专业进行衔接，将学前教育机构教师的职称与学历结构作为划定各级学前教育机构经费补贴的标准之一，在教育部《幼儿园教师专业标准（试行）》（2011）的基础上，推行分等级的学前教育教师资格证制度与职称评审制度，为教师进修提供外在支持与内在激励。在幼儿园校舍安全、日常保健、饮食卫生、校车管理等方面，在完善标准的基础上，建立相应的监督和问责机制，切实保障政府发展学前教育责任的落实。在支持民办学前教育的发展方面，应在坚持公办民办幼教机构统一质量标准的基础上，针对民办幼儿园达标情况建立家长、社会和专家三位一体的公开监督与信息披露体系，以保证其质量。继续引导社会资金投入民办学前教育，从需求和供给两个方面支持民办学前教育机构的发展。从供给的角度来讲，利用税收减免和财政补贴的方式加大对民办学前教育机构的支持力度，重点补贴和激励民办幼儿园提高基础设施水平，更新教学设备，并在土地使用方面给予民办幼儿园一定的优惠；从需求角度可借鉴日本经验有针对性地对进入民办幼儿园的家庭提高补贴标准以缩小进入公办和民办幼儿园家庭费用负担方面的差异。

三、建立学前教育财政资金监管与评价机制

从国际经验上看，美国和日本都建立了完善的学前教育监管与问责制度，保障了财政资金使用效果。无论是美国还是日本，省一级政府都在学前教育监管与问责体系中起到了重要作用，美国联邦政府一方面对学区学前教育发展和资金使用效率进行督导，另一方面又接受中央政府的监督与问责，学前教育财政资金分配根据评价结果而定；日本督道府县一级政府对学区学前教育发展状况定期评价，并根据评价结果进行奖惩。因此对于我国而来说，就监管主体而言，应建立以省级政府和中央政府为主体的监管与问责体系，省级政府在接受中央政府的监管的基础上，承担对县区学前教育发展及财政资金使用的主要监管责任，并对地方政府进行问责。

在明确监管与问责主体的基础上，建立完善的地方学前教育发展与学前教育财政资金绩效评价制度。结合我国学前教育的公共服务定位与发展目标，地方政府学前教育评价内容和标准不能够再以地方示范幼儿园数量与目标为主，而应以普及普惠学前教育发展为目标，以地区普惠性幼儿园发展水平作为评价和考核的基本范围。

在合理评价地区学前教育普及普惠目标实现情况的基础上，逐步将地区学前教育发展水平纳入地方政府的政绩考核指标体系，上级政府根据地方学前教育发展情况以及地方学前教育发展水平的提高程度两个方面对地方政府进行奖补，更好地督促地方政府重视学前教育发展，确保地方财政对学前教育进行投入。此外，基于学前教育财政资金的安全性和有效性考虑，还应建立健全学前教育财政资金投入的绩效考核与监督管理体系，对学前教育财政资金的使用过程进行监督检查，严防学前教育财政资金被挤占、挪用。

四、完善吸引社会资金投入学前教育的财税优惠政策

OECD 的大部分国家，社会资金都构成了学前教育资金投入的重要组成部分，通过吸纳社会资金投入学前教育，不仅可以缓解政府财力不足问题，而且能够提高社会对学前教育重视和关注程度，有助于学前教育整体

质量的提升。目前我国学前教育资金来源渠道单一，社会对学前教育投入十分有限，因此需拓宽学前教育经费的资金来源，鼓励社会资金投入学前教育领域，多元化筹措学前教育资金。

首先应制订财政优惠政策引导和鼓励社会资金对学前教育机构或贫困地区学前教育事业捐赠。目前我国社会资金对于高等教育捐赠较为常见，对于学前教育，捐赠资金所占比重非常小，2017 年我国学前教育总经费收入中，社会捐赠经费所占比重仅为 0.09%，有限的学前教育捐赠资金又多投向了城市尤其是示范幼儿园，对于农村幼儿园的捐赠资金更是少之又少，仅占学前教育捐赠总额的 27.48%。① 目前我国鼓励个人和社会团体对学前教育进行捐赠的税收优惠政策十分单一，主要是对于教育捐赠支出允许按照一定比例在缴纳所得税时予以税前扣除，对学前教育捐赠的激励作用十分有限。因此，应逐步制定促进社会资金参与学前教育事业的财税激励政策，鼓励社会资金向学前教育尤其是贫困地区学前教育和农村学前教育事业捐赠，一方面，可继续加大对社会捐赠的税前扣除比例；另一方面，对学前教育捐赠资金使用进行有效监督，保障学前教育捐赠资金的规范使用。

其次，可逐步吸纳社会资金建立贫困家庭幼儿助学基金。普及义务教育的过程中，在政府倡导下，很多大型基金项目如希望工程等广泛动员海内外社会资源，对于很多贫困家庭起到了一定的作用。因此，在学前教育发展过程中，可以通过整合资源，吸纳社会资金的方式建立针对贫困幼儿的助学基金，帮助处境不利儿童接受学前教育。

此外，还可以通过发行公债和教育彩票等形式吸引社会资金投入学前教育。国外很多国家都通过发行教育彩票的方式吸纳社会闲散资金支持学前教育事业的发展。因此，可以借鉴我国已有的福利彩票的运作方式，通过发行教育彩票筹集闲散资金，用于支持农村欠发达地区学前教育事业发展。

五、提供学前教育财政制度改革所需的信息与技术支持

学前教育财政制度的构建需要相应的技术支持保障实施，目前我国学前教育会计核算制度以及信息数据并不完善，这为学前教育领域财政政策

---

① 数据来源：《中国教育经费统计年鉴》(2018)，部分数据计算得出。

的实施带来了一定的困难。首先，学前成本分担机制的构建需要合理测算学前教育成本和财力需求，并在此基础上进行财政资金分配，而学前教育成本准确合理核算不仅需要大量数据信息，还需学前教育会计制度的完善以及相关专业化人才。而目前我国学前教育会计核算制度很不完善，对于一些对学前教育成本影响较大的会计科目如幼儿园租金如何处理，并没有明确的规定，很多普惠性民办幼儿园甚至是公办幼儿园账务处理十分混乱，为学前教育成本分担机制的构建带来一定困难，因此应逐步完善学前教育会计核算制度，为学前教育成本核算提供必要技术支持。同时利用现代信息技术，逐步建立起学前教育阶段学生、教师以及教育拨款等信息的基础数据库，为学前教育财政拨款以及地方政府学前教育发展评价和监督问责体系的构建提供真实科学的依据。再次，在我国城镇化快速推进的过程中，城乡人口流动性加快，科学规划幼儿园的布局是提高财政资金使用效率，促进学前教育事业健康发展的必要条件。而目前我国学前教育发展规划现状表明，教育部门在规划辖区幼儿园的布点数量与服务范围时并不科学，在城镇化快速推进的过程中，城乡人口流动性加快，人口分布和结构都会发生较大改变，因此，城乡幼儿园的规划都应具有前瞻性，要充分考虑城乡人口的动态变化，避免城市学前教育资源的不足和农村学前教育资源的闲置与浪费，这就需要相应的人员和机构解决基层教育管理人员规划能力与技术水平欠缺的问题，因此，省级教育部门应组织县级教育部门参与，从教育、财政、规划等专家人才库中遴选专家，组成专家组，共同制定出一个可行而有效的学前教育布局规划，在此基础上建立一个基础数据库，动态跟踪记录，为政府科学规划学前布局提供技术支持。

参 考 文 献

[1] 柏檀、王水娟:《学前教育财政投入的效率问题与政府责任》,载于《教育与经济》2012 年第 3 期。

[2] 柏檀、熊筱燕、王水娟:《我国学前教育财政投入问题探析》,载于《教育与经济》2012 年第 1 期。

[3] 蔡迎旗、冯晓霞:《我国幼儿教育财政体制的沿革与创新》,载于《学前教育研究》2006 年第 2 期。

[4] 蔡迎旗、冯晓霞:《政府财政投入公办幼儿园方式的选择》,载于《教育与经济》第 2008 年第 1 期。

[5] 蔡迎旗、冯晓霞:《政府财政投资幼儿教育的合理性》,载于《比较教育研究》第 2007 年第 4 期。

[6] 蔡迎旗、罗枭:《美国教育彩票及其对我国学前教育筹资的启示》,载于《学前教育研究》2014 年第 3 期。

[7] 蔡迎旗:《幼儿教育财政与政策》,教育科学出版社 2007 年版。

[8] 曹能秀:《中日学前教育面临的主要问题比较》,载于《云南师范大学学报（哲学社会科学版)》2002 年第 6 期。

[9] 陈志勇、刘京焕、李景友:《财政学原理》,高等教育出版社 2011 年版。

[10] 陈志勇、张超:《财政分权对我国地方政府教育支出的影响研究——基于省级面板数据的实证分析》,载于《教育与经济》2012 年第 4 期。

[11] 崔方方、洪秀敏:《我国学前教育区域不均衡:现状、原因与建议》,载于《教育发展研究》2010 年第 24 期。

[12] 崔世泉、田志磊、袁连生:《政府在学前教育发展中的作用》,载于《学前教育研究》2011 年第 5 期。

[13] 道格拉斯·C. 诺思:《制度、制度变迁与经济绩效》,格致出

版社、上海人民出版社 2008 年版。

[14] 丁安睿:《试论学前教育领域内的政府职能——以公共产品属性分析为角度》,载于《当代学前教育》2009 年第 1 期。

[15] 丁维莉、陆铭:《教育的公平与效率是鱼和熊掌吗——基础教育财政的一般均衡分析》,载于《中国社会科学》2005 年第 6 期。

[16] 董淑超、刘磊:《基于准公共产品成本分担的学前教育定价研究》,载于《吉林教育学院学报》2013 年 1 期。

[17] 冯皓、陆铭:《通过买房而择校:教育影响房价的经验证据与政策含义》,载于《世界经济》2010 年第 12 期。

[18] 冯晓霞、刘昊、王芳:《美国学前教育质量评级与促进系统评》,载于《比较教育研究》2010 年第 4 期。

[19] 冯晓霞、刘颖:《政府购买学前教育服务政策的方式及其特点与影响》,载于《学前教育研究》2014 年第 11 期。

[20] 龚锋:《地方公共安全服务供给效率评估——基于四阶段 DEA 和 Bootstrapped DEA 的实证研究》,载于《管理世界》2008 年第 4 期。

[21] 郝大海:《中国城市教育分层研究(1949~2003)》,载于《中国社会科学》2007 年第 11 期。

[22] 郝文武:《平等与效率相互促进的教育公平论》,载于《教育研究》2007 年第 11 期。

[23] 韩小雨、庞丽娟、夏婧:《香港学前教育财政投入政策:特点及启示》,载于《教育发展研究》2010 年第 6 期。

[24] 何致瑜:《国际教育政策发展报告》,天津人民出版社 2007 年版。

[25] 洪秀敏、罗丽:《公平视域下我国城乡学前教育发展差异分析》,载于《教育学报》2012 年第 5 期。

[26] 侯石安、张紫君:《促进我国学前教育发展的财政政策选择》,载于《财政研究》2012 年第 7 期。

[27] 胡书东:《经济发展中的中央与地方关系——中国财政制度变迁研究》,上海三联书店、上海人民出版社 2001 年版。

[28] 黄佩华、理查德·M.伯德:《中国的财政体系:进行中的工作》,摘自劳伦·勃兰特:《伟大的中国经济转型》,上海人民出版社 2009 年版。

[29] 黄祖辉、王敏、宋瑜:《农村居民收入差距问题研究——基于村庄微观角度的一个分析框》,载于《管理世界》2005 年第 3 期。

[30] 霍力岩：《学前比较教育学》，北京师范大学出版社 1995 年版。

[31] 姜勇、李召存、史亚军：《国际学前教育公共经费投入方式的比较研究》，载于《全球教育展望》2009 年第 11 期。

[32] 康建英、田茹：《义务教育支出效率评价及财政分权影响》，载于《改革与战略》2010 年第 2 期。

[33] 理查德·A. 金、奥斯汀·D. 斯旺森、斯科特·R. 斯威特兰、曹淑江等译：《教育财政——效率、公平与绩效》，中国人民大学出版社 2010 年版。

[34] 李春玲：《社会政治变迁与教育机会不平等——家庭背景及制度因素对教育获得的影响（1940~2001）》，载于《中国社会科学》2003 年第 3 期。

[35] 李春生：《日本学前教育简况》，载于《基础教育参考》2011 年第 10 期。

[36] 李季湄：《从日本幼儿园教育大纲的修订看日本幼教的发展趋势》，载于《学前教育研究》2000 年第 5 期。

[37] 李俊生、乔宝云、刘乐峥：《明晰政府间事权划分构建现代化政府治理体系》，载于《中央财经大学学报》2014 年第 3 期。

[38] 李克勤、郑准：《县域学前教育资源配置评价模型及其应用》，载于《学前教育研究》2014 年第 10 期。

[39] 李齐云、马万里：《中国式财政分权体制下政府间财力与事权匹配研究》，载于《理论学刊》2012 年第 11 期。

[40] 李生兰：《比较学前教育》，华东师范大学出版社 2000 年版。

[41] 李祥云、徐晓：《学前教育经费投入水平的地区差异与成因——基于省级数据的实证分析》，载于《财经理论与实践》2014 年第 6 期。

[42] 李祥云：《我国财政体制变迁中的义务教育财政制度改革》，北京大学出版社 2008 年版。

[43] 李煜：《制度变迁与教育不平等的产生机制——中国城市子女的教育获得（1996~2003）》，载于《中国社会科学》2006 年第 4 期。

[44] 廖楚晖、张吕：《政府教育财政体制的问题与探讨》，载于《管理世界》2005 年第 7 期。

[45] 林筱彬、吴琼：《美国学前教育发展的经验对我国的启示》，载于《教育探索》2011 年第 11 期。

[46] 刘翠航：《美国联邦学前教育立法演变与当前法律结构分析》，

载于《学前教育研究》2012 年第 10 期。

[47] 刘翠航：《美国学前教育概况》，载于《基础教育参考》2011 年第 9 期。

[48] 刘昊、王芳、冯晓霞：《美国学前教育质量评级与促进系统评介》，载于《比较教育研究》2010 年第 4 期。

[49] 刘昊：《美国学前教育发展中联邦和州政府的责任分化》，载于《外国教育研究》2013 年第 7 期。

[50] 刘红：《论我国学前教育发展的趋向》，《2012 年幼儿教师专业与发展论坛论文集》2012 年。

[51] 刘鸿明、吴润：《教育成本的界定及分类》，载于《理论导刊》2006 年第 9 期。

[52] 刘精明：《中国基础教育领域中的机会不平等及其变化》，载于《中国社会科学》2008 年第 5 期。

[53] 刘天娥：《公共财政资助民办幼儿园的依据与方式》，载于《天津师范大学学报》2013 年第 4 期。

[54] 刘小蕊、庞丽娟、沙莉：《美国联邦学前教育投入的特点及其对我国的启示》，载于《学前教育研究》2007 年第 3 期。

[55] 刘小蕊、庞丽娟、沙莉：《通过立法强化政府在学前教育事业发展中的职责——美国的经验及其对我国的启示》，载于《学前教育研究》2007 年第 2 期。

[56] 柳倩：《普及学前教育政策的国际发展趋势述评》，载于《外国教育研究》2011 年第 4 期。

[57] 卢洪友：《中国基本公共服务均等化进程报告》，人民出版社 2012 年版。

[58] 陆铭、张爽：《"人以群分"：非市场互动和群分效应的文献评论》，载于《经济学（季刊）》2007 年第 6 卷第 3 期。

[59] 陆铭、陈钊、万广华：《因患寡而患不均——中国的收入差距、投资、教育和增长的相互影响》，载于《经济研究》2005 年第 12 期。

[60] 吕晓、田兴江、谢应宽：《西南民族地区农村学前教育发展的瓶颈与突破》，载于《学前教育研究》2014 年第 4 期。

[61] 罗尔斯：《正义论》，中国社会科学出版社 1998 年版。

[62] 马丁·卡诺伊，闵维方译：《教育经济学国际百科全书》，高等教育出版社 2000 年版。

[63] 马万里、李齐云：《公共品多元供给视角下的财政分权：一个新的分析框架》，载于《当代财经》2012 年第 6 期。

[64] 孟庆艳：《二战后法规保障下的日本学前教育的发展及其启示》，载于《当代学前教育》2008 年第 6 期。

[65] 倪红日、张亮：《基本公共服务均等化与财政管理体制改革研究》，载于《管理世界》2012 年第 9 期。

[66] 年智英：《终身学习型职业发展：日本教师资格标准述评》，载于《比较教育研究》2011 年第 8 期。

[67] 彭云：《促进学前教育公平的对策研究》，载于《教育导刊》2011 年第 2 期。

[68] 平新乔：《财政原理与比较财政制度》，上海三联书店 1992 年版。

[69] 钱雨：《美国学前教育课程评价研究项目的背景、内容、实施及其启示》，载于《学前教育研究》2011 年第 7 期。

[70] 乔宝云、范剑勇、冯兴元：《中国的财政分权与小学义务教育》，载于《中国社会科学》2005 年第 6 期。

[71] 任艳花、杨宁：《学前教育中的政府投入方式研究》，载于《教育导刊》2011 年第 3 期。

[72] ［日］厚生劳动省：《保育所保育指针（厚生劳动省告示第百四十一号）》，http：//www. mhlw. go. jp/bunya/kodomo/hoiku04/pdf/hoiku04a. pdf。

[73] 邵彩玲、杨秀云、张莅颖：《日本学前教育现状及启示》，载于《日本问题研究》1999 年第 2 期。

[74] 宋映泉：《不同类型幼儿园办学经费中地方政府分担比例及投入差异——基于 3 省 25 县的微观数据》，载于《教育发展研究》2011 年第 17 期。

[75] 宋映泉：《民办学前教育规模占比的省际差异、政府财政投入与管制》，载于《北京大学教育评论》2012 年第 4 期。

[76] 田志磊、张雪：《中国学前教育财政投入的问题与改革》，载于《北京师范大学学报》2011 年第 5 期。

[77] 万广华、陆铭、陈钊：《全球化与地区间收入差距：来自中国的证据》，载于《中国社会科学》2005 年第 3 期。

[78] 万广华：《中国农村区域间居民收入差异及其变化的实证分析》，载于《经济研究》1998 年第 5 期。

[79] 万国威:《教育福利视角下我国学前教育的地区发展差异——基于对我国 31 省市学前教育状况的定量分析》,载于《学前教育研究》2011 年第 11 期。

[80] 王耕:《高等全日制学校教育成本计算问题的探讨》,载于《会计研究》1988 年第 6 期。

[81] 王国清、吕伟:《事权、财权、财力的界定及相互关系》,载于《财经科学》2000 年第 4 期。

[82] 王善迈:《教育公平的分析框架和评价指标》,载于《北京师范大学学报(社会科学版)》2008 年第 5 期。

[83] 王小英、张宇:《20 世纪以来联邦干预下美国学前教育的发展与启示》,载于《外国教育研究》2010 年第 3 期。

[84] 王永钦、张晏、章元等:《中国的大国发展道路——论分权式改革的得失》,载于《经济研究》2007 年第 1 期。

[85] 文然然、王健:《城乡统筹背景下农村学前教育的政府扶持》,载于《河北经贸大学学报》2011 年第 9 期。

[86] 夏双辉:《我国学前教育成本分担和财政投入关系的问题研究》,载于《特立学刊》2012 年第 2 期。

[87] 肖玉秀:《关于高等院校人才成本核算的设想》,载于《教育财会研究》1996 年第 4 期。

[88] 许凤丽:《教育投入不足的成因分析——基于分税制改革的视角》,载于《世界经济情况》2009 年第 7 期。

[89] 杨菊花、谢永飞:《流动儿童的学前教育机会:三群体比较分析》,载于《教育与经济》2015 年第 6 期。

[90] 杨晓岚:《学前教育质量与教育公平问题刍议》,载于《教育探究》2008 年第 4 期。

[91] 尹建军、张海燕:《美国政府在学前教育中的职能研究》,载于《教育评论》2012 年第 4 期。

[92] 虞永平:《试论政府在幼儿教育发展中的作用》,载于《学前教育研究》2007 年第 1 期。

[93] 袁连生、冯晓霞:《学前教育财政体制改革研究》,北京师范大学出版社 2011 年版。

[94] 袁连生:《教育成本计量探讨》,载于《北京师范大学学报(人文社会科学版)》2000 年第 1 期。

[95] 约翰·斯通：《论高等教育成本分担》，人民教育出版社 2003年版。

[96] 曾满超、郭胜乾：《发展中国家的个人教育成本与社会教育成本》，载于《教育与经济》1993 年第 3 期。

[97] 曾晓东、范昕：《建国 60 年来我国学前教育财政制度改革研究》，载于《幼儿教育（教育科学)》2009 年第 10 期。

[98] 曾晓东、张丽娟：《OECD 国家早期教育与服务财政支出研究》，载于《比较教育研究》2007 年第 11 期。

[99] 曾晓东：《我国幼儿教育由单位福利到多元化供给的变迁》，载于《北京师范大学学报（社会科学版)》2006 年第 12 期。

[100] 张恒龙、陈宪：《当代西方财政分权理论述要》，载于《国外社会科学》2007 年第 3 期。

[101] 张雪、袁连生、田志磊：《地区学前教育发展水平及其影响因素分析》，载于《教育发展研究》2012 年第 20 期。

[102] 张晏、龚六堂：《分税制改革、财政分权与中国经济增长》，载于《经济学（季刊)》2006 年第 5 卷第 1 期。

[103] 张晏：《标尺竞争在中国存在吗？对我国地方政府公共支出相关性的研究》，载于复旦大学工作论文，2005 年。

[104] 张咏：《幼儿园收费制度改革：实行成本收费》，载于《教育导刊》2003 年第 5 期。

[105] 张曾莲：《当前学前教育成本核算存在的主要问题及其解决》，载于《学前教育研究》2012 年第 9 期。

[106] 赵海利：《公共财政视角下政府在学前教育中的责任》，载于《学前教育研究》2012 年第 20 期。

[107] 赵海利：《我国学前教育公共支出的受益分布——基于 BIA 方法的分析》，载于《教育发展研究》2013 年第 16 期。

[108] 赵海利：《学前教育成本分担：文献分析的视角》，载于《教育发展研究》2011 年第 24 期。

[109] 赵微：《我国学前教育质量现状的原因分析》，载于《学前教育研究》2012 年第 2 期。

[110] 赵彦俊：《美国学前教育质量保障体系架构摭探》，载于《现代教育管理》2012 年第 11 期。

[111] 郑名：《"学前教育三年行动计划"成效分析与政策建议》，载

于《学前教育研究》2014 年第 8 期。

［112］郑益乐:《我国幼儿教育成本分担机制探析》,载于《教育导刊》2011 年第 7 期。

［113］周飞舟:《分税制十年:制度及影响》,载于《中国社会科学》2006 年第 6 期。

［114］周建平:《从"镇为主"到"县为主":农村学前教育管理体制的变革——基于对 A 县学前教育发展状况的调查》,载于《教育发展研究》2012 年第 20 期。

［115］周兢:《国际学前教育政策比较研究》,华东师范大学出版社2012 年版。

［116］周永明、张建萍:《政府主导的学前教育发展制度设计与选择——以宁波市江北区慈城镇为例》,载于《学前教育研究》2011 年第3 期。

［117］Allan R. Odden, Lawrence O, *Pre-School finance*, *A Police Prospect*. McGraw – Hill Companies, 2003, pp. 60.

［118］Arthur J. Reynolds, Judy A. Temple, Dylan L. Robertson and Emily A. Mann. *Age* 21 *cost-benefit analysis of the Title I Chicago Child – Parent Center Program: Executive summary*. http://www.waisman.wisc.edu/cls/cbaexecsum4.html.

［119］Barnett, W. S., Belfield, C. R., Early childhood development and social mobility, *Future of Children*, Vol. 16, 2006, pp. 73 – 98.

［120］Barnett, W. S., Masse, L. N. Comparative benefit-cost analysis of the Abecedarian program and its policy implications, *Economics of Early Childhood Education*, Vol. 26, 2007, pp. 113 – 125.

［121］Belfield, Clive R. et al.. The High/Scope Perry Preschool Program Cost – Benefit Analysis Using Data from the Age – 40 Followup, *Journal of Human Resources*, Vol. 41 (01), 2006, pp. 162 – 190.

［122］Berne, R., Stiefel, L, Chapter 1: Concepts of school finance equity: 1970 to the present. , In H. F. Ladd, R. A. Chalk, J. S. Hansen (Eds.), *Equity and adequacy in education finance: Issues and perspectives*, Washington, DC: National Academy Press, 2001.

［123］Blau, D. M., Currie, J.. *Preschool, day care and after-school care: Who's minding the kids?*, NBER Working Paper, 2004.

[124] Blau, D. M. *The child care problem*: *An economic analysis*, Russell Sage Foundation, 2001.

[125] Caitlin McLean. Market managers and market moderators: Early childhood education and care provision, finance and regulation in the United Kingdom and United States, *Journal of European Social Policy*, Vol. 24, 2014, pp. 122 – 134.

[126] Carmel Corrigan. OECD Thematic Review of Early Childhod Education and Care Background Repor, http://www.oecd.org/dataoecd/9/47/34431749, 2004.

[127] Casey Abington. William Blankenau. Government education expenditures in early and late childhood. *Journal of Economic Dynamics & Control*, Vol. 37, 2013, pp. 854 – 874.

[128] Clarke – Stewart K. A. *A home is not a school*: The effects of child care on children's development, *Journal of Social Issues*, Vol. 47 (2), 1991, pp. 105 – 124.

[129] Cryer, D. , Clifford, R. M. . *Early childhood education and care in the USA*. Baltimore, MD: Paul H. Brookes, 2003.

[130] David M. Blau. *The Child Care Problem*: *An Economic Analysis*, Russell Sage Fundation. 2001.

[131] Debby Cryer. *Early childhood education and care in the USA*, PH Brookes, 2003.

[132] Debra J. Ackerman, W. Steven Barnett, Laura E. Hawkinson. *Providing Preschool Education for All 4 – Year – Olds*: *Lessons from Six State Journeys*, National Institute for Early Education Research, 2009.

[133] Dumurger, S. , Jeffrey D. Sachs, Wing T. Woo. *Geography, Economic Policyand Regional Development in China*, Asian Economic Papers, Vol. 1, 2002, pp. 146 – 197.

[134] Duncan, G. J, Dowsett, C. J, Claessens, A. , Magnuson, K. A. , School readiness and later achievement, *Developmental Psychology*, Vol. 43, 2007, pp. 1428 – 1446.

[135] E. Cohn. The Economic of Education. Oxford: Program press, 1989.

[136] Fried, H. O. , Schmidt, S. S, Yaisawarng, S. . Incorporating

the Operating Environment into a Nonparametric Measure of Technical Efficiency, *Journal of Productivity Analysis*, Vol. 12, 1999, pp. 249 – 267.

[137] Greg J. Duncan, Jens Ludwig, and Katherine A. Magnuson. Reducing Poverty through Preschool Interventions. *Future Child*. Vol. 17, 2007, pp. 143 – 160.

[138] Hofferth S. Wissoker, D. Price, Quality and Income in Child Care Choice, *Journal of Human Resources*, Vol. 27, 1992, pp. 70 – 112.

[139] Hoxby, Caroline Minter. *Is There an Equity – Efficiency Trade – Off in School Finance? Tiebout and a Theory of the Local Public GoodsProducer*, NBER Working Paper, 1995.

[140] James G. Dwyer. *Vouchers within Reason: A Child-centered Approach to Education Reform*, Cornell University Press, 2002.

[141] James. Heckman. Policies to foster human capital, *Research in Economics*, Vol. 54, no. 1 1956, pp. 3 – 56.

[142] James. Heckman, Role of income and family influence on child outcomes, *Annals of the New York Academy of Sciences*, Vol. 1136, 2008, pp. 307 – 323.

[143] James J. Heckman, Dimitriy V. Masterov. The Productivity Argument for Investing in Young Children, *Review of Agricultural Economics*, Vol. 29 (3), 2007, pp. 446 – 493.

[144] Jo Sparkes, Anne West. An Evaluation of the English Nursery Voucher Scheme 1996 – 1997, *Education Economics*, Vol. 6, 1998, pp. 171 – 172.

[145] John Bennett. *Early Childhood Services in OECD Countries: Review of the Literature and Current Policy in the Early Childhood Field*. UNICEF Innocenti Working Papers, 2008.

[146] Judy A. Temple, Arthur J. Reynolds. Benefits and costs of investments in preschool education: Evidence from the Child – Parent Centers and related programs, *Economics of Education Review*, Vol. 26, 2007, pp. 126 – 144.

[147] Kamerman, S. B.. Early childhood education and care: an overview of developments in the OECD countries. *International Journal of Educational Research*, Vol. 33, 2000, pp. 7 – 29.

［148］Kanbur, Ravi and Xiaobo, Zhang. Fifty Y ears of Regional Inequality in China: a Journey through Central Planning, Reform and Openness, *Review of Development Economics*, Vol. 9, 2005, pp. 87 – 106.

［149］Khandaker Ummul Khairun Fatima, Suryani Nik Abdul Rahman. Effective Pre-school Management as the Foundation of Quality Education: A Case Study of Bangladesh, *International Peer Reviewed Journal*, 2012 (03).

［150］Li Hongbin, Li An Zhou. Political Turnover and Economic Performance: the Incentive Role of Personnel Control in China, *Journal of Public Economics*, Vol. 89, 2005, pp. 1743 – 1762.

［151］Marcia K. Meyers, Janet C. Gornick. Public or Private Responsibility? Early Childhood Education and Care, Inequality, and the Welfare State Source, *Journal of Comparative Family Studies*, Vol. 34, (2003), pp. 379 – 411.

［152］Maria Donovan Fitzpatrick. *Early Start: The Economics of Early Childhood Education*, University of Virginia, 2008.

［153］Maris A. Vinovskis. *The birth of Head Start: preschool education policies in the Kennedy and Johnson administrations*, Chicago: University of Chicago Press, 2005.

［154］Meyers, M. K., Gornick, J. C., Peck, L. R.. Packaging support for low-income families: Policy variation across the United States. *Journal of Policy Analysis and Management*, Vol. 20, 2001, pp. 457 – 483.

［155］Michelle J. Neuman, Governance of early childhood education and care: recent developments in OECD countries, *Early Years*, Vol. 25, 2005, pp. 129 – 141.

［156］Mitchell, A., Stoney, L., *Investing in early childhood development: Evidence to support movement for educational change*, New York: Palgrave Macmillan, 2008.

［157］Oates, Wallace E.. An essay on fiscal federalism, Journal of Economic Literature, Vol. 37, 1999, pp. 1120 – 1149.

［158］Odden, A., Picus, L.. *School finance: A policy perspective*, New York: McGraw – Hill, 2000.

［159］OECD, Directorate for education: early childhood education and care policy: Canada Country note. http://www.oecd.org/canada/33850725.

pdf.

［160］OECD, Starting Strong: Early Childhood Education and Care. Pairs, OECD Publishing, 2006.

［161］Peltzman, Sam. Political Economy of Public Education: Non – College Bound Students, *Journal of Law and Economics*, Vol. 39, 1996, pp. 73 – 120.

［162］Susan Newberry, Deborah Brennan. The Marketisation of Early Childhood Education and Care (ECEC) in Australia: A Structured Response, *Financial Accountability & Management*, 2013, Vol. 29 (3), 2013, pp. 227 – 245.

［163］T. W. Schulte. *The Economic Value of Education*, New York: Columbia University Press, 1963.

［164］Tiebout, Charles. M.. The Pure Theory of Local Expenditures, *Journal of Political Economy*, Vol. 64, 1956, pp. 416 – 424.

［165］Timothy Bartik, Jonathan Belford, William T. Gormley, Sara Anderson. A Benefit – Cost Analysis of the Tulsa Universal Pre – K Program, Upjohn Working Papers, W. E. Upjohn Institute for Employment Research. 2016, pp. 16 – 261.

［166］Timothy J. Bartik, William Gormley, Shirley Adelstein. Earnings Benefits of Tulsa's Pre – K Program for Different Income Groups, *Economics of Education Review*, Vol. 31, 2012, 1143 – 1161.

［167］Timothy J. Bartik, Kalamazoo. *Investing in Kids: Early Childhood Programs and Local Economic Development*, Upjohn Institute for Employment Research, 2011.

［168］UNESCO. *Strong Foundations: Early Childhood Care and Education*, Pairs UNESCO Publishing, 2006.

［169］William D. Duncombe, Anna Lukemeyer, John Yinger. Financing an Adequate Education: A Case Study of New York, *Developments in School Finance*, Vol. 2, 2003, pp. 129 – 153.

［170］Yamamoto, Yoko, Holloway, Susan D, Suzuki. Maternal involvement in preschool children's education in Japan: Relation to parenting beliefs and socioeconomic status, *Early Childhood Research Quarterly*, Vol. 3, 2006, pp. 21 – 24.

附　　录

附录 A1　问卷 1：幼儿园成本调查问卷

问卷时间：_____年___月___日　地点_____　问卷编号_____

各位老师、园长：您们好！这次调查主要是通过问卷形式获取不同类型幼儿园运营成本的基本数据，以及您对我国目前学前教育财政支持政策的看法和态度，待调查完毕后我们将对获得数据进行分析。问卷不需要你们填写姓名，我们郑重承诺本次调查问卷所搜集的资料仅供学术研究之用，而不用于除此之外的其他用处，我们将负责保密，不会个别公开和上传，请尽可能真实、准确地填写。

非常感谢您能在百忙之中抽出时间回答该问卷！谢谢您们对我们工作的支持。

××课题组　2015.6

_____县_____乡（镇）_____幼儿园

幼儿园类别：1. 机关园　　2. 教办园　　3. 国营企事业园
　　　　　　4. 街道或小区园　　　　5. 私立园或合资园
幼儿园等级：1. 一级　　2. 二级　　3. 三级　　4. 未评等级

在园幼儿数：_____　　教职工人数_____　　单位：万元

年度	支出（构成）								
	人员工资	人员保险费	租金	办公费	培训费	教具玩具费	建设修缮费用	其他费用	合计
2013 年									
2014 年									

附录A2　问卷2：幼儿园收入情况调查问卷

＿＿＿＿＿县＿＿＿＿＿乡（镇）＿＿＿＿＿幼儿园

幼儿园类别：1. 机关园　　2. 教办园　　3. 国营企事业园

　　　　　　4. 街道或小区园　　　　5. 私立园或合资园

幼儿园等级：1. 一级　　2. 二级　　3. 三级　　4. 未评等级

在园幼儿数：＿＿＿＿＿＿＿　教职工人数＿＿＿＿＿＿＿　单位：万元

表1　　　　　　　　　　　　　　　　　　　　　　　单位：元/月/人

项目时间	保教费	保险费	校服费	交通费	餐费、营养费	其他费用	合计
2013 年秋学期							
2014 年春学期							
2014 年秋学期							
2015 年春学期							

表2　　　　　　　　　　　　　　　　　　　　　　　　　单位：万元

年度	收入（构成）			
	收费收入	财政拨付	其他收入	合计
2013 年				
2014 年				

问题：

1. 您认为当前公办园发展过程中遇到的最大困难是什么？最希望得到政府在那些方面的帮助和投入？

2. 您认为当前民办园发展过程中遇到的最大困难是什么？最希望得到政府哪些方面的帮助和投入？

附录 A3　典型调研县样本幼儿园成本数据

表1　　　　　　　H 省 J 县样本幼儿园总成本数据汇总

	学校类型	区域	最小值	最大值	平均值	标准差	中位数
总成本	公办幼儿园	城区	127.80	563.00	320.39	139.58	293.30
		中心乡镇	44.00	263.00	109.38	68.08	105.76
		农村	22.65	27.88	24.72	2.78	23.63
	普惠性民办幼儿园	城区	13.83	428.00	119.89	120.75	68.89
		中心乡镇	12.51	137.60	46.00	29.80	43.32
		农村	2.97	60.86	13.62	16.49	12.30

表2　　　　　　　H 省 J 县样本幼儿园生均成本数据汇总

	学校类型	区域	最小值	最大值	平均值	标准差	中位数
生均人员成本	公办幼儿园	城区	1188.68	6140.35	3378.30	1540.54	3148.15
		中心城镇	1260.00	2674.00	2018.00	527.53	2187.50
		农村	1188.68	1475.00	1347.23	145.62	1378.00
	普惠性民办幼儿园	城区	1309.09	4112.07	2475.02	1043.97	2304.38
		中心城镇	883.00	3166.67	1808.93	712.76	1788.89
		农村	382.35	1445.00	865.07	365.81	883.00
生均公用成本	公办幼儿园	城区	802.47	1728.40	1369.91	285.07	1350.00
		中心乡镇	291.90	609.38	612.97	401.57	470.65
		农村	267.50	322.64	300.05	28.89	310.00
	普惠性民办幼儿园	城区	707.69	3118.18	1215.54	684.34	1041.67
		中心乡镇	200.00	1521.51	850.88	466.46	888.89
		农村	109.41	950.00	497.57	325.38	397.17
生均总成本	公办幼儿园	城区	2411.32	7473.68	4748.22	1562.64	4413.60
		中心乡镇	1692.31	4079.71	2630.96	762.40	2796.88
		农村	1511.32	1742.50	1647.27	120.85	1688.00
	普惠性民办幼儿园	城区	2216.62	5275.20	3648.68	1087.62	3680.77
		中心乡镇	1180.17	4274.19	2656.91	1029.08	2649.07
		农村	491.76	2395.00	1262.63	683.12	1180.17

附录 A4　问卷 3：幼儿园成本专家意见问卷

调查时间_____年____月____日　　地　　点_____

调查人_____　　　　　　　问卷编号_____

尊敬的各位专家：您们好！这次调查主要是针对××县各种类型幼儿园成本核算数据征询您的意见，待调查完毕后我们将对数据进行分析，并提出相关的建议。本次调查问卷仅为学术研究所用，而不作为除此之外的其他任何用处，我们将负责保密，所以请您积极配合，如实填写以下问卷。如果您认为该项成本数据较为合理，请在相应的选项后打"√"，如果您认为幼儿园该项成本不合理，请在最后一列相应空格处填写您估计的更为合理的成本数据。

谢谢您的支持！

2015 – 10

××县幼儿园生均成本数据专家意见调查问卷

	类型	区域	成本均值（元）	合理	基本合理	偏高	偏低	估测成本
生均人员成本	公办幼儿园	城区	3378.30					
		中心城镇	2018.00					
		农村	1347.23					
	普惠性民办幼儿园	城区	2475.02					
		中心城镇	1808.93					
		农村	865.07					
生均公用成本	公办幼儿园	城区	1369.91					
		中心乡镇	612.97					
		农村	300.05					
	普惠性民办幼儿园	城区	1215.54					
		中心乡镇	850.88					
		农村	497.57					
生均总成本	公办幼儿园	城区	4748.22					
		中心乡镇	2630.96					
		农村	1647.27					

续表

	类型	区域	成本均值（元）	合理	基本合理	偏高	偏低	估测成本
生均总成本	普惠性民办幼儿园	城区	3648.68					
		中心乡镇	2656.91					
		农村	1262.63					

××县幼儿园生均成本数据专家调查问卷结果统计表　　单位：元

专家	类型	区域	第一轮		第二轮	
			人员经费	公用经费	人员经费	公用经费
1	普惠性民办幼儿园	城区	N2	N2	N2	N2
		中心城镇	N1	N2	N2	N2
		农村	N3	N3	N3	N3
2	普惠性民办幼儿园	城区	N2	N2	N2	N2
		中心城镇	N1	N2	N2	N2
		农村	N3	N3	N3	N3
3	普惠性民办幼儿园	城区	N2	N2	N2	N2
		中心乡镇	N1	N1	N2	N2
		农村	N3	N3	N3	N3
4	普惠性民办幼儿园	城市	N2	N2	N2	N2
		中心乡镇	N1	N1	N2	N2
		农村	N3	N3	N3	N3
5	普惠性民办幼儿园	城市	N2	N2	N2	N2
		中心乡镇	N1	N1	N2	N2
		农村	N3	N3	N3	N3
6	普惠性民办幼儿园	城市	N2	N2	N2	N2
		中心乡镇	N3	N3	N3	N3
		农村	N3	N3	N3	N3
7	普惠性民办幼儿园	城市	N2	N2	N2	N2
		中心乡镇	N1	N1	N2	N3
		农村	N3	N3	N3	N3
8	普惠性民办幼儿园	城市	N2	N2	N2	N2
		中心乡镇	N1	N1	N3	N3
		农村	N3	N3	N3	N3

附录 A5　学前教育财政投入调研表

2010～2014 年××县学前教育财政投入情况统计总表

表 1

年份	学前教育总投入	县级拨款	省级拨款	中央拨款
2010				
2011				
2012				
2013				
2014				

表 2

年份	总投入（含民办园、项目资金）	公办园	民办园
2010			
2011			
2012			
2013			
2014			

表 3

年份	学前教育财政投入占 GDP 的比重（%）	县级学前教育财政投入占县财政支出的比重（%）	县级学前教育财政投入占县教育财政支出的比重（%）
2010			
2011			
2012			
2013			
2014			

附　学前教育大事记（1949～2018 年）

　　学前教育作为基础教育的基础，其重要性不言而喻，从最初的将学前教育作为一项社会福利，到 20 世纪 90 年代学前教育市场化，再到 2010 年以来国家对学前教育定位的转变，将其作为一项重要的人力资本投资纳入公共服务体系，我国学前教育经历了一系列重要改革，以下整理中华人民共和国成立以来学前教育领域的重大改革与建设大事记，以飨读者。

　　1949 年 11 月，中央人民政府教育部成立，在初等教育司内设置幼儿教育处，同时将"幼稚园"更名为"幼儿园"，开始确立学前教育在学制中的地位。

　　1951 年 8 月，第一次全国初等教育会议上通过了《幼儿园暂行规程（草案）》和《幼儿园暂行教学纲要（草案）》。同年 10 月 1 日中央人民政府颁布《政务院关于改革学制的规定》，确定幼儿园教育为我国学制的第一个环节。

　　1952 年 3 月，教育部颁布的《幼儿园暂行规程（草案）》，对幼儿园的任务、目标、学制、设置、领导、教养原则、教养活动项目、组织会议制度、经费、设备等做出详细规定，在《幼儿园暂行规程（草案）》中，指出幼儿园的功能是："减轻母亲对幼儿的负担，以便母亲有时间参加政治生活、生产劳动、文化教育活动等。"明确了学前教育的"福利性"和"教育性"双重功能。在学前教育经费方面，规定市县所办幼儿园的经费来源于地方教育事业费，其预算、决算由地方人民政府教育行政管理部门核准；其他公办和私立幼儿园的经费则来源于其设立者，经费的预算决算由其设立者决定，需报地方教育行政部门备案。同年教育部颁布试行《幼儿园暂行教学纲要（草案）》对不同年龄班幼儿的年龄特点和教育要点作了规定。

　　1952 年 7 月，教育部颁发试行《关于高等师范学校的规定》，指出"培养幼儿教育的师资"是师范学校的任务之一，并明确规定教育系应分设学前教育组，培养中等幼儿师范学校的教师。同年教育部颁发《师范学校暂行规程（草案）》。

　　1952 年 9 月，教育部发出通知，要求将全国中小学和幼儿园全部由政府逐渐接办，限期在 3 年内完成。同年 11 月，幼儿教育处调整为教育部的一个直属单位，领导并管理全国的幼儿教育事业。

1953 年 6 月，教育部召开第二次全国教育工作会议，指出幼教机构"也要从实际出发，在整顿巩固的基础上有计划有重点地发展"。

1955 年 1 月，国务院发布教育部《关于工矿、企业自办中、小学和幼儿园的规定》，强调要把幼儿园列入单位基本建设计划，一切费用"由各部门统一列入营业外开支，编入财务计划"。

1956 年 2 月，教育部、卫生部、内务部颁发《关于托儿所幼儿园几个问题的联合通知》，对托儿所、幼儿园的领导管理问题作了明确的规定。托儿所和幼儿园由卫生部和教育部分别领导，托儿所主要负责 0 ~ 3 岁幼儿的托管，幼儿园主要负责 3 ~ 6 岁幼儿的教育，依照"统一领导，分级管理"的原则，在行政上归所属单位管理，具体业务上幼儿园、托儿所分别由教育部门和卫生部门负责。在幼儿园发展上提出"又多、又快、又好、又省"、"两条腿走路"的方针。

1956 年 5 月，教育部颁发《幼儿师范学校教学计划》，6 月，教育部颁发了《初级幼儿师范学校的教学计划》，明确规定了初级幼儿师范学校的课程及教学计划。

1956 年 11 月，教育部颁发了《关于组织幼儿教育义务视导员进行视导工作的办法》，提出要"广泛就地组织有经验的幼儿园园长和教师担任义务视导员，以帮助各园提高工作质量。

1956 年 11 月 6 日，教育部颁发《关于幼儿园幼儿的作息制度和各项活动的规定》，规定了幼儿园一日生活，如睡眠、户外活动、早操及作业的时间和每周作业次数等。

1957 年 9 月 1 日，教育部幼儿教育处主办的季刊《学前教育》正式公开发行，这是中华人民共和国首个幼儿教育刊物。

1958 年 9 月，中共中央、国务院在《关于教育工作的指示》中提出"全国应在 3 ~ 5 年的时间内基本完成使学龄前儿童大多数都能入托儿所、幼儿园的任务"。

1958 ~ 1960 年，学前教育发展出现大跃进，到 1960 年，全国幼儿园数量增加至 78.5 万所，其中教育部门办园 1.1 万所，其他部门办园 28.2 万所，民办园（集体）49.2 万所。全国幼儿园教师数也增加至 134.04 万人。

1961 ~ 1965 年，按照"调整、巩固、充实、提高"的方针，学前教育也从盲目扩张转向调整和提高，1961 年开始，幼儿园数量出现了大幅减少，1965 年全国幼儿园数量为 1.92 万所，其中教育部门办园 0.44 万所，其他部门办园 0.63 万所，民办园 0.85 万所。

1961 年，高等师范学校学前教育专业全部停止招生。教育部幼教处和幼儿教育研究室均被撤销。

1976 年，开始随着国民经济的调整和恢复，在国家积极发展幼儿教育事业的要求下，我国幼儿教育事业也开始逐渐调整和发展。

1978 年，教育部恢复幼儿教育处，一些省（市、自治区）的教育厅也陆续恢复或新建了学前教育行政领导机构和教研机构，配备了专职或兼职的学前教育行政干部和教研人员，自上而下的统一领导、分级管理的领导体制开始形成。同年 10 月教育部《关于加强和发展师范教育的意见》出台，在这一文件指导下，幼儿师范学校和高师学前教育专业陆续恢复招生。

1979 年 7 月 24 日至 8 月 7 日，经国务院批准，由教育部、卫生部、劳动总局、全国总工会、全国妇联 5 部门联合召开了全国托幼工作会议，并通过了《全国托幼工作会议纪要》。提出要通过国家、集体、社会、个人多途径解决幼儿园经费来源问题。各级教育部门举办的幼儿园经费在各级教育事业费中列支；企事业单位和部队办幼儿园经费由各主办单位解决；城镇民办园所需经费由家庭缴纳保育费，其中开办费，大型设备购置费以及房屋修缮等开支，由地方财政部门酌情补贴。同年 11 月 8 日教育部颁布《城市幼儿园工作条例（试行草案）》，对学前教育发展方针、教育目标、内容和管理制度做出了详尽的规定。

1980 年 8 月，教育部颁发《关于办好中等师范教育的意见》，10 月 14 日，教育部颁布《幼儿师范学校教学计划试行草案》。同年 11 月卫生部颁发《城市托儿所工作条例（试行草案）》，明确了托儿所的性质。

1981 年 6 月 6 日卫生部颁布《三岁前小儿教养大纲（草案）》，这是中华人民共和国成立后首次就 0 ~ 3 岁儿童的集体教育工作做出明确规范。10 月 31 日教育部发布《关于试行幼儿园教育纲要（试行草案）的通知》，这是改革开放后第一个幼儿园课程标准，同时，教育部组织编写了幼儿园教材，共 7 类 9 册，这是建国以来第一次全国"统编"幼儿园教材。

1982 年 12 月 4 日，第五届全国人民代表大会第五次会议上正式通过并颁布的《中华人民共和国宪法》规定："国家举办各种学校，普及初等义务教育，发展中等教育、职业教育和高等教育，并且发展学前教育"，发展学前教育的任务在宪法中得以明确。

1983 年 9 月 21 日，教育部发布《关于发展农村幼儿教育的几点意见》，提出坚持"两条腿走路"的方针，规定农村应以群众集体办园为主，优先发展学前一年教育，逐步扩大到学前 3 ~ 5 岁幼儿，幼儿园的管理责任按照谁办园谁管理的原则，采取乡办乡管、村办村管的方式。

1984 年，北京师范大学学前教育专业开始招收和培养硕士研究生，标志着我国（除港澳台外）学前研究生教育的开始。

1985 年 5 月，教育部在修订 1980 年 8 月《幼儿师范学校教学计划试行草案》的基础上，颁发了《幼儿师范学校教学计划》。教育部在颁发该计划的通知中说明允许各地根据实际情况对上述教学计划做适当调整，同时允许有条件有基础的学校自行拟定教学计划，这是建国以来教育部首次对中等幼儿师范学校的课程设置放权。

1986 年 6 月 10 日，国家教育委员会颁布《关于进一步办好幼儿学前班的意见》，对学前班的指导思想、教育活动的内容与组织、教师培训、办班条件、领导和管理等方面做出了明确、细致的规定。同年 10 月国家教育委员会颁布了《关于幼儿园教师考核的补充意见》。

1987 年 10 月 12 日，经国务院批准，由国家教育委员会召开了全国幼儿教育工作会议。10 月 15 日国务院办公厅转发国家教育委员会等部门《关于明确幼儿教育事业领导管理职责分工的请示的通知》，规定幼儿教育事业须在政府统一领导下，实行"地方负责，分级管理"和"各有关部门分工负责"的原则。

1988 年 9 月，在世界学前教育组织（OMEP）于布拉格举行的理事会上，我国被接受为正式会员，成立了世界学前教育组织中国委员会。

1989 年 6 月，国家教育委员会第 2 号令发布《幼儿园工作规程（试行）》，《幼儿园工作规程（试行）》首次规定了国家对幼儿园的基本要求和管理的基本原则，全面、系统的对幼儿园的保教工作做出了更为详细的规定。经过 6 年试行，《幼儿园工作规程》于 1996 年 6 月 1 日起正式施行。同年 8 月 20 日国务院批准了《幼儿园管理条例》，这是中华人民共和国第一个学前教育行政法规，它明确了地方人民政府发展和管理学前教育的职责，并首次以教育法规形式提出"国家实行幼儿园登记注册制度""各级教育行政部门应当负责监督、评估和指导幼儿园的保育教育工作"。

1991 年 6 月 21 日，国家教育委员会办公厅颁布了《关于幼儿园安全工作的通知》，对幼儿园安全工作做出全面要求和详细的规定。

1992 年 2 月 16 日，国务院颁发《九十年代中国儿童发展规划纲要》。

10 月 12 日江泽民总书记在中国共产党第四次全国代表大会的报告上提出"鼓励多渠道、多形式社会集体办学和民间办学,改变国家包办教育的做法"。同年 12 月 9 日国家教育委员会发布《幼儿园玩教具配备目录》,为幼儿园配备玩教具提供了指导。

1993 年 10 月 31 日第八届全国人大常委会第四次会议通过了《中华人民共和国教师法》,以法律形式对幼儿教师的资格做出了要求。

1994 年 12 月 1 日,卫生部、国家教育委员会颁发了关于《托儿所、幼儿园卫生保健管理办法》的通知。

1995 年 1 月 27 日,国家教育委员会印发了《三年制中等幼儿师范学校教学方案(试行)》,首次对幼儿教师的培养规格做出了详细的规定。3 月 18 日第八届全国人民代表大会第三次会议通过了《中华人民共和国教育法》,提出"国家实行学前教育、初等教育、中等教育、高等教育的学校教育制度",学前教育在学制中的地位得以明确确定。同年 9 月 19 日,国家教育委员会等 8 部门联合下发《关于企业办幼儿园的若干意见》,为解决在企业转换经营机制过程中学前教育面临的一些新情况和新问题提供了依据。

1996 年 1 月 25 日,国家教育委员会颁发《关于开展幼儿园园长岗位培训工作的意见》,同时制定并颁布了《全国幼儿园园长岗位培训指导性教学计划》(试行草案)。1 月 26 日,国家教育委员会颁布《全国幼儿园园长任职资格、职责和岗位要求(试行)》,作为选拔、任用、考核培训幼儿园园长的基本依据。

1997 年 7 月 17 日,国家教育委员会印发了《全国幼儿教育事业"九五"发展目标实施意见》,就"九五"期间幼儿教育事业发展的指导思想、具体目标、措施保障等提出了基本要求。

1999 年 6 月 13 日,中共中央国务院颁发《关于深化教育改革,全面推进素质教育的决定》,强调"积极发展以社区为依托的、公办与民办相结合的幼儿教育"。

2001 年 5 月 22 日,国务院颁布《中国儿童发展纲要(2001～2010年)》,从儿童与健康、儿童与法律保护、儿童与环境四个领域提出了 2001～2010 年儿童发展的目标和策略措施。同年 7 月 2 日教育部印发《幼儿园教育指导纲要(试行)》,内容分为总则、教育内容与要求、组织与实施、教育评价等方面,规定幼儿院教育内容为健康、语言、社会、科学、艺术五大领域。

　　2002 年 12 月 28 日，第九届全国人大常委会第三十一次会议通过了《中华人民共和国民办教育促进法》，并于 2003 年 9 月 1 日正式实施，该法规定了民办学前教育机构的设立、法律地位、收费标准等。

　　2003 年 3 月 4 日，国务院办公厅转发了教育部等 10 部门《关于幼儿教育改革与发展的指导意见》，提出今后五年幼儿教育改革的总目标是形成以公办幼儿园为骨干和示范，以社会力量兴办幼儿园为主体，公办和民办、正规与非正规教育相结合的发展格局。

　　2005 年 3 月 1 日，教育部颁发《关于做好 2005 年中小学幼儿园安全工作的意见》，6 月 15 日，教育部印发《关于进一步做好中小学幼儿园安全工作六条措施》的通知。

　　2006 年 6 月 30 日教育部联合公安部等共 10 部门制定发布《中小学幼儿园安全管理办法》，规定了各有关部门对中小学、幼儿园安全管理的职责。

　　2007 年 8 月 24 日，教育部、公安部、国家安全监管总局颁布《关于加强农村中小学生幼儿上下学乘车安全工作的通知》，对学生乘车安全提出了六条要求。同年 9 月 20 日教育部颁发《关于加强民办学前教育机构管理工作的通知》，对民办学前教育的审批程序、监管责任、从业人员、校车安全等做出了相应规定。

　　2010 年 7 月 8 日，中共中央、国务院印发《国家中长期教育改革和发展规划纲要（2010 ~ 2020 年）》，要求建立以政府为主导、社会参与、公办民办并举的办园体制。《规划纲要》历经 2009 年 1 月 7 日到 2 月底第一轮公开征求意见以及 2010 年 2 月 28 日至 3 月 28 日第二轮公开征求意见，得到了社会各界的广泛关注。同年 10 月 18 日中国共产党第十七届中央委员会第五次全体会议通过的《中共中央关于制定国民经济和社会发展第十二个五年规划的建议》提出"积极发展学前教育"。

　　2010 年 11 月 3 日，国务院常务会议研究部署了当前发展学前教育的五条政策措施（又称"国五条"）：扩大学前教育资源；加强幼儿教师队伍建设；加大学前教育投入；强化对幼儿园保育教育工作的指导；完善法律法规，规范学前教育管理。会议还要求，以县为单位编制学前教育三年行动计划。从 2010 年起为了支持各地实施好三年行动计划，教育部会同财政部、发展改革委实施了 8 个国家学前教育重大项目，重点扶持中西部农村地区和城市薄弱环节。这些项目可分为四大类：一是幼儿园建设类，支持中西部农村扩大学前教育资源；二是综合奖补类，鼓励社会参与、多渠道多形式举办幼儿园；三是实施幼儿教师国家级培训计划；四是建立学前教育资助制度，对家庭经济困难儿童、孤儿和残疾儿童入园给予资助。

2010 年 11 月 21 日，国务院颁布《国务院关于当前发展学前教育的若干意见》，提出了十条意见（又称"国十条"），积极发展学前教育，提供"广覆盖、保基本"的学前教育公共服务。

2011 年 9 月 5 日，财政部会同教育部印发了《关于加大财政投入支持学前教育发展的通知》，决定从 2011 年起，中央财政通过设立学前教育发展专项资金，以中西部农村地区为重点，引导支持各地加大对学前教育的投入，努力调动地方政府、企事业单位和社会力量等各方面积极性，统筹城乡学前教育发展，多渠道扩大学前教育资源，加强幼儿师资队伍建设，逐步建立幼儿资助制度，推动学前教育加快发展。同年 12 月 31 日，国家发展改革委、教育部、财政部联合印发《幼儿园收费管理暂行办法》，规范幼儿园收费行为，保障受教育者和幼儿园的合法权益，促进学前教育事业科学发展。

2012 年 2 月 10 日，教育部印发《幼儿园教师专业标准（试行）》，对幼儿院教师的培养、准入、培训、考核以及职业道德、专业要求等做出了具体规定。2 月 12 日，教育部印发《学前教育督导评估暂行办法》（教督〔2012〕5 号），要求各地区结合本地实际情况，制订本省（区、市）学前教育督导评估实施方案。5 月 9 日卫生部印发《托儿所幼儿园卫生保健工作规范》，以切实提高托幼机构卫生保健工作质量。9 月 20 日教育部、中央编办、财政部、人力资源社会保障部 4 部门发布了《关于加强幼儿园教师队伍建设的意见》，要求建立健全幼儿园教师资格认定、职称评定、待遇保障等制度。10 月教育部印发《3 ~ 6 岁儿童学习与发展指南》。同年 11 月 14 日，设立教育部学前教育办公室以加强对学前教育的宏观指导。

2013 年 1 月 8 日，教育部印发了《幼儿园教职工配备标准（暂行）》，要求各地加快核定公办园教师编制，通过特岗计划、小学教师培训后转岗、接收免费师范生、公开招聘等多种途径，扩大幼儿园师资数量，提高师资质量。

2011 ~ 2013 年，第一期学前教育三年行动计划实施，中央财政学前教育项目经费投入 500 亿元，带动地方各级财政投入 1600 多亿元。全国财政性教育经费中学前教育占比从 2010 年的 1.7% 提高到 2012 年的 3.4%。

2014 年 11 月 3 日，教育部、国家发展改革委、财政部颁布《关于实施第二期学前教育三年行动计划的意见》，决定 2014 ~ 2016 年实施第二期学前教育三年行动计划，"第二期学前教育三年行动计划"的四项重点任务是"扩大总量、调整结构、健全机制、提升质量"。

2015年1月10日，教育部颁布《幼儿园园长专业标准》对幼儿园园长的办园理念、专业要求等做出具体的规定。

2016年3月1日，教育部颁布了修订的《幼儿园工作规程》。6月15日，《国务院办公厅发布加快中西部教育发展的指导意见》提出中西部要构建农村学前教育体系，逐步提高农村入园率，实现每个乡镇至少有一所公办中心幼儿园。同年11月1日，国家住房和城乡建设部《托儿所、幼儿园建筑设计规范》开始实施。

2017年4月，教育部颁布了《幼儿园办园行为督导评估办法》，对幼儿园的办园条件、安全卫生、保育教育、教职工队伍和内部管理五个方面的督导评估予以详细规定，对幼儿园办园资质提出了最基本要求。

2017年第三期学前教育三年行动计划开始实施，在教育部发布的《关于实施第三期学前教育行动计划的意见》中，提出要通过发展普惠性学前教育，促进学前教育可持续发展。重点扩大普惠性学前教育资源，着力解决公办幼儿园少、民办幼儿园贵的问题，到2020年，基本建成广覆盖、保基本、有质量的学前教育公共服务体系。全国学前三年毛入园率达到85%，普惠性幼儿园覆盖率（含公办幼儿园和普惠性民办幼儿园）达到80%。同年10月召开的党的十九大，强调优先发展教育事业、办好人民满意的教育。学前教育三年行动计划实施以来，我国学前教育快速发展，2017年全国共有幼儿园25.50万所，比2010年增加10.46万所，增长69.5%。民办园16.04万所，占比62.9%；公办园9.46万所，占比37.1%。学前教育毛入园率达到79.6%，比2010年提高23个百分点。

2018年3月，修改后的两会《政府工作报告》提出："要多渠道增加学前教育资源供给，重视对幼儿教师的关心和培养，运用互联网等信息化手段对儿童托育中育儿过程加强监管"2018年7月教育部办公厅印发了《关于开展幼儿园"小学化"专项治理工作的通知》，规定坚决防止幼儿院"小学化"禁止幼儿园提前教授汉语拼音、识字、计算、英语等小学课程内容。

资料来源：教育部官方网站［EB/OL］，http：//www.moe.gov.cn/；学前教育改革大事记100条［EB/OL］，搜狐网，http：//www.sohu.com/a/246621418_809526，作者根据部分数据资料整理所得。

后　　记

　　本书是在我的博士论文基础上修改完善而成，我的博士论文是在授业恩师李祥云教授的悉心指导下完成的，从选题、框架设计、实地调研、数据分析到最终成稿，字里行间无不渗透着老师的辛劳与智慧，恩师渊博的学识、严谨的治学态度、勤奋的钻研精神、敏锐的学术洞察力都让我感触颇深。老师在倾囊相授我专业知识的同时，还教会我为人处事的道理。老师严谨的科研精神、扎实的学术功底，精益求精的工作作风，以及对我孜孜不倦的教诲都使我终身受益。对老师的感激之情难以言表，只是我这个笨拙的学生花费了老师太多的心血，但却始终没有达到老师的要求，让老师抱有"恨铁不成钢"的遗憾。在今后的学习工作中，唯有踏踏实实，继续努力，潜心学术，将压力转化为动力，才无愧于老师对我悉心栽培。感谢我的师母范丽萍老师，范老师为人善良和蔼、美丽大方，师母时时刻刻无不关心着我的生活和家庭，每每见到师母和师母聊起家常都让我倍感温暖！

　　感谢中南财经政法大学财税学院的各位师长，诸位老师不仅向我传授了无价的知识，更是我学习的榜样。学院的每一位导师都是我需用一生感念并激励前进的动力。感谢杨灿明教授、陈志勇教授、吴俊培教授、叶青教授、庞凤喜教授、刘京焕教授、侯石安教授、王金秀教授、艾华教授、甘行琼教授、李波教授、许建国教授、梅建明教授、孙群力教授、郭月梅教授、胡洪曙教授、金荣学教授、薛刚教授以及学院的所有师长们，感谢您们给予我的谆谆教诲和无私帮助。特别感谢杨灿明教授为我提供了宝贵的调研机会，感谢各调研省、市、县（区）的财政局、教育局以及各幼儿园的领导和老师们对调研的配合，为我的论文写作提供的重要的数据和案例支持。

　　感谢我的爱人赵熠，感谢你的支持和包容，鼓励我勇敢前行！劝解我轻松面对一切困难，你的支持是我前行的动力和坚实的后盾！感谢我可爱的宝宝，每每想起我离开家时你难过的眼神，我的心里始终不能平静，虽然我已尽全力做到学业和家庭的平衡，但无奈仍然少了很多陪伴你成长的时间和精力，这是我博士生涯最为遗憾的事情，却也是求学之路不得不付出的代价，希望能够通过我的付出让你有一个值得骄傲的妈妈！感谢我的爸爸妈妈，妈妈身体不好，但为了让我安心读书，即使生病也尽量瞒着我，不让我分心！感谢我的公公婆婆在我求学路上为我分担家务，照顾孩子，给了我莫大的的支持和帮助！

感谢我的同门以及同窗好友们！感谢你们对我的帮助，人生道路漫漫，转眼又到了一个人生的新起点。虽然一路走来，有付出、有汗水、有艰难，有时也难免惶恐、孤独、焦虑和忧愁，但我无怨无悔，唯有继续努力，不忘初心，踏踏实实，方能不负师恩。

徐　晓

2018 年 5 月 16 日